Zwischen Romantik und Restauration

Martin Geck

ZWISCHEN ROMANTIK UND RESTAURATION

Musik im Realismus-Diskurs der Jahre 1848 bis 1871

J. B. Metzler
Bärenreiter

Gemeinschaftsausgabe der Verlage
Bärenreiter, Kassel und J. B. Metzler, Stuttgart und Weimar

Die Deutsche Bibliothek – CIP-Einheitsaufnahme

Geck, Martin:
Zwischen Romantik und Restauration :
Musik im Realismus-Diskurs 1848 bis 1871 /
Martin Geck. – Stuttgart ; Weimar : Metzler; Kassel : Bärenreiter, 2001
ISBN 3-476-01867-9
ISBN 3-7618-2028-3

Gedruckt auf chlorfrei gebleichtem,
säurefreiem und alterungsbeständigem Papier.

ISBN 3-476-01867-9 (Metzler)
ISBN 3-7618-2028-3 (Bärenreiter)

© 2001 J. B. Metzlersche Verlagsbuchhandlung
und Carl Ernst Poeschel Verlag GmbH in Stuttgart
www.metzlerverlag.de
info@metzlerverlag.de

Einbandgestaltung: Willy Löffelhardt
Satz: Grafik-Design Fischer, Weimar
Druck und Bindung: Franz Spiegel Buch GmbH, Ulm

Printed in Germany
September/2001
Verlag J. B. Metzler Stuttgart · Weimar

HANS WERNER HENZE
zum 75. Geburtstag

Inhalt

1. Gedankliche Voraussetzungen

Eine notwendige Vorbemerkung

Man könnte dieses Buch mit der Erwartung, hier solle eine musikgeschichtliche Epoche des „Realismus" installiert werden, zur Hand nehmen und nach der Lektüre befriedigt oder enttäuscht feststellen, dieses Vorhaben sei gescheitert. Doch dann läse man den Text unter falschen Voraussetzungen: Musik kann in einem jeweils speziell zu definierenden Kontext „realistische" Züge haben, jedoch nicht per se „realistisch" sein; deshalb kann es auch keine musikgeschichtliche Epoche des „Realismus" geben. Was dem „Realismus" recht, ist allerdings der „Romantik" billig: Musik ist nicht per se „romantisch"; und man äußert neuerdings ernstzunehmende Zweifel daran, daß es eine romantische Musik gegeben hat und nicht nur „romantische" Sichtweisen auf Musik.

Das ist eine Seite der Sache. Die andere: Im 19. Jahrhundert waren „Romantik" und „Realismus" wichtige Schlagworte; sie sind es noch heute. Letzteres allerdings mit der Einschränkung, daß Spezialisten immer weniger erläutern möchten, was diese Schlagworte einstmals bedeutet haben könnten, und stattdessen der Vorschlag machen, sie von der Tagesordnung abzusetzen.

Ein solches Denken ist speziell für Musikhistoriker bequem: Mit der Begründung, zu Chaos-Forschung nicht verpflichtet zu sein, können sie sich auf Gattungsgeschichte und Stilkritik zurückziehen und ihre stillen Triumphe feiern, wenn sich ihnen auf diesen Feldern kunstimmanent und geschichtsphilosphisch fügt, was sich fügen soll. Doch auch in der Musikgeschichte herrschen nun einmal die kontingenten, von logischem Denken nicht ohne weiteres zu instrumentalisierenden Prozesse vor; selbst die „großen" Kunstwerke können nicht mehr als suggerieren, es sei alles nach dem Willen des Hegelschen Weltgeistes gegangen. De facto ist der musikästhetische Diskurs im Verlauf des 19. Jahrhunderts immer verästelter und widerspruchsvoller geworden. Deshalb muß, wer Einblick in ihn bekommen will, viele Quellen studieren, auch in sogenannte „Niederungen" steigen und von der Erwartung absehen, er hielte am Ende ein stimmiges Ergebnis in

Händen. Um ein solches geht es mir nicht. Hingegen möchte ich etwas von dem Stolz vermitteln, der mich erfaßt hat, je mehr ich bemerkte, daß Musik im 19. Jahrhundert nicht nur als selbstbezügliche Kunst – auch *das* ist sie – diskutiert worden ist, sondern zugleich als ein Phänomen *mitten im Leben* und *mitten aus dem Leben*. Denn so sehe auch ich sie.

Nicht alle musikgeschichtlichen Fragen lassen sich diskursgeschichtlich bearbeiten. Doch gerade in diesem Fall scheint mir das Verfahren produktiv und horizonterweiternd zu sein. Seine Anwendung könnte nahelegen, ich ergriffe einseitig Partei für den „Realismus" und insofern für eine politische Konnotation von Musik. Das gelänge mir jedoch allein deshalb nicht, weil mir die Unverfügbarkeit der Musik ein hoher Wert ist. Für die Dauer dieses Buches sympathisiere ich jedoch mit einer Streitkultur, deren einstige Teilnehmer bei allen Differenzen von dem gemeinsamen Wunsch beseelt waren, der Musik den ihr angemessenen Platz im gesellschaftlichen Gefüge anzuweisen.

Die Frage, ob man die Musik als solche als „Diskurs" betrachten könnte, stelle ich vorab zurück, da sie für diese Untersuchung nicht nur ohne Belang ist, sondern darüber hinaus kontraproduktiv für mein Vorhaben, die Bedeutung des gesprochenen und geschriebenen Worts für Theorie, Programmatik, Komposition, Rezeption, Kritik und Kontext von Musik diskursanalytisch darzustellen. Dieses Vorhaben ist im Fall der Musik von besonderer Brisanz, weil diese als ein Zeichensystem reiner Immanenz entweder nur ‚an sich' sprechen kann, oder ‚für sich' sprechen läßt. Es hat wenig Sinn, die reichlich vorhandenen Fürsprecher wie ungebetene Gäste zu behandeln und demgemäß beim reinen Anschauen von Musik trotzig zu ignorieren: Da sie nun einmal in der Welt sind, sollten wir uns bewußt machen, wo sie uns beim produktiven Umgang mit Musik bereits genützt haben oder nützen könnten.

Die Kopplungen von Musik an Philosophie, Psychologie, Literatur, bildende Kunst, Körperlichkeit, Politik usw. zu erkennen, ist keine Schande, sondern eine Chance. Ich könnte gut verstehen, daß man sich über Musik angesichts ihrer Selbstbezüglichkeit überhaupt nicht in direkter Rede äußern wollte; es fällt mir jedoch schwer, den Königsweg des Musikforschers darin zu sehen, vornehmlich diesem selbstbezüglichen Wesen zu huldigen.

Da Musik als reine Struktur sich verbal ohnehin niemals restlos ausdifferenzieren läßt, sollte man sie nicht von anderen Diskursen trennen, die ihr recht eigentlich erst ins Leben helfen.

Ich kann nicht verhindern, daß man mich als Überbringer einer widersprüchlichen und bei ‚reinen‘ Musikdenkern unbeliebten Botschaft scheel ansieht; ich wünschte mir jedoch, in einem im weitesten Sinne politischen Diskurs auch der Musik zu neuem Ansehen zu verhelfen. In künftigen Arbeiten möchte ich dann die Auseinandersetzung mit Musik im anthropologischen Diskurs weitertreiben: Dies soll nicht länger ein Teilgebiet der Musikpsychologie oder der Beschäftigung mit Popularmusik bleiben, sondern einen Platz im Zentrum unseres Redens über Kunstmusik finden.

Musikgeschichte als Diskursgeschichte

In den achtziger Jahren schrieb ich an einer Musikgeschichte des 19. Jahrhunderts, die ein umfangreiches Kapitel über „Realismus“ enthalten sollte. Doch zunehmend wurde sichtbar, daß mir das methodologische Rüstzeug für eine Musikgeschichte fehlte, die mehr wäre als Faktensammlung, nüchterne Beschreibung von Sachverhalten, intellektuell spielerische Erörterung vieldeutiger Begriffe oder Vorstellung exemplarischer Analysen. Dieses „Mehr“ ließ sich nach einigem Nachdenken leicht beschreiben: Die Darstellung sollte etwas von der Anteilnahme spüren lassen, mit der ich Musikgeschichte betreibe; sie sollte ferner das – unterschiedliche – Maß der Identifikation deutlich machen, mit dem ich der von mir behandelten Musik begegne; sie sollte schließlich nicht verschweigen, daß ich auch als Autor eines wissenschaftlichen Textes dem musikgeschichtlichen Diskurs angehöre, über den ich schreibe, und nicht über ihm stehe.

Bei näherer Betrachtung kam ich auf drei große Diskurse, innerhalb derer sich mir die deutsche Musikgeschichte des 19. Jahrhunderts darstellte: einen Diskurs „Idealismus“, einen Diskurs „Realismus“ und einen Diskurs „neue Mythologie“. Jeden dieser Diskurse konnte ich identifikatorisch nachvollziehen, aber jeweils nur in e i n e n von ihnen. So legte ich 1993 zunächst mit dem Buch *Von Beethoven bis Mahler. Die Musik des deutschen Idealismus* eine geschichtsphilosophisch gegründete Deutung der Musik des 19. Jahrhunderts vor. Hier folgt die etwas knappere Darstellung des zweiten, dem Thema „Realismus" gewidmeten Diskurses.

Die Einführung der Kategorie des Diskurses in mein musikgeschichtliches Denken verdanke ich zu großen Anteilen dem Diskurstheoretiker Jürgen Link, mit dem ich an der Universität Dortmund u. a. ein Seminar über „Hölderlin und Beethoven" veranstaltete. Mir wurde bald deutlich, daß es zum einen konkrete strukturelle Übereinstimmungen zum Beispiel zwischen dem Anfang einer Hölderlinschen Hymne und einer Beethovenschen Klaviersonate gibt: Wir betrachteten vor diesem Horizont die *Patmos*-Hymne und die „*Sturm*"-Sonate op. 31, 2.[1] Uns schien es ferner plausibel, daß sich andere, weitergehende Übereinstimmungen nicht auf Punkt und Komma in Strukturvergleichen dingfest machen ließen, gleichwohl vorhanden seien: Solche Gemeinsamkeiten waren in dem Sinne zu verstehen, daß Hölderlin und Beethoven Teilnehmer ein und desselben intellektuellen Diskurses waren, den man mit Termini wie „Rousseau", „Natur", „Aufklärung", „französische Revolution", „Napoleon", „neue Mythologie" näher bestimmen könnte, während sie im übrigen an jeweils unterschiedlichen Diskursen teilnahmen.

In der Rückschau wurde mir klar, daß ich „Musikgeschichte" schon seit längerem, freilich ohne spezielle Kenntnis dieses Terminus, als Diskurs aufgefaßt hatte. Diskurs läßt sich als ein Ensemble effektiver Aussagen zu einem bestimmten Thema in einer bestimmten historischen Situation verstehen. Demgemäß formuliert Jürgen Link:

„Es sei unter ‚Diskurs' mit Foucault eine historisch-spezifische und spezielle, geregelte Formation von Aussagen verstanden, die einem spezifischen und speziellen Gegenstandsbereich zugeordnet sind. Dabei betont der ‚Diskurs'-Begriff die Materialität der Redeweise und ihrer institutionellen Rahmenbedingungen ebenso wie ihre Kopplungsflächen zur Handlung und ihren aus all dem resultierenden Macht-Effekt."[2]

1   Martin Geck, Das wilde Denken. Ein strukturalistischer Blick auf Beethovens op. 31,2, in: *Archiv für Musikwissenschaft* Jg. 57, 2000, S. 64–77.
2   Jürgen Link, Versuch über den Normalismus (Reihe: Historische Diskursanalyse der Literatur), Opladen 1997, S. 50.

Demzufolge muß ein Diskurs geschichtlich zu orten sein; seine Aussagen müssen sich einem bestimmten Gegenstandsbereich zuordnen lassen; die Art, nach der diese Aussagen getroffen werden, folgt speziellen Regeln; der Diskurs muß materiell sein, also tatsächlich zwischen Personen – ob mündlich oder schriftlich – stattfinden und Handlungen einschließen. In diesem Sinn – dies betont Michel Foucault stärker als Jürgen Habermas – ist jeder Diskurs ein Machtinstrument: Durch ihn wird festgelegt, wer in welcher Weise worüber diskursiv tätig wird.[3] In anderen Worten: Diskursive Formationen ermöglichen bestimmte Aussagen oder Kategorien von Aussagen und schließen damit andere aus. Der von Foucault verwendete Begriff „pouvoir" bedeutet freilich nicht nur Macht, sondern auch Potenz: Diskurse ,herrschen' nicht nur, schaffen vielmehr auch die Möglichkeit, bisher nicht Sagbares zu artikulieren und auf die Tagesordnung zu setzen.

Ein neuer Diskurs entsteht häufig aus dem Bruch mit einem alten, ohne daß der Wechsel unbedingt stimmig erscheinen müßte. In unserem Fall kann man versuchen, die Ablösung des Diskurses „Romantik" durch den Diskurs „Realismus" politisch, geistes- oder ideengeschichtlich zu erklären; man kann es aber mit Foucault auch bei der Feststellung belassen, daß das Neue als Diskontinuität erscheint, die sich nicht hinterfragen läßt.[4]

Wenigstens in Kürze sei hier „Diskursgeschichte" gegen „Stiltypologie", „Geistesgeschichte", „Ideengeschichte", „Begriffsge-

---

3 Michel Foucault, Les mots et les choses. Une archéologie des sciences humaines, Paris 1966, deutsch als: Die Ordnung der Dinge. Eine Archäologie der Humanwissenschaften, Frankfurt a. M. 1971. Ders., L'archéologie du savoir, Paris 1969, deutsch als: Archäologie des Wissens, Frankfurt a. M. 1973. – Jürgen Habermas, Der philosophische Diskurs der Moderne, Frankfurt a. M. 1985.

4 Jürgen Link und Ursula Link-Heer, Diskurs/Interdiskurs und Literaturanalyse, in: *Zeitschrift für Literaturwissenschaft und Linguistik* Jg. 20, 1990, S. 88–99, unterscheiden zwischen „Interdiskursen" als interdisziplinären Phänomenen und „Spezialdiskursen". „Romantik" und „Realismus" wären danach Interdiskurse, Musikästhetik gälte als Spezialdiskurs. Weil es die Sichtweise in meinen Augen nicht verändert, spreche ich der Einfachheit halber allgemein vom „Realismus-Diskurs" und speziell vom „musikbezogenen Realismus-Diskurs".

schichte", „Rezeptions- und Wirkungsgeschichte" sowie „Systemtheorie" abgegrenzt.

> „Der Realismus in der Kunst ist so alt wie die Kunst selbst, ja, noch mehr: *Er ist die Kunst.* Unsere moderne Richtung ist nichts als eine Rückkehr auf den einzig richtigen Weg, die Wiedergenesung eines Kranken, die nicht ausbleiben konnte. [...] Der blühende Unsinn, der während der dreißiger Jahre dieses Jahrhunderts sich aus verlogener Sentimentalität und gedankenlosem Bilderwust entwickelt hatte, mußte als notwendige Reaktion eine Periode ehrlichen Gefühls und gesunden Menschenverstandes nach sich ziehen, von der wir kühn behaupten: Sie ist da."[5]

So formuliert Theodor Fontane 1853 in dem Essay *Unsere lyrische und epische Poesie seit 1848* überspitzt, jedoch nachvollziehbar, wenn man Wirklichkeitsnähe als wesentlich für die Kunst schlechthin ansieht. In diesem Sinne spricht Fritz Martini von einem „s t i l t y p o l o g i s c h e n" Realismus-Begriff,

> „der, grundsätzlich von überhistorischer Artung, in allen Geschichts- und Stilepochen möglich ist und dialektisch mit wechselnden Gegenbegriffen wie z. B. Idealismus, Romantizismus, Abstraktion, Sentimentalismus verknüpft wird. Er wurde einerseits vielfach aus anthropologischen, weltanschaulichen und psychologischen wie soziologischen Allgemeinvoraussetzungen interpretiert, ist aber andererseits auf fruchtbare, literaturimmanente Weise von Erich Auerbach als ‚Interpretation des Wirklichen durch literarische Darstellung oder Nachahmung' in der Weltliteratur analysiert worden."[6]

Die stiltypologische Blickrichtung ist geeignet, auch die entsprechenden musikhistorischen Phänomene zu beleuchten, die man unter Begriffen wie „stylus phantasticus", „Battaglia", „Tombeau", „Pastorale", „Chasse", überhaupt „genrehafte Musik", „darstellende Musik", „Tonmalerei", „Couleur locale in der Musik", „Charakterstück", seit Mitte des 19. Jahrhunderts dann auch als „Programmusik" oder „Sinfonische Dichtung" zu fas-

---

5   Theodor Fontane, Ausgewählte Werke, hg. v. Herbert Roch, Frankfurt a. M. usw. 1964, S. 661.
6   Fritz Martini, Artikel „Realismus", in: Reallexikon der Deutschen Literaturgeschichte, 2. Aufl., Bd. 3, Berlin und New York 1977, S. 345. – Vgl. Erich Auerbach, Mimesis. Dargestellte Wirklichkeit in der abendländischen Literatur, 7. Aufl., Bern und München 1982.

sen versucht hat. Was Carl Dahlhaus in seinem Realismus-Buch jeweils in Teilmomenten in Werken von Berlioz, Verdi und Bizet, Mussorgskij, Janáček und Mascagni, Strauss und Mahler als „Realismus" wiederfindet, ist unter stiltypologischer Blickrichtung von großem Wert.[7] In vielem setzen die von Dahlhaus beschriebenen Kompositionsweisen zudem Erfahrungen und Denkweisen voraus, die in der Epoche des „Realismus" gemacht wurden. Gleichwohl soll in meiner Abhandlung der geschichtliche Diskurs „Realismus" nicht mit dem stiltypologischen vermengt werden.

Schon gar nicht kann es darum gehen, das mimetische Moment in der musikalischen Kunst schlechthin zu beleuchten: Es erschöpft sich ja keineswegs in den oben benannten Phänomenen wie Tonmalerei, Programmusik etc., gehört vielmehr zum Wesen der Musik. Ordnet man diese einem anthropologischen Diskurs zu, welcher idealtypisch einem strukturellen oder musiktheoretischen Diskurs entgegenzusetzen wäre und in praxi auch immer wieder entgegengesetzt wird,[8] so erhält das mimetische Moment einen zentralen Platz. Metaphorische Wendungen von „fröhlicher" oder „trauriger" Musik, die ganz selbstverständlich von Musik als menschlichem Ausdruck ausgehen, entstammen samt und sonders diesem anthropologischen Diskurs. Man könnte sogar noch weitergehen: Indem Musik nicht nur in Noten studiert, sondern von Stimmen und Instrumenten aufgeführt wird, spielen sich a priori mimetische Prozesse ab.

Wilhelm Dilthey, Vater der „g e i s t e s g e s c h i c h t l i c h e n M e t h o d e", ging von einem „Zeitgeist" aus, der in allen geistigen und künstlerischen Äußerungen einer Epoche seinen spezifischen Niederschlag gefunden habe. Das Kunstwerk, das aus geschichtlichem Abstand betrachtet wird, kommt im Bewußtsein des Betrachters zu sich, sofern es in diesem Sinne aus seiner Zeit verstanden wird. Aufgabe der Forschung ist es, im Zuge eines sich zunehmend verfeinernden Wechselspiels von den einzelnen Wer-

---

7   Carl Dahlhaus, Musikalischer Realismus. Zur Musikgeschichte des 19. Jahrhunderts, München 1982.

8   Vgl. Andreas Käuser, Schreiben über Musik. Studien zum anthropologischen und musiktheoretischen Diskurs sowie zur literarischen Gattungstheorie, München 1999.

ken auf den Zeitgeist und von diesem wieder auf die einzelnen Werke zu schließen.

Es gehört zum Wesen der „geistesgeschichtlichen Methode", daß sie von den Teilen auf das Ganze und vom Ganzen auf die Teile schließt, daß sich die denkerische Arbeit somit innerhalb des „hermeneutischen Zirkels" bewegt. Das müßte sie nicht grundsätzlich disqualifizieren, würde dieses Verfahren – wie in den modernen Naturwissenschaften – nur als eine Methode von relativem Wert angesehen. In Wirklichkeit jedoch geht die „geistesgeschichtliche Methode" von der idealistischen Vorstellung aus, hinter den Epochenbezeichnungen wie „Barock", „Klassik" oder „Romantik" stünden Ideen der Sache selbst – von Hegel her gesehen: Der Weltgeist offenbare sich in einem jeweiligen Zeitgeist, den es zu verstehen gelte.

Nun sind vor allem in Deutschland die „geistesgeschichtlich" orientierten Gelehrten je länger je mehr der Versuchung erlegen, dem Weltgeist auch andere Offenbarungen zu unterstellen – vor allem diejenigen von „Volk", „Nation", „Rasse" usw. Indem Philosophie, Literatur, Kunst und Musik auf Spuren solcher Offenbarung abgesucht wurden, um die Überlegenheit des germanischen Volkstums, der deutschen Nation, der nordischen Rasse kundzutun, wurde geistesgeschichtliche „Forschung" – ungeachtet einer Fülle kluger und bis auf weiteres gültiger Einzelbeobachtungen – zu einer mehr oder weniger ideologisch gefärbten Deutung.

Gegenüber der „Geistesgeschichte" ist die „I d e e n g e - s c h i c h t e" weniger an Querschnitten durch eine Epoche als an epochenübergreifenden Längsschnitten interessiert. Demgemäß verfolgt sie bestimmte Ideen durch die Zeiten: Ideen etwa des „Klassischen" oder „Romantischen", des „Absoluten" oder „Programmgebundenen", des Naturschönen, Erhabenen, des Kunstreligiösen usw. In der Ideengeschichte geht es nicht so sehr darum, jeweils einen Zeitgeist dingfest zu machen, als vielmehr festzuhalten, daß hinter historischen Ereignissen und Zuständen die Wirkungs-, Beharrungs- und Änderungsmacht von Ideen steht. Kann man „Geistesgeschichte" tendenziell nur betreiben, indem man sich in die jeweilige Zeit hineinversenkt, sie ganz aus sich versteht, so wird von „Ideengeschichte" umgekehrt erwartet, daß sie aus den einzelnen „Zeiten" das im Fluß der Ge-

schichte Bleibende, sich Wandelnde oder Wiederkehrende herausfiltert.

„B e g r i f f s g e s c h i c h t e" geht demgegenüber nicht von
Ideen, sondern von Benennungen aus: Wo zum Beispiel erscheinen die Termini „barock", „romantisch" oder „realistisch"
innerhalb musikhistorischer Quellen, und wie wandelt sich ihre
Bedeutung? Freilich wäre es unangebracht, den Begriff als solchen für die Sache selbst zu nehmen. Ein Begriff wie „Realismus" wird aussagekräftig erst, wenn man ihn in seinen unterschiedlichen Kontexten sieht. Als *philosophischer* Terminus half er
über Jahrhunderte hinweg dabei, die idealistischen und realistischen Komponenten der Kunst zu scheiden. In dem für diese
Untersuchung relevanten Zeitraum von etwa 1848 bis 1870 wird
die Bezeichnung „realistisch" als ein vor allem *politisch* konno-
tiertes und nur mittelbar auf die Kunst bezogenes Schlagwort
verwendet.

Nach etwa 1870 verschwindet dieses politische Moment zunehmend; nunmehr dient der Terminus „Realismus" zur mehr
oder weniger neutralen Beschreibung *kunstimmanenter* Sachverhalte. Ein beliebiger aber nicht untypischer Beleg aus dem Bereich der Musik findet sich in einem Essay über *Die neuere Musik
und ihre Anwendung auf die Culturaufgaben* innerhalb der *Neuen
Zeitschrift für Musik* des Jahres 1870: Nachdem sich dieses Organ
in den Jahrzehnten zuvor ebenso ausführlich wie mühevoll mit
dem Schlagwort „Realismus" auseinandergesetzt hatte, kann
nunmehr – nach dem Tode des kämpferischen Redakteurs Franz
Brendel inzwischen in gleichsam neutrale Verlegerhände über-
gegangen – im Blick auf Beethovens *Eroica* ganz arglos von der
„Anwendung verschiedener realistischer Züge" im Sinne „klin-
gender Analogien" die Rede sein,[9] ohne daß damit die Plattform
der allgemeinen bildungspolitischen und musikästhetischen Diskussion betreten werden sollte.

Unmißverständlich grenzt sich mein diskursgeschichtlicher An-
satz von einem r e z e p t i o n s - o d e r w i r k u n g s g e s c h i c h t -
l i c h e n ab. Ohne die Existenz von Werken mit immanenten

---

9 Anonym, Die neuere Musik und ihre Anwendung auf die Culturaufgaben. 1. Beethoven, in: *NZfM* Bd. 66, 1870, S. 359.

Strukturen zu leugnen, halte ich, das Thema ‚Realismus‘ als Probe aufs Exempel nehmend, den Versuch einer Trennung von Text und Kontext, von Werk und Wirkung für kontraproduktiv. Natürlich kann man aus speziellem Blickwinkel den *Ring des Nibelungen* als „Werk“ bezeichnen – als solches steht es in dem von mir mitherausgegebenen *Wagner-Werkverzeichnis*. Indessen faßt man die Bedeutung des *Rings* nicht als „Werk“, sondern nur als Teilmenge von jahrzehntelangen Diskursen in und über Musik, Literatur, Theater, Philosophie, Mythos, Gesellschaft und Politik. Was ein demgegenüber ahnungsloser Wagner-Fan in Bayreuth genießt, ist nicht der *Ring* – es sind Segmente. Zugespitzt formuliert: Der *Ring* h a t keine Wirkungen, sondern er i s t die Wirkung, nämlich die Wirkung unterschiedlicher Diskurse – der Realismus-Diskurs ist einer von ihnen – auf Wagner. Und umgekehrt lebt der Realismus-Diskurs seinerseits vom *Ring*.

Rezeptions- und wirkungsgeschichtliche Darstellungen verbleiben oft in einem kruden Objekt-Subjekt-Denken: hier das Untersuchungs-"Objekt", dort die Äußerungen der „Subjekte". Demgegenüber gilt die Feststellung: In einer diskursgeschichtlichen Untersuchung ist jede Äußerung „Subjekt" und „Objekt" zugleich: Subjekt, indem sie den Diskurs mitbestimmt, und Objekt, indem sie von ihm mitbestimmt wird. Das erscheint vage, wenn auf Biegen und Brechen ‚Ergebnisse‘ erwartet werden; es ist jedoch produktiv, wenn man nach ‚Musik im gesellschaftlichen Prozeß‘ oder *vice versa* nach dem ‚gesellschaftlichen Prozeß in der Musik‘ fragt.

Der geschichtliche Zeitraum, dem ich das Material für diese Untersuchung entnommen habe, ist im wesentlichen durch den Beginn der bürgerlichen Revolution von 1848 und die Proklamation des deutschen Kaiserreiches im Jahre 1871 begrenzt. Damit ist er aus drei Gründen etwas enger gewählt als derjenige, den man in traditionellen Literaturgeschichten für den „poetischen" oder auch „bürgerlichen" Realismus reserviert: Zum ersten geben Revolution und Reichsgründung den politischen Rahmen an, in dem der Diskurs „Realismus" stattfindet. Zum zweiten setzt die bürgerliche Revolution zumindest in der Musikgeschichte die wesentlichen Akzente: Erst jetzt wird – wie noch darzulegen – in aller Deutlichkeit zwischen einer „klassi-

schen", einer „romantischen" und einer „modernen" Schule unterschieden, wobei die letztgenannte tendenziell dem Realismus
nahesteht. Zum dritten ist etwa um 1870, also mit dem Einsetzen
der „Gründerjahre", die heiße Diskussion um die genannten
Schulen beendet. Stattdessen siegt in Musikleben und Konzert-
praxis ein Historismus, dessen einstige Emphase zu Liberalismus
oder gar Pragmatismus verblaßt ist: Alles hat neben jedem Platz.
Mit meiner durch politische Ereignisse markierten Eingrenzung
stimme ich mit Gerhard Plumpe überein, der sich intensiv mit
dem Realismus als Literaturepoche beschäftigt hat und bemerkt:

> „Für die Annahme eines Politik und Literatur übergreifenden ‚reali-
> stischen Zeitgeists' der Jahre zwischen 1850 und 1870 spricht sicher-
> lich die vergleichbare Opposition der Realpolitiker und Wortführer
> des literarischen Realismus gegen die ‚Phrasen' und ‚weltfremden
> Ideale' vormärzlicher Politik ebenso wie das programmatische Ein-
> treten für Wirklichkeitssinn und Weltzugewandheit."[10]

Der diskursgeschichtliche Zugang zum Realismus als Literatur-
und überhaupt als Kunstepoche könnte aus der Alternative von
geistes- und ideengeschichtlichem Enthusiasmus auf der einen
und jeder Art von geschichtsphilosophischem Skeptizismus auf
der anderen Seite herausführen: Zwar gibt es keine Epoche im
Sinne eines objektivierbaren und in den Kunstwerken unmißverständlich objektivierten Zeitgeistes, wohl aber gibt es vor dem
Horizont eines Epochenbegriffes den Fluß von Äußerungen, der
sich in Programmen, Kritiken, Kompositionen und Gegen-
Kompositionen niederschlägt – und nicht zuletzt auch in sekun-
dären Einschätzungen aus der geschichtlichen Distanz. Diskursgeschichte fragt nach dem Selbstverständnis einer Epoche und
der nachfolgenden Epochen, durch die der Fluß der Äußerungen
weitergeströmt ist. Dabei geht es nicht darum, etwas zu erklären
oder gar aus bleibenden Ideen abzuleiten, sondern Vernetzungen
sichtbar zu machen: solche in der Zeit und solche über die Zeit
hinweg – bis hin zum Diskursanalytiker selbst.

---

10 Gerhard Plumpe (Hg.), Theorie des bürgerlichen Realismus. Eine
   Textsammlung, Stuttgart 1985, S. 15. – Über die „tiefgreifende Diffe-
   renz", die Plumpe gleichwohl zwischen Politik und Literatur beobach-
   tete, siehe unten.

Gerade im Fall des Realismus erscheint es mir sinnvoll, die Möglichkeiten einer diskursgeschichtlichen Betrachtungsweise auszuloten. Nimmt man den Terminus „Realismus" − wie dies angemessen erscheint − zunächst als ein „Schlagwort der Zeit", so wird man nicht weiterkommen, wenn das Untersuchungsziel vorrangig darauf gerichtet ist, aus der Vielfalt der Erscheinungen ein „Wesen" des Realismus allein vor dem Horizont einer „Kompositions"- oder „Strukturgeschichte" zu destillieren. Ebenso wenig sinnvoll erscheint es jedoch, die Einsicht in das mutmaßliche Scheitern eines solchen Unternehmens zum Anlaß zu nehmen, sich mit dem entsprechenden Forschungsgegenstand erst gar nicht zu befassen.

Vielmehr wird man der Musikgeschichte zur Zeit des „Realismus" dann gerecht, wenn man sie als eine Epoche versteht, in der nicht so sehr um d a s Kunstwerk, d e n Stil, d i e Musikästhetik, d i e Musik gerungen wurde, als vielmehr um die Frage, welchen gesellschaftlichen Ort die Musik haben solle; daß dabei die Antworten und Strategien sehr verschieden ausfallen mußten, gleichwohl aufeinander bezogen waren, liegt auf der Hand. Nicht die Einheit, wohl aber die Konsistenz einer Epoche, die a u c h eine musikgeschichtliche ist, steht zur Diskussion.

Bei meiner Annäherung an den geschichtsphilosophischen Horizont des Themas greife ich auf Elemente der S y s t e m - t h e o r i e von Niklas Luhmann zurück.[11] Nachdem ich Luhmanns Kunsttheorien zunächst skeptisch gegenüberstand, da sie mir sehr hoch generalisierend und deshalb für spezielle Phänomene wenig erhellend erschienen, hat mich die Arbeit von Gerhard Plumpe über *Epochen moderner Literatur* eines besseren belehrt.[12] Ich kann und will hier nicht die Theorie Luhmanns, nicht einmal ihre − von Luhmann in Teilen mit Skepsis aufgenommene − Anwendung durch Plumpe referieren, sondern lediglich andeuten, wo sie mir selbst hilfreich zu sein scheint. Luh-

---

11 Niklas Luhmann, Das Kunstwerk und die Selbstreproduktion der Kunst, in: DELFIN. Eine deutsche Zeitschrift für Konstruktion, Analyse und Kritik, 4, 1984. − Ders., Die Kunst der Gesellschaft, Frankfurt a. M. 1995.
12 Gerhard Plumpe, Epochen moderner Literatur. Ein systemtheoretischer Entwurf, Opladen 1995.

manns System soll mir nicht die Kunst erklären, jedoch das Rüstzeug an die Hand geben, um bestimmte Phänomene der Kunst möglicherweise besser zu verstehen.

Luhmann geht von der Vorstellung aus, daß sich Menschen mit Hilfe von Systemen verständigen, welche die unendliche Vielfalt der Phänomene, über die sich kommunizieren ließe, drastisch einengen, Kommunikation somit durch Selektion und Systematisierung handhabbar machen. Kommunikationssysteme arbeiten, wie schon Claude Lévi-Strauss vor dem Horizont seiner mythologischen Forschungen deutlich gemacht hat, mit binären Codes, die Leitdifferenzen darstellbar machen: Kunst ist schön oder häßlich. Binäre Oppositionen nach Art der letztgenannten sind so hoch generalisierend, daß sie kaum dabei helfen können, das „Spezifische" eines Kunstwerks zu verdeutlichen; wohl aber vermögen sie Diskurse zu bestimmen und gegeneinander abzugrenzen.

Aus der Sicht der Literaturwissenschaft führt Gerhard Plumpe dies am Beispiel des Begriffspaars „selbstreferentiell – umweltreferentiell" vor: Er deutet ein gutes Jahrhundert Literaturgeschichte – die Zeit vom letzten Drittel des 18. Jahrhunderts bis fast zum Ende des 19. Jahrhunderts – im Sinne einer Abfolge von zwei Großepochen, nämlich von „Romantik" und „Realismus". „Die Literatur des ausgehenden 18. Jahrhunderts wird von der Frage umgetrieben, was es heißt und bedeutet, ‚autonom' zu sein". Der die „Romantik" nach und nach ablösende „Realismus" opponiert gegen die Geschlossenheit des entsprechenden Kunstsystems: Die Literatur beginnt, „ihre Umwelt als Medium für Formen" zu benutzen.[13]

Gewiß macht die Leitdifferenz „selbstreferentiell – umweltreferentiell" nicht im Detail verständlich, was sich in der Zeit von „Romantik" und „Realismus" musikgeschichtlich abspielt. Indessen bringt sie das Agens des Epochenwechsels auf den Punkt, den man unter dieser Prämisse nicht länger mit Foucault als einen Bruch, als eine nicht zu hinterfragende Diskontinuität der Geschichte ansehen muß. Vielmehr kann man die beiden Diskurse „Romantik" und „Realismus" zusammensehen: Im Zeichen der

---

13 Ebda., S. 61.

binären Oppostion „selbstreferentiell" – „umweltreferentiell" bilden sie zwei einander ergänzende Versuche, die Funktion von Kunst zu verstehen. Was, historisch gesehen, aufeinanderfolgt, gehört, systematisch gesehen, als Gegensätzliches zusammen.

Die tradierte Vorstellung einer „romantisch-realistischen" Epoche

Ohne den von Gustave Courbet ausgehenden Impuls hätte es keine Realismus-Debatte innerhalb der M a l e r e i gegeben, ohne die Diskussionsplattform, welche die in Leipzig erscheinende Zeitschrift *Die Grenzboten* unter der Herausgeberschaft von Julian Schmidt und Gustav Freytag bot, keine solche in der L i t e r a t u r. Im Bereich der M u s i k wäre keine Realismus-Debatte von Belang zustandegekommen, hätte nicht das Werk von Berlioz, Liszt und Wagner als Spielmaterial zur Verfügung gestanden: Ihre Kompositionen waren vor dem jeweiligen kunstpolitischen und musikästhetischen Hintergrund bedeutend und aufregend genug, um eine ganze Generation in Atem zu halten und zu polarisieren.

Daß die Trias Berlioz-Liszt-Wagner als eine geballte Macht – auch von den Betroffenen selbst – angesehen wurde, machen die bisher wenig erschlossenen Quellen deutlich. Sie beginnen im Jahr 1853 und reichen bis in die Gegenwart. Wagner, Liszt und Bruckner haben sich in diesem Punkt geäußert; aus dem „neudeutschen" Lager haben sich vor allem Franz Brendel, Richard Pohl, Louis Köhler und Peter Cornelius zu Wort gemeldet – nicht zuletzt in der *Neuen Zeitschrift für Musik*, dem wichtigsten Organ der „Neudeutschen". Stellungnahmen ihrer Gegner stammen vor allem von François-Joseph Fétis, dem Herausgeber der *Revue et Gazette musicale,* und den Mitarbeitern der von Ludwig Bischoff verantworteten *Niederrheinischen Musik-Zeitung.* Unter den Augen des neutralen Zeitgenossen Julian Schmidt kommt das „Dreigestirn" seit 1853 auch in den *Grenzboten,* einer *Zeitschrift für Literatur und Politik,* zur Geltung.

Seit Ende des 19. Jahrhunderts wird die Trias Berlioz-Liszt-Wagner zu einem Topos in der Musikgeschichtschreibung – meistenteils unter der Etikettierung „Neuromantik". Damit wir ein

Terminus gewählt, der bis dahin vor allem auf die Generation Schumanns angewendet worden war. Im neuen Verständnis findet er sich von der 1. Auflage des Riemann-Musik-Lexikons von 1882 bis zur letzten, 1953 erschienenen Auflage von Alfred Einsteins *Geschichte der Musik*. Unter „romantischem Realismus" wird die Trias Berlioz-Liszt-Wagner expressis verbis oder sinngemäß geführt von Ernst Bücken im Athenäum-*Handbuch der Musikwissenschaft*, Wilhelm Fischer in Guido Adlers *Handbuch der Musikwissenschaft*, von Paul Henry Lang in seiner *Musik im Abendland*, von Karl H. Wörner in seiner *Geschichte der Musik* und Hans Albrecht in der 1. Auflage der *Musik in Geschichte und Gegenwart*. Kürzlich hat Detlef Altenburg entsprechende Vorstellungen unter dem Stichwort „Neudeutsche Schule" auch in der neuen Auflage der genannten Enzyklopädie diskutiert.

Diesen zu Anfang des fünften Kapitels ausführlich dokumentierten Zusammenhang thematisiere ich vorab, um einer Äußerung von Carl Dahlhaus entgegenzutreten, der 1978 recht rigoros von einer „abstrusen Kopplung von Berlioz mit Wagner und Liszt zu einer ‚neudeutschen Schule'" sprach.[14] Was diese Kopplung politisch-ästhetisch besagt, wird im Laufe dieses Buches erörtert werden. Doch schon hier ist festzuhalten, daß es diesbezüglich eine lange Diskurstradition gibt, die zu ignorieren sinnlos wäre, da sie nun einmal in der Welt ist und in den Musikgeschichten herumgeistert. Nach dieser Tradition hat es eine musikgeschichtliche Epoche gegeben, in der romantisches Musikverständnis realistisch aufgeladen worden ist. Das klingt vorerst nebulös; doch es lohnt zu untersuchen, was gemeint war.

Kritik der Romantik als ideengeschichtlicher Ausgangspunkt des Realismus-Diskurses

Die Termini „Romantik" und „Realismus", die in der Vorstellung einer romantisch-realistischen Musikepoche zusammengekoppelt sind, erscheinen normalerweise als Gegensätze: Der

---

14   Carl Dahlhaus, Über die musikgeschichtliche Bedeutung der Revolution von 1848, in: *Melos* Bd. 4, 1978, S. 17.

Vormärz, also die Jahre vor der „März-Revolution" von 1848, stellt sich dann als der Zeitabschnitt dar, in dem der Einschnitt zwischen „romantischer" und „realistischer" Mentalität markiert wurde, und dies im Zeichen einer zunehmend kämpferischen Auseinandersetzung mit dem reaktionären Metternich-System, welche die bürgerliche Revolution vorbereitet und in sie einmündet.

Darzustellen, was in dieser Zeit auf politischer Ebene geschieht, ist Aufgabe der allgemeinen Geschichtsschreibung.[15] Hier kann es nur darum gehen, den politisch-philosophisch-ästhetischen Diskurs nachzuzeichnen; dabei darf die Frage offenbleiben, ob das Sein das Bewußtsein oder das Bewußtsein das Sein geprägt hat. Entscheidende Impulse für die Romantik-Kritik gehen von Hegel aus. Dieser beklagt in der *Phänomenologie des Geistes* den Wirklichkeitsmangel der Romantik und „die Unfähigkeit der schönen Seele, sich an das Wirkliche hinzugeben" als romantisches Defizit.[16] In der 1835 nach Vorlesungsnachschriften der letzten Jahre veröffentlichten *Ästhetik* heißt es dann:

> „Das Ideale aber besteht darin, daß die Idee *wirklich* ist, und zu dieser Wirklichkeit gehört der Mensch als Subjekt und dadurch als ein in sich festes Eins."[17]

Nicht wirklich ist in Hegels Augen das in seiner Subjektivität Leere und Zerrissene, das Ironische, Phantastische, Kranke, Unerklärliche, Charakterlose usw., da es keine Entsprechung in einer Idee des Schönen hat; Kunst aber ist für ihn bekanntlich das „sinnliche Scheinen der Idee".

Hegels philosophischer Wirklichkeitsbegriff wird um die gleiche Zeit bei Heinrich Heine politisch. Wenn dieser 1835 in seiner Abhandlung *Die romantische Schule* das Ende der Romantik ausruft, so geht es ihm nicht zuletzt darum, Frühromantiker

---

15 Vgl. zusammenfassend: Wolfgang J. Mommsen, 1848. Die ungewollte Revolution. Die revolutionären Bewegungen in Europa 1830–1849, Frankfurt a. M. 1998.

16 Karl Heinz Bohrer, Die Kritik der Romantik. Der Verdacht der Philosophie gegen die literarische Moderne, Frankfurt a. M. 1989, S. 139.

17 Georg Friedrich Wilhelm Hegel, Vorlesungen über die Ästhetik, Bd. 1 (Werke in 20 Bänden, Bd. 13), Frankfurt a. M. 1970, S. 316.

wie die Brüder Schlegel als Anhänger einer katholisch-reaktionären Bewegung zu entlarven, die dem politischen Stillstand oder gar Rückschritt Vorschub geleistet hätten. Die mit Gegenwartsverlust einhergehende Fixierung auf die Vergangenheit, die Heine den Romantikern dementsprechend vorwirft, zieht ihre Unfähigkeit zu aktivem politischem Handeln nach sich.

Heines emphatischer Gegenwartsbegriff ist aber nicht nur im engeren Sinne politisch, sondern auch in einem allgemeineren Verständnis als weltanschauliches Credo zu verstehen: Der Mensch hat ein Recht auf Gegenwart, muß sich nicht mit Zukunftshoffnungen begnügen:

> „Das Leben ist weder Zweck noch Mittel; das Leben ist ein Recht. Das Leben will dieses Recht geltend machen gegen den erstarrenden Tod, gegen die Vergangenheit, und dieses Geltendmachen ist die Revolution. Der elegische Indifferentismus der Historiker und Poeten soll unsere Energie nicht lähmen bei diesem Geschäfte; und die Schwärmerei der Zukunftsbeglücker soll uns nicht verleiten, die Interessen der Gegenwart und das zunächst zu verfechtende Menschenrecht, das Recht zu leben, aufs Spiel zu setzen.“[18]

Es ist in diesem Zusammenhang nicht darzustellen, in welchem Maße Hegel und Heine die „Romantik“ verkannt und – was Heine angeht – geradezu bewußt mißverstanden haben; es muß auch nicht betont werden, daß letzterer der romantischen Phantastik zwar politisch Widerstand geleistet, ihr jedoch künstlerisch angehangen hat. Wichtig ist vielmehr, daß Hegel auf Grund seiner postum veröffentlichten Ästhetik und Heine durch seine unmittelbare literarische Tätigkeit im Vormärz auf eine sehr markante Weise zum Marsch gegen die Romantik geblasen und damit den Wandel von „Romantik“ zu „Wirklichkeit“, „Gegenwart“ und „Realismus“ zu großen Anteilen intellektuell vorbereitet haben. Dazu bedurfte es ohnehin keiner feingeschliffenen, sondern eher einer groben Argumentation: Gerade eine solche war geeignet, um jene „Epochenwende“ durchzusetzen, die sich nach Hans Robert Jauß u. a. in der „Ausbildung neuer

---

18 Heinrich Heine, Verschiedenartige Geschichtsauffassung [1833], in: Sämtliche Schriften, München 1971, Bd. 3, hg. v. Karl Pörnbacher, S. 22 f.

literarischer Formen zwischen Dichtung und Publizistik" niederschlägt.[19]

Am Beispiel Heines wird deutlich, daß es bei solchen Vorgän-
gen gar nicht vorrangig darum geht, spezielle Inhalte aufzugeben;
entscheidend ist vielmehr der Kopplungswechsel: War der alte
Diskurs „Romantik" an „Poesie", „Lyrik", „Religion" und „Individuum" gekoppelt, so wird der neue Diskurs „Realismus" an
„Philosophie", „Epos und Drama", „Politik" und „Volk" angekoppelt. Letzteres wird auch an der Tätigkeit Arnold Ruges tätig,
des Gründers der *Hallischen Jahrbücher*, des führenden Organs der
Junghegelianer: Als Ästhetiker kritisiert Ruge die Weltverloren-
heit der Romantik, als politischer Zeitgenosse engagiert er sich als
Radikaldemokrat – 1848/49 als Abgeordneter der Frankfurter
Nationalversammlung. Es ist kein Zufall, daß er später in die aktuelle Realismus-Diskussion eingegriffen und dabei zwischen
„idealem" und „gemeinem" Realismus unterschieden hat.[20]

Die Einzelkünste ziehen bald nach. In den dreißiger Jahren
bekämpft Ludwig Rellstab in seiner Zeitschrift *Iris im Gebiete der
Tonkunst* „Neuromantiker" wie Robert Schumann; 1838 kritisiert Gustav Schilling die Romantik in seiner *Encyclopädie der ge-
sammten musikalischen Wissenschaften oder Universal-Lexicon der Tonkunst* mit Formulierungen, die – wie Ulrich Tadday dargestellt
hat[21] – zwölf Jahre später von Otto Lange fast wörtlich aufgenommen werden.

Differenzierte Kritik übt Carl Kossmaly in einer Arbeit *Ueber
Robert Schumann's Clavierkompositionen* in der *Allgemeinen Musikalischen Zeitung* des Jahres 1844. Der dem Kreis um Schumann nahestehende und dem letzteren freundschaftlich verbundene Komponist, Kapellmeister und Musikschriftsteller rühmt grundsätzlich

19   Hans Robert Jauß, Das Ende der Kunstperiode – Aspekte der litera-
     rischen Revolution bei Heine, Hugo und Stendhal, Frankfurt a. M.,
     6. Aufl. 1979, S. 142 f.
20   Arnold Ruge, Idealismus und Realismus im Reiche des Ideals, in:
     Deutsches Museum, Bd. 8, 1858. Auszüge in: Plumpe, wie Anm. 10,
     S. 132 ff.
21   Ulrich Tadday, Das schöne Unendliche. Ästhetik, Kritik, Geschichte
     der romantischen Musikanschauung, Stuttgart und Weimar 1999,
     S. 186.

die Originalität der Schumannschen Kompositionen, geht jedoch zugleich auf vorsichtige Distanz zu übertriebener Fantastik und Esoterik – etwa am Beispiel der Klavierfantasie op. 17:

> „Die reichlichste Ausbeute von üppig wuchernden, höchst unerquicklichen Auswüchsen neuromantischer Hypergenialität liefert unstreitig die ‚Fantasie für Pianoforte‘, Liszt zugeeignet. Das Excentrische, Willkührliche, das Unbestimmte und Zerflossene lässt sich kaum noch weiter treiben – die vor Allem so beliebte Ueberschwänglichkeit artet hier zuweilen in Schwulst und complette Unverständlichkeit aus, so wie das Streben nach Originalität hin und wieder in Ueberspanntheit und Unnatur sich verliert. Es gemahnt uns – um uns eines Gleichnisses zu bedienen – der Componist wie ein reicher, vornehmer Mann, der, um in aristocratischer Ueberhebung sich jedem Zuspruch unzugänglich zu machen, sich selbstsüchtig und eigensinnig vor der Welt absperrt, rings um sein Territorium tiefe Gräben, gewaltige, hohe Dornenhecken ziehen und Schreckschüsse und Fussangeln legen läßt und sich dermaassen verschanzt und verpallisadirt, dass die Leute wohl entmuthigt werden müssen, seine nähere Bekanntschaft zu machen.“[22]

Es spricht für Schumanns Größe, daß er Kossmaly alsbald in freundlichem Ton persönlich antwortet:

> „So Vieles in Ihrem Aufsatz hat mich innig erfreut; über Einiges würden Sie anders sprechen, glaub’ ich, wenn wir einmal länger zusammen wären. In jedem Fall danke ich Ihrer liebevollen Müh. Sie sind der Erste, der einmal ein tüchtiges Wort über mich gesprochen und überall sieht der Ernst und die Wahrheit heraus.“[23]

Die „Gegenwart“ der Revolutionsjahre 1848/49 gibt der musikästhetischen Diskussion großen Auftrieb: Es ist kein Zufall, daß gerade in diesen Jahren die wichtigsten Dokumente musikalischer Romantik-Kritik erscheinen. Im Mai 1848 veröffentlicht der Breslauer Philosophieprofessor August Kahlert, Autor eines *Systems der Ästhetik*, in der *Allgemeinen Musikalischen Zeitung* einen bemerkenswerten Beitrag *Ueber den Begriff von klassischer und roman-*

---

22 Carl Koßmaly, Ueber Robert Schumann’s Clavierkompositionen, in: *Allgemeine Musikalische Zeitung* Bd. 46, 1844, Sp. 19.

23 Wilhelm Joseph von Wasielewski, Robert Schumann. Eine Biographie, 3. Aufl., Leipzig 1880, S. 394.

tischer Musik. Musik- und ideengeschichtlich gesehen, will Kahlert Klassik und Romantik nicht gegeneinander ausspielen: Mozart ist für ihn Inbegriff des Klassikers, Beethoven Prototyp des Romantikers: „In einem ist dem anderen das Gegengewicht gegeben". In der durch die aktuellen politischen Ereignisse zugespitzten Romantik-Diskussion bezieht der Autor jedoch eindeutig Stellung: Zwar will er keine Prognosen über die Zukunft der Kunst stellen, ist sich aber sicher, daß der gesellschaftliche Aufschwung vielen „krankhaften Kunsterscheinungen" ein Ende bereiten wird:

> „Der politische Ernst der Gegenwart hat die romantische Weltansicht zu Boden geschlagen. Es ist nicht mehr die Zeit, sich in Träume zu verlieren, denn Gesetz und Ordnung zur vollen Giltigkeit überall zu bringen, das ist die Lösung, nachdem seit zehn Jahren Männer wie Gervinus und Ruge den Beweis geführt, dass die Romantik die politische Kraft der deutschen Nation gebrochen habe. Jetzt begreift jeder Zeitungsleser, dass Ordnung ohne Freiheit den Despotismus, und Freiheit ohne Ordnung Anarchie hervorbringt, Kunstwerke können bis zum todten Mechanismus oder zum Ausdrucke der Verrücktheit herabsinken, dies ist dasselbe."[24]

Noch deutlicher rechnet im Juli 1848 der Magdeburger Jurist Carl Kretschmann in der *Neuen Zeitschrift für Musik* mit der Romantik ab. Im Gegensatz zu Kahlert läßt er diese erst mit dem Tod Beethovens einsetzen: Nunmehr schließt der „Geist" der Tonkunst, von Beethovens „übermenschlicher Arbeit erschöpft", sich „in seine tiefste Innerlichkeit" ein:

> „Hatte Beethoven die alten traditionellen Formen zertrümmert, und aus einem Guß nach eigenen Gesetzen eine große Neugestaltung vollendet, so wurde es Aufgabe […] seiner Epigonen, jene Formen aufzuweichen, und das so willig gemachte Material zum schönen Detail, zur kleinen Arabeske zu verarbeiten.[25]

> „Alle namhaften Componisten von Fr. Schubert an, sind mehr oder weniger ausschließlich Romantiker. Hier wie dort haben wir alle

---

24 August Kahlert, Ueber den Begriff von klassischer und romantischer Musik, in: *Allgemeine Musikalische Zeitung* Bd. 50, 1848, Sp. 295.
25 C. Kretschmann, Romantik in der Musik, in: *NZfM* Bd. 29, 1848, S. 4 und S. 3.

Elemente zusammen. Schwärmerische Liebe, in allen Variationen von der unschuldigen Heimlichkeit eines nur geträumten Naturzustandes bis zu dem zur Wollust gesteigerten Selbstgefühl; Unglücksgefühl in Liebe und Leben, welches ebenfalls wieder zu weiter nichts, als einem ekstatischen Selbstgenuß sich steigert; Gemüths- und Phantasieschwelgerei im Grauen der Nacht; ein ewiges Sehnen ohne Ende und ohne Resultat, als der bloß innerlichen Bewegung des Ichs, als Passivität einer Selbstanschauung; Naturschwärmerei mit Waldeinsamkeit und heimlichen Gesprächen der Blumen, oder der lieben Sternenaugen, wobei indeß auch diese, die Natur, zum Spiel, zum Moment des Genusses verflüchtigt wird; religiöse Vertiefung in die Mystik des Glaubens […] Endlich die Erbauung eines zweiten, weltlicher gestalteten Himmels: eine Mährchen- und Geisterwelt, Elfenreigen, Mondscheinspuk, Anklänge an alte Sagen, verzauberte Ritter, Legenden, Romanzen, kurz das Wunderbare und Geheimnisvolle quand même – das sind die Umrisse der Poesie und Musik, welche wir uns romantische zu nennen erlauben."

Das bedeutet kein absolutes Verdikt über die musikalische Romantik, deren Schönheiten Kretschmann durchaus zu würdigen weiß. Jedoch: Sie verträgt sich nicht mit „unsrer Zeit und unseren Hoffnungen":

„Die Romantik enthält eine Niederlage des Geistes; sie führt, einseitig festgehalten, zur Erschlaffung; ja sie ist selbst der Geist, der von der höchsten Spannung zur Schwachheit herabstieg, und in convulsivischer Krankhaftigkeit nur emporzuckt, um wieder zu erschlaffen. Dieser Abfall trat als besonders mysteriöser Geist und als die allerüberschwenglichste Freiheit, die genialste Willkühr auf, nie ganz ohne Talent, immer ohne den wahren Geist."

Es ist nicht ausgemacht, wer und was kommen wird: „Nach dem langen romantischen Traume" hebt die Richtung „des Stürmens und Drängens" an, gekennzeichnet u. a. durch Félicien David, Hector Berlioz, den damals noch jungen César Franck und Richard Wagner. Doch das ist nur die erste Schlacke einer „neuen Gluth", noch nicht das reine Silber. Indessen – die Romantik hat in jedem Fall ausgespielt:

„Wir sind ihrer müde; erheben und erbauen wir uns bis zum Anbrechen des neuen Tages an unseren Classikern; wie sehr bedürfen wir doch ihrer noch zur Reinigung der Welt! Der Fortschritt über sie wird, nicht als ob sie das Vollkommene und die freie Welt des Schö-

nen nicht erreicht hätten, nur darin, darin aber auch sicherlich bestehen, daß eine reichere Wirklichkeit auch eine reichere Idealwelt
erreichen wird. Jetzt fort mit dem Weben, Träumen, Genießen still
für sich, fort mit dem vornehmen Sichabschließen. Die Zeit ist
ernst, der Schauplatz geistigen Schaffens ist nicht mehr das Ich allein."[26]

Interessanter Weise fand dieser Beitrag den Beifall Robert Schumanns, der sich im Brief vom 3. bis 5. Juli 1848 bei Brendel an-
gelegentlich nach der Person des ihm unbekannten „Magde-
burgers, von dem ich in der letzten Nummer las" erkundigte.[27]
Freilich war dieser mit ihm mehr respektvoll als kritisch umgegangen, indem er ihm eine spezielle Art des romantischen
Humors attestiert und außerdem bestätigt hatte, neuerdings in
der konzertierenden Instrumentalmusik „den Pfad zum Gipfel
der Classicität" beschritten zu haben.[28] Augenscheinlich ließ
sich Schumann im Jahre 1848 gern bestätigen, mit der Zeit zu
gehen.

Auf Kretschmann erwidert im August 1849 und Mai 1850 Julius Schäffer mit einem gleichfalls in der *Neuen Zeitschrift für
Musik* erscheinenden Beitrag *Romantik in der Musik*. Der Autor,
damals noch Kandidat der Theologie und Philosophie, später
praktizierender Musiker in Schwerin und Breslau, setzt sich von
Kretschmann dadurch ab, daß er nicht allein „Stimmung" als
Gegenstand der Musik als Kunst ansieht, sondern den „gefühl-
ten Gedanken", das „bewußte Gefühl". Auch kommt Schumann bei ihm schlechter weg:

> „Wie nahe Beethoven mit der Göthe-Schiller'schen Periode und mit
> dem Geiste der französischen Revolution in Beziehung steht, ist
> schon zu oft gesagt worden, als daß wir nöthig hätten, hier noch ein
> weiteres darüber zu erwähnen. Daß Franz Schubert von der Schle-
> gel'schen Romantik angesteckt ist, beweisen seine zahlreichen Lie-
> der. In Robert Schumann endlich concentrirt sich der ganze roman-
> tische Stoff, der sich von Novalis bis auf Eichendorff und Heine
> aufgehäuft hat. Seine Verehrung des Jean-Paulschen Geistes treibt

---

26 Ebda., S. 10.
27 Robert Schumanns Briefe. Neue Folge, hg. v. Gustav Jansen, 2. Aufl.
    Leipzig 1904, S. 186.
28 Kretschmann, wie Anm. 25, S. 6.

den berühmten Chef des Davidsbundes bis zur Nachäffung – die Davidsbündler tragen Jean-Paul'sche Namen und schwelgen in Jean-Paul'scher Phraseologie. Wenn Schumann sich später aus der Sphäre des romantischen Humors emporgeschwungen und, einige Rückfälle abgerechnet, den Flug der Classität genommen, so hat er dies doch nur der Zunahme des neuern Zeitgeistes zu danken, der in den letzten Jahren gegen die Romantiker jeder Gattung und jedes Namens entschieden feindlich aufgetreten ist."[29]

Doch im Grundsatz ist sich Schäffer mit Kretschmann einig. Nicht der Künstler bestimmt die Zeit, sondern die Zeit den Künstler:

> „Die Voraussetzung für die Musik in der jedesmaligen Zeit-Poesie und Zeit-Philosophie nachzuweisen, seine Geschichte der Musik in diesem Sinne zu schreiben, würde eine gewiß höchst interessante Arbeit sein."

Denn die Kunst ist „Praxis der Philosophie" und „Praxis der Idee" und folgt insofern „dem geschichtlichen Verlaufe dieser letzteren" – ein an Hegel und speziell an Ruge anschließender Gedanke, der beispielhaft deutlich macht, daß der neue Diskurs „Realismus" von Theologie und Poesie ab- und an die Philosophie angekoppelt wird. Wohin die Gegenwart die Künste und speziell die Musik führen wird, ist freilich auch für Schäffer eine offene Frage:

> „Man ist nämlich zwar allgemein der Ansicht, daß man bei der jetzt herrschenden Richtung der Musik nicht stehen bleiben dürfe, man fühlt, daß Etwas gethan werden müsse, allein über das Was ist man noch keineswegs im Klaren."[30]

Auch diese Formulierung dokumentiert indirekt den Wandel: Man kann musikästhetisch nicht einfach weitermachen wie bisher, muß vielmehr zunächst hören, was Philosophie und Politik zu sagen haben. Musik nimmt nicht länger u n w i l l k ü r l i c h am geistigen Leben der Zeit teil, hat vielmehr b e w u ß t auf den Zeitgeist zu hören.

Franz Brendel wendet sich zwar nicht expressis verbis gegen die Romantik, wohl aber gegen eine individualistische, nur um

---

29 Julius Schäffer, Romantik in der Musik, in: *NZfM* Bd. 32, 1850, S. 191.
30 Ebda, Bd. 31, 1849, S. 77.

sich selbst kreisende musikalische Kunst. In der *Neuen Zeitschrift für Musik* begründet er sein Eintreten für eine musikalische „Fortschrittspartei":

> „Wenn ich […] sagte, die Musik müsse demokratisch sein, so konnte dies nichts anderes heißen als: der Künstler sollte nicht das aussprechen, was er ausschließlich für sich hat, sein gesondertes Empfinden, oder Richtungen, wie sie einzelnen Kreisen der Gesellschaft eigen sind, das Partikulare; die Meinung war, daß die Stimmungen des Künstlers diejenigen sein müssen, welche das gesamte Volk bewegen. Der Künstler soll mit seiner innersten Empfindung in dem großen Ganzen seines Volkes leben, und es wird ihm dies zugleich die beste Gewähr sein, daß er von der Gesamtheit gehört wird."[31]

Solche Gedanken liegen auch Otto Lange nahe, der im Februar und im April 1850, also nach dem Scheitern der Revolution, zwei Essays über *Klassisch und Romantisch* sowie *Die Grenzen des Klassischen und Romantischen in der Musik* erscheinen läßt. Lange, der neben seiner musikpädagogischen Tätigkeit Erfahrungen als Feuilletonist der *Vossischen Zeitung* gesammelt hat, benutzt die von ihm redigierte *Neue Berliner Musikzeitung*, in der diese Beiträge erscheinen, als Kampfblatt für eine demokratische Reform des musikalischen Lebens und stellt sich damit Adolph Bernhard Marx an die Seite, der zuvor die *Berliner Allgemeine Musikalische Zeitung* in demselben Sinne geleitet hatte. Innerhalb seiner Beurteilung der Romantik bedient sich Lange besonders drastischer Bilder:

> „In dem geschichtlichen Bildungsprozess alles geistigen Lebens offenbart sich stets das Krankhaft-Romantische als überreife Frucht, als Treibhausblüthe, die in sich keinen Keim zu neuen Kunstgestaltungen birgt, es sei denn, dass man diese Frucht als das betrachtet, was sie überhaupt nur sein kann, als düngendes Material, ein in Verwesung übergegangenes Leben."[32]

Die Konsequenzen für sein Metier zieht Lange mit der Feststellung,

---

31 *NZfM* Bd. 29, 1848, S. 224.
32 Otto Lange, Die Grenzen des Klassischen und Romantischen in der Musik, in: *Neue Berliner Musikzeitung* Bd. 4, 1850, S. 113.

„dass in der Musik alle diejenigen Schöpfungen als romantische zu bezeichnen sind, welche in Folge einer von dem Boden natürlicher Entwickelung sich entfernenden Cultur, die reinen, ewig geltenden Gesetze der Kunst über den Haufen stürzen, welche aus einer maass- losen, unbegrenzten Fantasie hervorgehen und in kühner Regello- sigkeit das Recht ihrer Existenz zu besitzen glauben".[33]

Beethoven ist die Vermittlung zwischen Klassik und Romantik in den Augen Langes auf unwiederholbare Weise gelungen; in den Werken von Weber, Mendelssohn, Spohr, Friedrich Schnei- der, Rossini, Schumann und Gade zeigen sich hingegen schon „die leidigen Vorzeichen ihres [d. h. der Kunst] Verfalls, viel- leicht ihres nahen Verfalls". An Schumanns neuesten Werken nimmt Lange – gleich Kretschmann und Schäffer – immerhin den Versuch zu einem Gesinnungswandel wahr, da sie dem

„hie und da umherhüpfenden, ängstlich eine Stätte suchenden Geist der Neuzeit, der im Ganzen kein künstlerischer ist, durch feste For- men einen Halt geben".[34]

Eine klassizistische Position ist für Lange nicht der Weisheit letz- ter Schluß, jedoch ein Notbehelf für eine Zeit, in der ein neuer Shakespeare der Musik, den Beethoven verkörpert hat, noch nicht in Sicht ist.

Wie eine Nachblüte der vormärzlichen und revolutionären Romantikkritik wirkt ein Aufsatz über *Die Sentimentalität in den Tondichtungen der Neuzeit*, den Johannes Schucht 1857 in Langes *Neuer Berliner Musikzeitung* erscheinen läßt.[35] Unter ausdrückli- cher Berufung auf die Romantik-Kritik Julian Schmidts startet der Berliner Musiklehrer und -literat einen Generalangriff auf alle Art weichlicher, elegischer, melancholischer Musik, wie sie Ausdruck einer „epidemischen Periode der Sentimentalität" ge- wesen sei. „Wohl gewähren diese Werke einen Hochgenuss ohne Gleichen, von dem nur derjenige einen Begriff hat, der

---

33 Otto Lange, Klassisch und Romantisch, ebda., S. 43.
34 Lange, Die Grenzen des Klassischen und Romantischen in der Musik, S. 114.
35 Johannes Schucht, Die Sentimentalität in den Tondichtungen der Neu- zeit, in: *Neue Berliner Musikzeitung* Jg. 11, 1857, S. 250 f., 257 f. u. 265–267.

selbst in Stunden der Einsamkeit diese Werke durchspielte." Doch zumindest „von jungen, zart organisirten Individuen" muß die Musik „Chopins, Bellinis, R. Schumanns" ferngehalten werden, die, wenn man auf ihre Lebensgeschichte blickt, selbst „das frühzeitige Opfer dieses Melancholismus" geworden sind, von dem Schucht eigentlich nur Mozart und Meyerbeer ausnimmt.

Daß auch bei Louis Spohr trotz zweier glücklicher Ehen und anderer „freudenreicher Verhältnisse" die ganze Natur wie „in ein Trauergewand" gehüllt ist, liegt an seiner „Weltansicht und Lebensanschauung": Er gehört zu den „Idealisten", die unter der „Wirklichkeit mit ihrer gegenwärtig bestehenden socialen Ordnung" und demzufolge unter „Weltschmerz" leiden. Aber noch einfacher: „Künstler und Dichter" versinken allzu leicht in Liebesleid. „Der ernste Geschäftsmann" hingegen „wird nicht leicht durch solch ein Geschick zur Melancholie und Todes-sehnsucht gestimmt werden: seine ganze realistische Geistesrich-tung, verbunden mit seinem Wirken in der realen Welt hebt ihn über diese individuellen Herzensangelegenheiten leicht hin-weg." Anstatt „unbrauchbar für die Realität aller bestehenden Verhältnisse" zu werden, sollte sich auch der Künstler der „Hauptaufgabe aller thätigen Menschengeschlechter" widmen: dem „Realisiren der von der Vernunft dictirten Gedanken und Ideen".

Auch wenn man einerseits über diese naiven, nicht weiter konkretisierten Vorstellungen lächeln mag, muß man sich doch andererseits klarmachen, daß sie Bestandteil eines damals hoch-aktuellen und für die Musik keineswegs folgenlosen Diskurses sind und ein Bild von den Aufgaben der Musik malen, welches in der Tendenz auch das bedeutenderer Musikästhetiker ist.

2. Die bürgerliche Revolution als politischer Ausgangspunkt des musikbezogenen Realismus-Diskurses

Im Zuge der Volkserhebung des Jahres 1848, die u. a. Aufstände in Baden, Berlin und Wien nach sich zieht, tritt am 18. Mai die verfassungsgebende Nationalversammlung in der Frankfurter Paulskirche zusammen. Im März 1849 wird der preußische König zum Erbkaiser gewählt, lehnt jedoch die ihm angetragene Würde ab. Es folgen radikale Volkserhebungen am Rhein, in Berlin, Dresden, hauptsächlich in Baden und in der Pfalz, die vor allem mit Hilfe preußischen Militärs niedergeschlagen werden. Damit sind die unter dem Motto „Einigkeit und Recht und Freiheit" geführten Kämpfe der sozial schwächeren Klasse um ein menschenwürdigeres Dasein, diejenigen des Bürgertums um nationale Einheit, Gründung einer republikanischen Verfassung sowie ökonomische und soziale Reformen gescheitert.

So verängstigt und resignativ das Bürgertum am Ende dasteht, so engagiert hat es immerhin zu großen Teilen die Revolution selbst mitverfolgt, auch wenn ihm die „radikalen Ziele" des Volks oftmals mehr Sorge als Mut gemacht haben. Für fortschrittlich gesonnene Künstler und Wissenschaftler ist namentlich die Einberufung des Frankfurter Parlaments Anlaß, mit Reformvorstellungen der verschiedensten Art an die Öffentlichkeit zu treten.

Bereits im Jahr 1846 hatte der damals erst dreiundzwanzigjährige Theodor Hagen in seiner Streitschrift *Civilisation und Musik* unter dem Pseudonym ‚Joachim Fels' die Idee einer „musikalischen Volkssprache" diskutiert und gefordert, der Kunst ihre „populäre Basis" zu belassen bzw. zurückzugeben, da „die Civilisation die Naivität im Menschen" untergrabe.[36] Hagen mußte übrigens als Teilnehmer an der 48er Revolution flüchten; er war danach als Musikkritiker in den USA tätig.

---

36 Theodor Hagen, Civilisation und Musik, Leipzig 1846, S. 11 und 18.

In den Jahren um 1848 werden vor allem Franz Brendels *Neue Zeitschrift für Musik* und Otto Langes *Neue Berliner Musikzeitung* zu Kampfblättern im Dienst der bürgerlichen Revolution. Hier kann nur ein Querschnitt durch die zahllosen Veröffentlichungen dieser und anderer Zeitschriften zu den „Themen der Zeit", wie es immer wieder heißt, gegeben werden; solche Beiträge erscheinen nicht erst schlagartig mit dem Ausbrechen der Revolution; in deren Sog wächst ihre Anzahl jedoch beträchtlich.[37]

Eine in der *Neuen Berliner Musikzeitung* erscheinende Aufsatzfolge von Adolf Bernhard Marx – einer Berliner Autorität in Sachen Musikgeschichte, -theorie und -pädagogik – macht schon durch die Überschrift *Der Ruf unserer Zeit an die Musiker* deutlich, daß auf die Musiker Aufgaben zukommen, denen sie sich mit ihrem bisherigen „Tändeln" oder „Träumen" nicht gestellt haben.[38] Anders als Kahlert, Kretschmann, Schäffer und Lange macht Marx für die schlechte Vergangenheit freilich nicht die „Romantik" verantwortlich, sondern ein Musikleben, das vor allem der Zerstreuung und dem seichten Vergnügen dient:

> „Die Masse von Musik, die wir zu verzehren gaben und bekamen, war ein Zeichen des Mangels an Innigkeit, Vertiefung und Fruchtbarkeit für Geist und Herz in den Aufnehmenden. Dieser Zustand von Ueberfüllung und Ueberschwemmung, nicht in Kraft der Liebe und Gesinnung, sondern aus Angst und Druck der Leere und Langeweile, konnte nur in einer Zeit Raum gewinnen, wo das Volk der höhern und gemeinsamen Interessen verlustig, jeder Einzelne in seine kleinen und besondern Angelegenheiten abgesperrt war, Jeder sich blasirt fühlte und innerlichst unbefriedigt am Gegenwärtigen".

Demgegenüber ruft Marx zu tatkräftiger Erneuerung des Musiklebens im Sinne des allgemeinen Fortschritts auf:

37　Vgl. hierzu auch das Kapitel „Politik und Musikleben" in Georg Knepler, Musikgeschichte des 19. Jahrhunderts, Bd. 2, Berlin 1961, S. 705–747.

38　Vgl. Helmut Kirchmeyer, Die Proklamation des Fortschritts in den Anfängen der Neuen Berliner Musikzeitung, in: Walter Wiora (Hg.), Die Ausbreitung des Historismus über die Musik, Regensburg 1969, S. 233 ff.

„Wahrlich, wenn die Tonkunst von diesem Wehen [des revolutionären Geistes] nicht mit ergriffen würde, wir Musiker selber müssten sie geistig todt nennen, abgefallen vom Baum des Volkslebens."[39]

Einige Wochen später legt derselbe Autor eine umfängliche *Denkschrift über die Organisation des Musikwesens im preussischen Staate* vor, in der er eine Reform der musikalischen Institutionen und vor allem anderen eine „reinere, höhere und verbreitetere Musikbildung" als „Bedingung und Grundlage für den Fortschritt der Kunst und für ihre befriedigende Wirkung in sittlicher, sozialer, kirchlicher Beziehung" fordert.[40] Auch für die Veröffentlichung tagespolitischer Flugschriften ist sich Marx nicht zu schade.[41]

Später wird Marx in seiner *Methode der Musik* formulieren:

„Die Frage nach dem Standpunkt und Fortschritt der Kunst [ist] eins mit der Frage nach dem Fortschritt des Volkes und der Zeit."[42]

Otto Lange schreibt innerhalb eines *Schlussworts* für die *Neue Berliner Musikzeitung* zum Jahresende 1848 programmatisch:

„Die Musik ist eine sociale Kunst, sie gehört mehr denn irgend eine andere allen Ständen, dem ganzen Volke an. Dass sie im wahrsten Sinne des Wortes die Kunst des Volks werde, ist der grosse Gedanke, von dem die Abhandlungen in diesen Blättern getragen wurden. […] Der Fortschritt zum Bessern ist das Motto unserer Zeitung. Dieser Fortschritt ist theils Rückkehr zum Alten, theils Anerkennung des Neuen, was die Formen anlangt; denn auch die Kunstformen sind einer grossen Erweiterung und Ausdehnung fähig. Aber der Geist ist es, der lebendig macht, und in diesem erkennen wir erst eigentlich den Fortschritt zum bessern."[43]

---

39 Adolf Bernhard Marx, Der Ruf unserer Zeit an die Musiker, in: *Neue Berliner Musikzeitung* Jg. 2, 1848, S. 146–148.
40 Ders., Denkschrift über die Organisation des Musikwesens im preussischen Staate, ebda. S. 249.
41 Ders., Unsre Wahlen. Die wichtigste Tagesfrage für jeden patriotischen Preußen, Berlin 1848. Ders., Berufung und Beruf der Landtags. Ein Wort zur Verständigung und Einigung an meine Mitbürger, Berlin 1848.
42 Ders., Die Musik des 19. Jahrhunderts und ihre Pflege. Methode der Musik, Leipzig 1855, S. 111.
43 Otto Lange, Schlusswort, in: *Neue Berliner Musikzeitung* Jg. 2, 1848, S. 376.

Daß es der *Neuen Berliner Musikzeitung* mit diesem Programm ernst ist, zeigen Berichte über kleinere und größere Erfolge – so derjenige Gustav Engels über die neue Einrichtung von „Bezirkskonzerten":

> „In diesen nämlich werden einerseits vorzugsweise Sololeistungen, theils für Instrumente theils für die menschliche Stimme, vorgeführt; andererseits wird dadurch, dass die Concerte für einen bestimmten Bezirk sind und einen wohlthätigen Zweck haben, die Theilnahme bis in die ganze Familie hinein, die nicht ganz von allen Hülfsmitteln entblösst ist, angeregt. Der starke Besuch, dessen sie sich erfreuen, obschon das Publikum doch vorzugsweise aus einem Bezirk besteht, ist der Beweis dafür."[44]

Überhaupt sind die Blätter voll von entsprechenden Artikeln und Mitteilungen unter anderem aus Berlin, Breslau, Dresden, Leipzig, Magdeburg und Köthen. Dort und anderswo gibt es Versammlungen fortschrittlicher Tonkünstler, die meist zur Gründung von Tonkünstlervereinen führen.[45] Im Jahr 1859 findet dann in Leipzig die erste überregionale Tonkünstlerversammlung statt, auf der die Vertreter der von ihnen als fortschrittlich angesehenen Richtung die Bezeichnung „neudeutsch" offiziell annehmen. „Fortschritt" ist für sie – das wird oft übersehen oder zu gering eingeschätzt – zunächst kein ästhetischer, vielmehr ein bildungspolitischer: Vor allem anderen geht es darum, Musik und Musikern die ihnen gebührende Rolle beim Ringen um den gesellschaftlichen Fortschritt zuzuweisen. Die gewünschte demokratische Musikkultur setzt freilich erhebliche organisatorische Veränderungen voraus:

> ➢ Der Musikbetrieb darf nicht länger von genuß- und repräsentationssüchtigen Mäzenen oder gewinnsüchtigen Unternehmern gesteuert werden.

---

44 Gustav Engel, Bildender Einfluss der Bezirks-Concerte, in: *Neue Berliner Musikzeitung* Jg. 4, 1850, S, 130.

45 Die Eingabe der Köthener Tonkünstlerversammlung vom 9. August 1848, mitgeteilt in: *NZfM* Bd. 29, 1848, S. 86 ff., ist kommentiert in dem Aufsatz von Hermann J. Busch, Musik zwischen Weltflucht und Engagement. Töne und Ideen von 1848/49, in: *Siegener Studien* Bd. 33, 1982, S. 69 ff.

> Es muß vielmehr Einrichtungen geben, die es dem ganzen Volk erlauben, musikalischer Ausbildung und Bildung teilhaftig zu werden.

> Der Staat „als Verwalter alles Volksgutes" hat die dafür notwendigen Mittel zur Verfügung zu stellen.[46]

> Es bedarf der Zusammenschlüsse von Tonkünstlern, die bereit sind, sich für eine Erneuerung des Musiklebens einzusetzen und „eine neue Epoche durch die Wendung zu einem bewußteren Schaffen hin zu begründen".[47]

> Die Musikritik muß sich zu einer Wissenschaft entwickeln, welche die Komponisten in diesem Sinne bei ihrem Schaffen begleitet, anstatt partikularen Interessen zu folgen und beliebige Standpunkte einzunehmen.

> Über den gesellschaftlichen Sinn, den die musikalische Produktion der Gegenwart hat, muß eine breite Diskussion stattfinden.

Allein Franz Brendel hat in der *Neuen Zeitschrift für Musik* so viele programmatische Aufsätze geschrieben, daß es ihm lohnend erschien, einige von ihnen nach dem Ende der Revolution in einer gesonderten Schrift mit dem Titel *Die Organisation des Musikwesens durch den Staat*[48] zusammenzufassen. Der nicht minder rührige Adolph Bernhard Marx legte 1855 mit seinem Buch *Die Musik des 19. Jahrhunderts und ihre Pflege* eine umfassende Denkschrift über Wesen und Geschichte der Musik sowie ihre gesellschaftlichen, kulturpolitischen pädagogischen und ästhetischen Aufgaben in der Gegenwart vor, welche Liszt so begeisterte, daß er sie in einem langen Essay gleichsam als Gegenmittel gegen Hanslicks eben erschienene Schrift *Vom Musikalisch-Schönen* empfahl.[49]

---

46 Denkschrift des Tonkünstler-Vereines in Berlin über die Reorganisation des Musikwesens, in: *Neue Berliner Musikzeitung* Bd. 2, 1848, S. 257.

47 Franz Brendel, Geschichte der Musik, 3. Aufl., Leipzig 1860, S. 569.

48 Ders., Die Organisation des Musikwesens durch den Staat, Leipzig 1865. – Ähnliche, jedoch mehr musikästhetisch ausgerichtete Gedanken in: Franz Brendel, Die Musik der Gegenwart und die Gesammtkunst der Zukunft, Leipzig 1854.

49 Franz Liszt, Marx und sein Buch: „Die Musik des 19. Jahrhunderts und ihre Pflege" 1855, Gesammelte Schriften, hg. von Lina Ramann, Bd. 5,

Auch Wagners Aktivitäten müssen hier erwähnt werden. Noch im Mai 1848 überreicht er nach Absprache mit Robert Schumann dem Minister des Innern einen ausführlichen *Entwurf zur Organisation eines deutschen National-Theaters für das Königreich Sachsen*.[50] Ein knappes Jahr darauf bricht der Dresdner Aufstand aus, dessen Scheitern Wagner zur Flucht nötigt. In den revolutionären Schriften, die er im Exil verfaßt, ist er nicht mehr an konkreten Reformen in einzelnen Ländern und Städten interessiert, umso leidenschaftlicher setzt er sich für eine Kunst ein, die grundsätzlich vom Volk ausgeht. Es ist kein Zufall, daß der linkssozialistisch gesonnene Literatur- und Kunsthistoriker Hermann Hettner Wagners Schrift *Das Kunstwerk der Zukunft* sehr bald nach ihrem Erscheinen einer ausführlichen Rezension in der *Deutschen Monatsschrift für Politik, Wissenschaft, Kunst und Leben* für wert erachtet, die mit den programmatischen Worten beginnt:

„Die Kunst ist ein Kind des Volkes. Nur wo Glück und Freiheit ist, vermag sie zu leben. Mögen Fürsten und Herren sie noch so huldreich beschützen, eine Kunst, die nicht unmittelbar aus dem Volke herauswächst, ist ohne Wert, ohne Dauer, ohne Einfluß. Nichts ist in der Tat kurzsichtiger, nichts unsittlicher als Servilität bei Gelehrten und Künstlern. Es ist kein Zweifel, die Krisis, deren Anfänge wir gegenwärtig durchleben, ist eine Wiedergeburt der Menschheit, und mit der neuen Menschheit wird auch eine neue Kunst erstehen."[51]

Leipzig 1882, S. 183–217. Ausgerechnet Hanslick hat freilich in seinen Lebenserinnerungen darauf hingewiesen, daß die Revolution große Bedeutung für das Wiener Konzertleben gehabt, die Abkehr vom blinden Virtuosentum, die institutionelle Verankerung großer Sinfoniekonzerte und den Abschied von der italienischen Oper bedeutet habe. Eduard Hanslick, Aus meinem Leben, hg. v. Peter Wapnewski, Kassel und Basel 1987, S. 79 ff.

50 Wagner, Bd. 2, S. 233. Vgl. Martin Geck, Richard Wagners Beschäftigung mit geistlicher Musik während seiner Dresdner Zeit, in: Matthias Herrmann (Hg.), Die Dresdner Kirchenmusik im 19. und 20 Jahrhundert, Laaber 1998, S. 121–132.

51 Hermann Hettner, Schriften zur Literatur, Berlin 1959, S. 288. – Vgl. Erhard John, Zu einigen Seiten des Realismus-Begriffes in den Frühschriften Hermann Hettners, in: *Weimarer Beiträge. Zeitschrift für*

Die Wagner-Sängerin Wilhelmine Schröder-Devrient fordert am 3. Mai 1849 die Menge auf, vor das Dresdner Schloß zu ziehen. Anonyme Zeichnung.

Ideen der Volkserziehung und -bildung finden einen milden Niederschlag selbst innnerhalb der schulischen Musikpflege. So bricht der Gesangspädagoge Friedrich August Leberecht Jacob, Mitherausgeber der *Euterpe*, einer Zeitschrift für Volksschullehrer, eine Lanze für den „Liederschatz, welchen ‚das Volk auf dem Lande‘ im Gedächtnisse bei sich trägt": Das „Landvolk" besitze „einen unermeßlichen Schatz von wirklichen Volksliedern", der wertvoller sei als das „große Heer unserer meist kraft- und saftlosen, meist trocken moralisierenden, Schullieder".[52] Jacob ist gewiß kein proletarischer Kämpfer, vielmehr ein eher unpolitischer Sammler. Daß auch er im Zuge der bürgerlichen Revolution eine Lanze für das „wirkliche" Volkslied bricht, spricht jedoch für sich. Ludwig Erk, sein bekannterer Mitherausgeber der *Euterpe*, ist in seiner Sammlertätigkeit seinerseits durch die Zeittendenz gestützt worden.

Es bedarf kaum der Erwähnung, daß die Jahre 1848/49 eine Flut patriotischer Lieder und Märsche hervorbringen. Die Ausgabe der *Neuen Zeitschrift für Musik* vom 13. Juni 1848 enthält eine Rubrik *Patriotische Lieder*, zu denen die Redaktion bemerkt:

> „Diese Lieder danken ihre Entstehung den erregten Erscheinungen des März. Wie aber jene Ereignisse vorübergingen, um im raschen Kreislaufe der Begebenheiten durch neue, wichtigere verdrängt zu werden, so entschwanden auch wieder dem Gedächtnisse alle die Aeußerungen des lauten Enthusiasmus, der allemal die unmittelbarste Folge des Erlangens eines für unmöglich gehaltenen Glückes zu sein pflegt. Jetzt aber gilt es weniger zu singen, als zu denken, wie wir das errungene Glück festhalten."[53]

Folgende Gesänge, darunter eine Reihe von Bearbeitungen und Kontrafakturen, sind aufgeführt:

---

deutsche Literaturgeschichte Jg. 7, 1961, S. 739–758. Wenn Hettner eine Kunst fordert, welche „die großen objektiven Mächte und Interessen der Geschichte" in einer „realistischen Individualisierung" darzustellen vermag (S. 749), so ist die *Ring*-Dichtung von solchen Intentionen weniger weit entfernt, als es zunächst den Anschein hat.

52 Friedrich August Leberecht Jacob, Ein Wort über Volksliedsammlungen, in: *Euterpe, Ein musikalisches Monatsblatt für Deutschlands Volksschullehrer*, April 1849, S. 63 f.

53 Kritischer Anzeiger, in: *NZfM* Bd. 28, 1848, S. 295.

A) Für eine Singstimme mit Pianofortebegleitung:

C. A. Mangold, Mein deutsches Vaterland, Lied aus der Oper „Der Tannhäuser"
H. Tuisko, Freie deutsche Lieder: Die Universität, Deutsches Landsturmlied, Freiheitslied
C. L. Fischer, op. 5. Schwarz, Roth, Gold, von Freiligrath
H. Proch, op. 143. Ausrückungslied der Nationalgarde
G. Preyer, op. 49. Ausrückungslied der Nationalgarde
G. Pichler, Die Universität
A. Halm, Nationallied zur Feier der Wiedergeburt Oestreichs
Fél. David, Hymne à la fraternité mit deutscher Übersetzung

B) Für vierstimmigen Männerchor mit oder ohne Instrumentalbegleitung

Fr. Lachner, Op. 93. Nr. 1. Der sechste März. Nr. 2. Das Lied von der Freiheit
S. B. Zuruf an unsere Brüder in Schleswig-Holstein. Kriegslied von Geibel
J. Otto, Sachsenlied
Nina Stollewerk, Eljen, Jägerlied
S. A. Zimmermann, op. 50. Zuruf an's Vaterland
W. Volkmar, Schlachtgesang

Aktuelle freiheitliche, u. a. von Freiligrath, Heine und Prutz gedichtete Lieder sind in Hermann Rolletts *Republicanischem Liederbuch* von 1848 enthalten. Noch wichtiger ist in unserem Kontext, was die Leute auf der Straße gesungen haben und deshalb nur in mündlicher Tradition oder auf Flugblättern überdauerte. Wolfgang Steinitz hat *Lieder aus der Revolution von 1848/49* innerhalb einer wissenschaftlichen Edition auf immerhin einhundert Seiten zusammengetragen;[54] Barbara James und Walter Moßmann haben den Flugblattliedern der Zeit eine eigene Darstellung gewidmet.[55]

---

54 Wolfgang Steinitz, Deutsche Volkslieder demokratischen Charakters aus sechs Jahrhunderten, Bd. 2, Berlin 1962, S. 171 ff.
55 Barbara James und Walter Moßmann, Glasbruch 1848. Flugblattlieder und Dokumente einer zerbrochenen Revolution, Darmstadt und Neuwied 1983.

Die Mehrzahl der politischen Volkslieder beschäftigte sich nicht mit abstrakten Zielen der revolutionären Bewegung, sondern mit ihren herausragenden Repräsentanten oder markanten Gegnern. In Baden dominierten Gesänge auf Friedrich Hecker, Führer der radikalen Republikaner. Das wohl verbreitetste Hecker-Lied wurde auf die Melodie von „Schleswig-Holstein meerumschlungen" gesungen und begann mit der Strophe:

> Hecker hoch! Dein Name schalle
> An dem ganzen deutschen Rhein,
> Deine Treue und dein Auge
> Flößt uns all Vertrauen ein.
> Hecker, der als deutscher Mann
> Für die Freiheit sterben kann.[56]

Wilhelm Liebknecht meinte, daß sich in solchen Liedern der „verschwommene, sentimentale Charakter der achtundvierziger Revolution"[57] ausdrücke. Doch gab es auch genügend freche Sprüche wie „Hecker, Struve, Zitz und Blum, kommt und stoßt die Fürsten um". Dazu überliefert das Deutsche Volksliedarchiv als Notiz des Einsenders:

> „In Mainz wurde 1848 als Gassenhauer dieser Vers gesungen. So sang ihn meine 1832 zu Mainz geborene Großmutter, Emma Klinge († 1898). Zitz ist ein Mainzer Revolutionär, Bruder der Dichterin Kathinka Zitz".[58]

Weit verbreitet war das zum Teil im Bänkelsängerton gehaltene Robert-Blum-Lied:

> Des Morgens in der vierten Stunde
> Da öffnet sich das Brandenburger Tor.
> Die Händ' am Rücken festgebunden
> Tritt Robert Blum mit stolzem Schritt hervor.[59]

Damit wird eine Version mitgeteilt, die Merkmale des volksliedtypischen Umsingens zeigt. Denn Robert Blum, Führer der Linken im Frankfurter Parlament, wurde am 9. November 1848

---

56 Steinitz, wie Anm. 54, S. 174.
57 Ebda., S. 177.
58 Ebda., S. 186.
59 Ebda., S. 206.

in Wien standrechtlich erschossen, nachdem er sich der dortigen Oktoberrevolution angeschlossen hatte. Das Lied verbreitete sich jedoch sehr schnell im gesamten deutschsprachigen Raum, so daß aus dem den meisten Sängerinnen und Sängern unbekannten „Brigittenauer Tor" das „Brandenburger Tor" werden konnte.

Schon im Revolutionsjahr gab es auch literarische Hinweise auf die Bedeutung des politischen Volksliedes. So veröffentlichte Gustav Liebert in der Dresdner *Abendzeitung* vom 16. November 1848 einen Beitrag mit dem Titel *Das politische Lied und seine künstlerische Bedeutung*.[60] Liebert sieht in der „Kunstgeschichte ein trugloses Abbild der politischen Geschichte" und räumt speziell dem „politischen Lied", ohne dies im einzelnen auszuführen, seine Berechtigung als „Kunstgattung ein". Überholt erscheinen ihm „politische Lieder […] im romantischen Gewande", wie sie Körner, Arndt und Schenkendorf in den Befreiungskriegen von 1813 gedichtet haben: positiv erwähnt er demgegenüber Freiligrath.

Emanuel Klitzsch, ein in Zwickau tätiger Freund Schumanns und ständiger Mitarbeiter der *Neuen Zeitschrift für Musik*, äußerte sich in einem Beitrag über *Beziehungen zwischen Kunst und Politik* mit den Worten:

„In der Poesie sind die politischen Lieder die Verkündiger der neueren Zeit; so sehr sie auch erfüllt sind von ,deklamatorischem Haß', so athmen sie doch Liebe für die Menschheit. Auf dem musikalischen Gebiete regen sich die Spuren des künftigen, neuen Lebens in den Männergesangsfesten, welche allerdings aus den demokratischen Bewegungen der Völker entsprungen sind. Der politische und demokratische Charakter derselben ist, so geringfügig auch die Kunstleistungen bisher sein mochten, für die Entwicklung des neuen, socialen Lebens wichtig geworden, und läßt uns keinen Augenblick darüber im Zweifel, ob Empfänglichkeit und Bedürfniß des Volkes dafür vorhanden sei."[61]

Unter der Überschrift *Musik als sociale Kunst* erinnerte der Musikkritiker Flodoard Geyer in der *Neuen Berliner Musikzeitung* des Jahres 1848 unter anderem an die Macht des Volksliedes:

---

60   Ohne Seitennumerierung.
61   Emanuel Klitzsch, Beziehungen zwischen Kunst und Politik, in: *NZfM* Bd. 29, 1848, S. 47.

> „Wir bedürfen der Wahrheit und diese können wir wahrlich in unse-
> ren deutschen Liedern finden, wir müssen diese wahr machen, wir
> müssen daran glauben, nicht jedoch die Noten ohne Text und Sinn
> singen! Fort mit leeren, anmaassenden Worten, und mit dem Wort-
> schwall jener prunkenden Gesänge, wenn sie keine Wahrheit sind!"[62]

In seinem 1849 erschienenen Buch *Goethe's Wilhelm Meister in
seinen socialistischen Elementen* schrieb Ferdinand Gregorovius:

> „Die Differenz der Stände, insofern sie auf der Geburt beruht, hat
> Göthe schon am Ende der Lehrjahre durch Bildung nivellirt. In den
> Wanderjahren tilgt er nun auch den Standesunterschied der Intelli-
> genz, indem er die arbeitende Klasse selbst zu einer intelligenten er-
> hebt. Dies geschieht durch das Medium des Gesanges, welcher für die
> Handwerker wie für alle Arbeiter das allgemeine Element der Herauf-
> bildung zum Ethischen und Aesthetischen sein soll und die pädagogi-
> sche Theorie der Musik hier trefflich realisirt. Daß der Gesang ein sol-
> ches Bildungsmittel für jene Gesellschaftsklassen und gleichsam ein
> neuer Gottesdienst socialer Gemeindlichkeit sein könne und müsse, ist
> eine Wahrheit, die sich nicht nur durch die Zeiten des Meistergesan-
> ges und der Meisterschulen bestätigt, sondern gerade in der Gegenwart
> am meisten verwirklicht, wo Gesellenvereine und Arbeiterverbrüde-
> rungen einen neuen Aufschwung genommen haben. Der Gesang ist
> es, worein der Arbeiter seine Schmerzen, Hoffnungen und Wünsche
> niederlegt und sich von dem Frohndienst des Tages erlöst."[63]

Der Autor verweist dann auf den von Alfred Meißner in seinen
Revolutionären Studien aus Paris mitgeteilten *Chant des ouvriers*,
den Meißner bei seinem Paris-Besuch auf einem „Banquett der
rothen Republik" in Anwesenheit von Proudhon die Teilnehmer hat singen hören:

> „Die Reden sind zu Ende. Die Gäste des Festmahls erheben sich von
> ihren Tischen, die Sängerchöre treten vor und stimmen den Choral
> ‚des ouvriers' an. In schöner ruhiger Melodie, in welche alle Gäste
> mit einstimmen, rauscht es dahin, das Lieblingslied der Arbeiter, dies
> echte Lied des Proletariats."[64]

---

62 Flodoard Geyer, Die Musik als sociale Kunst, in: *Neue Berliner Musik-
    zeitung* Jg. 2, 1848, S. 227.
63 Ferdinand Gregorovius, Goethe's Wilhelm Meister in seinen socialisti-
    schen Momenten, Königsberg 1849, S. 193.
64 Alfred Meißner, Revolutionäre Studien aus Paris (1849), Frankfurt
    a. M. 1849, S. 145 *NZfM* Bd. 28, 1848, S. 307.

Barrikadenmacher und Katzenmusikdirektor
Karikatur aus dem Jahre 1848

Singulär in seiner Direktheit ist der „Trauermarsch mit Chor:
Über den Gräbern der am 13. März Gefallenen" des Wiener
Komponisten Alfred Julius Becher, eines von Mendelssohn und
Schubert geschätzten Komponisten, der wegen Hochverrats am
23. November 1848 standrechtlich erschossen wurde.[65] Um für
einen Augenblick in Wien zu bleiben: Der Graben zwischen den
Parteien verläuft auch zwischen Johann Strauß senior und junior:

---

65 Biographie Bechers in MGG, 1. Aufl., Bd. 15, Sp. 588. Dort gibt es je-
     doch keinen Hinweis auf diese Komposition, die Wolfgang Lessing in
     seinem Artikel „Ein Komponist bezahlte mit dem Tode" in der *Frank-
     furter Rundschau* Mai 1998 (Sonderbeilage), erwähnt.

Komponiert der Vater als getreuer Diener der k. u. k. Monarchie den *Radetzky-Marsch* op. 228 und den *Jellacic-Marsch op. 244*, so der Sohn einen *Revolutions-Marsch* op. 54 und einen Walzer *Freiheits-Lieder* op. 52.

Höchst originell äußert sich Ende des Jahres 1848 Carl Kossmaly in einer kleinen Artikelfolge mit dem Titel *Die musikalischen Errungenschaften der neuesten Zeit* über die „Katzenmusiken" – einen auch „Charivari" genannten Rügebrauch, der im Vormärz und in der bürgerlichen Revolution einen höchst politischen Akzent hat: Bei unfriedlichen Volksaufläufen vor öffentlichen Gebäuden oder Häusern verhaßter Politiker singt man unter Verwendung von Lärminstrumenten aufsässige Lieder oder Verse wie z. B. 1835 in Berlin: „Heil dir im Siegerkranz, heut bleibt keene Scheibe janz".[66]

So wird beispielsweise in Berlin dem Ministerpräsidenten Ludolf Camphausen eine aggressive Katzenmusik dargebracht. In Eßlingen zieht man vor die Häuser des Stadtschultheißen und eines Polizeikommissärs, von dem es im amtlichen Protokoll heißt, er sei „ein sehr tätiger Mann", habe „aber oft übertriebenen Diensteifer gezeigt".[67]

Der Autor schreibt:

> „Die Katzenmusiken haben sich ‚organisch' und ‚naturgemäss' aus den Ereignissen und Zuständen der Gegenwart entwickelt; es sind keine kümmerlichen, unter Glas und Rahmen künstlich erzeugte Treibhauspflanzen, sondern gleich den Bäumen des Waldes sind sie unterm offnen Himmelszelt, bei Frost und Hitze und mitten unter den Stürmen der Zeit frei und kräftig emporgewachsen. Hervorgegangen zunächst aus der geheimen Werkstätte Allen gemeinsam eingeborner und instinktmässig nach Bethätigung ringender, musicalischer Sympathieen, in ihrem weiteren Gedeihen wesentlich gefördert durch die freie Mitbetheiligung der Gesammtheit an dem Verkehr, den Interessen, Beziehungen und Verwickelungen des Tages, sind sie demnach ein ächtes Product gleichzeitig der Natur, der Zeit wie des Volks; ein Product, in welchem wir die endliche Verwirklichung einer, solange nur im Kopfe der Kunst-Philosophen und Aestetiker gehegten schönen Idee, eines

---

66   Vgl. Martin Geck, Artikel „Charivari", in: Die Musik in Geschichte und Gegenwart, 2. Aufl., Bd. 2, Kassel usw. 1995, Sp. 642 f.
67   James/Mossmann, wie Anm. 55, S, 14.

bisher vergeblich nach Existenz ringenden utopischen Traums – mit
einem Worte: in welchem wir die zur Wahrheit gewordene ächte
Volksmusik (la musique populaire – devenue une verité) erblicken.
[…] Mit der Erscheinung der Katzenmusiken [ist] endlich die Schei-
dewand gefallen, welche sei undenklichen Zeiten zwischen der grossen Gesammtheit des eigentlichen Volkes und der Kunst aufgerich-
tet war.“[68]

Kossmaly schlägt vor, das bei Katzenmusiken gebräuchliche In-
strumentarium zu erweitern: Im Sinne von „Freiheit“, „Gleich-
heit“ und „Brüderlichkeit“ sollen neben den Orchesterinstru-
menten auch Klangerzeuger „minorum gentium“ verwendet
werden – als da sind Dudelsäcke, Brummeisen, Sackpfeifen,
Schalmeien, Ratschen, Trommeln, Nachtwächterschnarren,
Kinderklappern und -trompeten, Casserollen, kupferne Kessel.
Auch die Katzen selbst sollten nicht fehlen.

Wenn Kossmaly weiterhin die „Bildung von Vereinen“ mit
ausschließlich „gesinnungstüchtigen“ Mitgliedern vorschlägt, in
welchen die „Bedeutung, die Nothwendigkeit und der Einfluss der Katzenmusiken im Allgemeinen, wie von besondern
Standpunkten, z. B. vom politischen, sozialen oder künstlerischen
Standpunkt aus betrachtet, zur Erörterung käme“,[69] so wird deutlich, daß hier der Ironiker am Werk ist, als der er sich immer wieder bezeichnet.[70] Wer Kossmalys Vorschläge im Kontext seiner
anderen Äußerungen sieht, kommt zu dem Ergebnis, daß er zwar
in der Tat oftmals ironisch und überspitzt formuliert, zum Schein
auch die Gegenposition zu seiner eigenen einnimmt, es aber mit
seinem Enthusiasmus für eine Musik des Volkes ernst meint.

Am Rande sei erwähnt, daß es selbst im Bereich der Oper
Bemühungen gibt, Anschluß an die aktuellen Revolutionsereig-
nisse zu finden. So komponiert Albert Lortzing während der revolutionären Unruhen in Wien eine *Regina*. Der Komponist ist ein
gemäßigter Anhänger dieser Revolution, der in seiner Oper *Der
Waffenschmied von Worms* bereits 1846 die Verse untergebracht hat:

---

68 Carl Kossmaly, Die musikalischen Errungenschaften der neuesten Zeit,
    in: *Neue Berliner Musikzeitung* Jg. 2, 1848, S. 30.
69 Ebda., S. 316.
70 Vgl. z. B. L. [sic] Kossmaly, Moderne, socialistisch-musikalische Tenden-
    zen und Luftschlösser, in: *Neue Berliner Musikzeitung* Jg. 3, 1849, S. 106.

Wenn Rechtlichkeit käme als Waffenschmied
Und schlüg auf den Amboß, von Glut umsprüht,
Ein Schwert nur dem Guten geweiht -
Das wär eine köstliche Zeit!

und in Wien 1848 zusammen mit seinem Sohn für die Bürgerwehr patrouilliert. Zugleich ist Lortzing ohne Einkommen und
deshalb von der Hoffnung beseelt, sich dem Geist der Zeit entsprechend durch eine Revolutionsoper zu sanieren. Diese spielt
am 16. und 17. April 1848 im Seekreis bei Konstanz und bietet
Rollen für den Fabrikbesitzer Simon und seine Tochter Regina,
für Angestellte, Arbeiter und Arbeiterinnen, Freischärler usw.
Als die Belegschaft zu Beginn der Oper aufgefordert wird, dem
von einer Reise zurückkehrenden Fabrikanten einen festlichen
Empfang zu bereiten, protestiert sie:

Wir wollen nicht! Wir wollen nicht!
Was hätten wir davon?
Auch noch besondre Liebespflicht
Bei solchem kargen Lohn?
Wird unser Fleiß nicht anerkannt,
So rührt auch keiner eine Hand!

Gleichwohl haben Freischärler, die sich der Fabrik vorübergehend bemächtigen, keine Chance. Da inzwischen im ganzen
Land – der Opernbesucher muß meinen: auf wundersame Weise
– die Revolution gesiegt hat, sind sie ohnehin entbehrlich. So
kann die Romanze zwischen Regina und dem Fabrikangestell-
ten Richard zu einem glücklichen Ende geführt werden. Die
Oper endet mit einem Revolutionslied, in dem fast wörtlich die
für das Paulskirchenparlament gedichtete „Volkshymne" von
Friedrich Stoltze anklingt:

Heil Freiheit Dir! Du Völkerzier!
Dir leben wir, Dir sterben wir.
Fließ hin, o Blut, fließ in den Sand,
O süßer Tod für's Vaterland,
O schöner Tod der Ehre![71]

---

71   Die Texte nach Heinz Schirmag, Albert Lortzing. Glanz und Elend eines
     Künstlerlebens, Berlin 1995, S. 287 und 291. Vgl. auch Hans Hoffmann,
     Albert Lortzing, Libretto eines Komponisten-Lebens, Düsseldorf 1987,

Als Lortzing sein Werk im Oktober 1848 von Wien aus dem Verlag Breitkopf & Härtel in Leipzig mit dem Bemerken anbietet, es berühre „Zeitumstände" und enthalte „Freiheitslieder", ist die Reaktion mehr als vorsichtig. Eine Aufführung der Oper kommt zu Lebzeiten des Komponisten in der Tat nicht zustande.

Immerhin wird im Jahr 1848 in Leipzig die Oper *Die Erstürmung von Belgrad* [durch Prinz Eugen] von Julius Becker aufgeführt – von einem Komponisten, der sich, wie noch darzustellen, in jüngeren Jahren dem Kreis um Robert Schumann zugehörig gefühlt hatte, nun aber mit Macht bei den Themen der Zeit mitreden will. Alfred Dörfel, Rezensent der *Neuen Zeitschrift für Musik*, bestätigt dem Projekt wohlwollend „vaterländische Interessen". Doch das kann vieles heißen: Als die Berliner Oper unter den Linden im Frühsommer 1849 die Friedrich dem Großen gewidmete Oper *Ein Feldlager in Schlesien* von Giacomo Meyerbeers wiederaufnimmt, lösen Devisen wie „für unsern König unser Blut" und „Ein Preußenherz schlägt voller Mut in Tod und Gefahr" den frenetischen Jubel der Königstreuen aus, die offensichtlich bereits wieder Oberwasser haben.[72]

Es soll somit nicht der Eindruck entstehen, als habe im Musikleben der Revolutionsjahre 1848/49 ein unumschränkter Wille zum Fortschritt geherrscht. Man kann vielmehr von zwei Lagern sprechen und ihnen – um zum Realismus-Diskurs zurückzukommen – jeweils spezielle Publikationsorgane zuordnen: Die Fortschrittlichen bedienen sich der *Neuen Zeitschrift für Musik* und der *Neuen Berliner Musikzeitung*, die eher Konservativen der seit fast fünfzig Jahren bestehenden *Allgemeinen Musikalischen Zeitung*. Deren Redakteur Johann Christian Lobe, Komponist und Musiktheoretiker, wendet sich in einer programmatischen, mit *Fortschritt* überschriebenen Artikelfolge gegen jeden politisch motivierten Fortschritt in der Musik.[73] Wenige Monate später weist

---

S. 302 f. – Zur nachfolgend erwähnten Korrespondenz mit Breitkopf & Härtel vgl. Albert Lortzing, Sämtliche Briefe. Historisch-kritische Ausgabe, hg. v. Irmlind Capelle, Kassel usw. 1995, S. 339.

72 Heinz und Gudrun Becker, Giacomo Meyerbeer. Ein Leben in Briefen, Wilhelmshaven usw. 1983, S. 186.

73 Johann Christian Lobe, Fortschritt, in: *Allgemeine Musikalische Zeitung* Bd. 50, 1848, Sp 49 ff. – Vgl. Anonym (ders.), Musikalische Briefe.

Eduard Krüger, ein konservativ-kämpferischer, in diesen Jahren sehr einflußreicher norddeutscher Musikkritiker und -theoretiker, den Versuch zurück, „Beziehungen zwischen Kunst und Politik" herzustellen.[74] Schließlich kritisiert Johannes Schucht, damals noch dem konservativen Lager zugehörig, die Vorstellung Brendels, die Tonkunst werde sich nur weiterentwickeln, wenn sie „überwundene Standpunkte" verlasse.

Es ist indessen kein Zufall, daß die *Allgemeine Musikalische Zeitung* Ende 1848 ohne materielle Not ihr Erscheinen einstellt: Musikliebhaber, die überhaupt zu einer Fachzeitung als Informationsquelle greifen, sind in ihrer Überzahl augenscheinlich vom „Geist der Zeit" erfaßt und deshalb mit hinhaltenden Artikeln nicht zufrieden; auf der anderen Seite versteht der eher klassizistisch orientierte Lobe diesen Zeitgeist nicht mehr und resigniert. Daß zwei weitere konservativ ausgerichtete Musikblätter, die *Allgemeine Wiener Musik-Zeitung* und die *Caecilia*, gleichfalls im Verlauf des Jahres 1848 „aufgeben", bestätigt den neuen Trend.

Da *Neue Zeitschrift für Musik* und *Allgemeine Musikalische Zeitung* in Leipzig erscheinen, ist – wie das folgende Beispiel zeigt – die Möglichkeit zu schnellen Repliken gegeben. Im April 1847 beklagt Franz Brendel innerhalb einer Artikelserie *Ueber musikalische Rezensionen* den

> „Umstand, daß in Bezug auf Tonkunst immer noch Standpunkte sich geltend machen, welche im allgemeinen Leben gänzlich überwunden sind".[75]

Nachdem Brendel diese Auffassung in unterschiedlichen Varianten mehrfach vorgetragen hat, fragt Johannes Schucht in dem genannten Beitrag vom August 1848 polemisch:

> „Was aber den überwundenen Standpunkt anbetrifft, so sind mir denn doch einige Zweifel darüber entstanden, als ich wahrnahm, wie man nicht nur die Werke eines Bach, Händel, Haydn und Mozart,

---

Wahrheit über Tonkunst und Tonkünstler. Von einem Wohlbekannten, Leipzig 1852, S. 122 ff. („Vierzehnter Brief. Politische Musik").

74   Eduard Krüger, Beziehungen zwischen Musik und Politik, in: *Allgemeine Musikalische Zeitung* Bd. 50, 1848, Sp. 401 ff.

75   Franz Brendel, Ueber Rezensionen, in: *NZfM* Bd. 26, 1847, S. 116.

sondern auch sogar eines Beethoven und Spohr zu den nun völlig überwundenen Standpunkten zählt. Wer kann es begreifen und fassen, was für Ideen sich dieser Köpfe bemeistert haben!"[76]

Brendel erwidert postwendend im September 1848, seine gerade laufende Artikelfolge über *Fragen der Zeit* aktualisierend:

„Die Missverständnisse, welche uns entgegentreten, beruhen zumeist auf der nicht ausreichend erkannten oder mißverstandenen Bedeutung des Ausdrucks: ‚überwundener Standpunkt‘. Man versteht darunter etwas für Ungültig-Erklärtes, Beseitigtes, Veraltetes, während der Sinn einfach der ist, daß ein solcher Standpunkt nicht mehr der herrschende, in dem die Gegenwart ihren höchsten Ausdruck findet, genannt werden kann."[77]

Mit diesem an Hegel orientierten Avantgarde-Verständnis ist Schucht nicht zufrieden. In einem zweiten Artikel vom November 1848 steigert er seine Polemik:

„Sonderbare Zeit! aus Missverständnissen wurden die Berliner, Wiener und Pariser Barrikaden konstruiert, wurde auf die Bürger oder, wie die Aristokraten sagen, auf die Proletarier gehauen und gestochen, und aus Missverständnissen vermögen wir die geistreichen Artikel in der Neuen Zeitschrift nicht zu verstehen und zu würdigen."

Er macht sodann deutlich, daß er sich einen Fortschritt in der Musik hinsichtlich einer „technischen Vervollkommnung der verschiedenen Instrumente" sowie der „Erfindung ganz neuer, noch nicht gekannter" durchaus vorstellen könne. Jedoch:

„Ein wirklicher naturgemässer Fortschritt in Hinsicht des Ideals [der Musik] kann nach den Werken Mozart's und Beethoven's gar nicht mehr erreicht werden, wohl aber ein Formenwechsel, ein Umgestalten der verschiedenen Arten von Formen. Fortschritt, das heisst wahrhafte Vervollkommnung, war nur noch damals möglich, als sich das System der Tonarten und der dadurch bedingten Harmonien noch nicht in der vollendet naturgemässen Weise entwickelt hatte, wie wir es jetzt besitzen."[78]

---

76 Johannes Schucht, Der überwundene Standpunkt in der Tonkunst, in: *Allgemeine Musikalische Zeitung* Bd. 50, 1848, Sp. 536.

77 Franz Brendel, Fragen der Zeit, in: *NZfM* Bd. 28, 1848, S. 103.

78 Johannes Schucht in: *Allgemeine Musikalische Zeitung* Bd. 50, 1848, Sp. 755 und Sp. 757.

Auf Schucht erwidert der unter dem Pseudonym „Ernst von Elterlein" bekannte Gerichtsamtmann und Musikästhetiker Ernst Gottschald in einer Artikelfolge *Ein Prophet des Stillstandes*, die natürlich wieder in der *Neuen Zeitschrift für Musik* erscheint und gleich Brendel geschichtsphilosophisch, gleichsam von Hegels Weltgeist beflügelt, argumentiert:

> „Daß Beethoven ganz andere Ideale dargestellt hat, als Haydn, kann keinem Zweifel unterliegen. Stellen Sie eine Symphonie von Haydn mit der Egmont-Ouvertüre zusammen, oder eine Mozart'sche mit Beethovens neunter Symphonie, Sie werden große Verschiedenheit des Ideals finden. Doch wir sind darüber wohl einig, und Sie leugnen nur den Fortschritt nach Beethoven. Hat Ihnen ein Gott die Zukunft vorhergesagt?
>
> [...] Sie begreifen nicht, wie musikalische Kunstwerke aristokratische oder demokratische Gesinnungen ausdrücken können; Sie wollen Beispiele haben. − Ich erinnere Sie daran, daß die französische Revolution eine ganz neue Weltanschauung erzeugte; mit ihr eröffnete sich durch den Kampf der ewigen unveräußerlichen Menschenrechte gegen volkfeindliche Mächte eine neue eigenthümliche Weltanschauung, der Volksgeist lernte sich in seiner ewigen Berechtigung erfassen, die Individuen wurden erfüllt von diesem Geiste, ihre Subjectivität erstarkte und erweiterte sich durch Hingebung an ein Allgemeines, das Alle als Brüder liebend umfassen sollte. Von alle dem war vor 1787 das Gegentheil vorhanden, der politische Volksgeist schlummerte, die Individuen schmiegten sich an das Bestehende an, sie bildeten ihre innere Welt in sich und für sich aus, kein allgemeines Band umschlang sie. In der Musik sind diese beiden Geistesrichtungen zur Erscheinung gekommen, die frühere in Mozart und Haydn, die neuere in Beethoven."[79]

Schließlich äußert sich Carl Kossmaly Ende 1849 in der *Neuen Berliner Musikzeitung* zum Thema und bemerkt scharfzüngig. wie es seine Art ist:

> „Was aber noch nicht ‚übertroffen' ist, das ist auch noch nicht ‚überwunden'."[80]

---

79 Ernst Gottschald, Ein Prophet des Stillstands und zwei Artikel der Allg. musik. Zeitung. Herrn J. Schucht, dem Verf. derselben, in: *NZfM* Bd. 29, 1848, S. 298 f.
80 Carl Kossmaly, Ein Wort über den sogenannten „überwundenen Standpunkt", in: *Neue Berliner Musikzeitung* Bd. 3, 1849, S. 411.

Die Präsentation des in diesem Kapitel vorgelegten Materials ist nicht mit einer vollständigen Musikgeschichte der bürgerlichen Revolution von 1848/49 gleichzusetzen; sie kann jedoch die Erschütterungen verdeutlichen, denen das geistige Leben Deutschlands in dieser Zeit ausgesetzt war: Der Wandel von „romantisch" zu „wirklichkeitsbezogen", bzw. der Abbruch des Diskurses „Romantik" zugunsten eines zu beginnenden neuen Diskurses hat sich nicht als esoterische Gedankenspielerei, vielmehr in einem spezifischen gesellschaftlichen und politischen Umfeld vollzogen.

Das erklärt zugleich, warum die Diskussionen und künstlerischen Äußerungen der Zeit keineswegs immer auf dem Niveau waren, das die Dispute über „Klassik" und „Romantik" fünfzig Jahre zuvor ausgezeichnet hatte. Die Ankopplung des neuen Kunst-Diskurses an „Epos und Drama", „Philosophie", „Politik" und „Volk" zieht geradezu zwangsläufig gröbere Argumentationsmuster nach sich. Wichtig ist zunächst ohnehin nicht die Frage, wie sich die Künste der Gegenwart öffnen, sondern die Aufforderung, es überhaupt zu tun.

Die Frage nach dem Wie wird erst nach Ende der Revolution und unter Berücksichtigung ihres Scheiterns gestellt: Jetzt hat die Kunst den Atem, konkrete Realismus-Programme zu entwerfen und umzusetzen. Man darf gespannt sein, wie sich die Musik, seit jeher als die weltflüchtigste und wirklichkeitsfernste aller Künste angesehen, schlagen wird.

3. Zwischen Romantik und Realismus: Robert Schumann

„Auf der Höhe der Zeit und der Erscheinungen zu stehen, fort-zuhelfen, zu bekämpfen, selbständig zu bleiben – Aller inneren und geheimeren Verhältnisse nicht gedacht, da schwindelt mir's oft".[81]

Man liest diese Selbstverpflichtung Robert Schumanns vom Silvestertag 1836 nicht ohne Bewegung und bewundert die Konsequenz, mit der er seinen Vorstellungen von einem erfüll-ten Künstlerleben bis zum psychischen Zusammenbruch nach-gegangen ist. Ohne sich von der Schwere, die augenscheinlich von Anfang an auf seinem persönlichen Leben lag, erdrücken zu lassen, hat er tatsächlich den Dialog mit seiner Zeit gepflegt: Als junger Klavierkomponist löst er in der Musik ein, was die Frühromantik an allgemeinen poetischen Ideen vorgegeben hatte; doch bereits als Vierundzwanzigjähriger schafft er sich zu-gleich mit der *Neuen Zeitschrift für Musik* ein Organ, das diese Romantik reflektiert und sich zunehmend den politischen Vor-stellungen des vormärzlichen Deutschland öffnet – passend zu seiner Äußerung:

„Es afficirt mich alles, was in der Welt vorgeht, Politik, Literatur, Menschen, über Alles denke ich nach meiner Weise nach, was sich dann durch die Musik Luft machen, einen Ausweg suchen will."[82]

So geht auch die allgemeine Entwicklung, in deren Verlauf „Ro-mantik" durch „Realismus" in Frage gestellt wird, an Schumann nicht vorüber. Gewiß ist Wolfgang Gertlers Position, derzufolge Schumanns gesamtes Schaffen ab etwa 1840 von einer realisti-schen Haltung geprägt sei, extrem.[83] Indessen haben schon die

---

81 Brief an Therese Schumann vom 31. 12. 1836, in: Hermann Erler, Robert Schumanns Leben. Aus seinen Briefen, Berlin o. J., Bd. 1, S. 104.
82 Brief an Clara Wieck vom 13. 4. 1838, in: Robert Schumann, Jugend-briefe, hg. v. Clara Schumann, Leipzig, 2. Aufl. 1886, S. 287.
83 Wolfgang Gertler, Robert Schumann in seinen frühen Klavierwerken, Wolfenbüttel und Berlin 1931, S. 42 ff.

Zeitgenossen festgestellt, daß um diese Zeit Schumanns zweite „Epoche" beginne. In den Augen Franz Brendels erreicht dieser nunmehr ein Höchstmaß an „Objectivität des Ausdrucks" und „plastischer Klarheit". Während Brendel aus musikgeschichtlicher Rückschau in der dritten, in seinen Augen etwa 1845 beginnenden Epoche Schumanns einen Stillstand, wenn nicht Rückschritt sieht,[84] urteilt Alfred Dörffel im Jahre 1849 aus aktuellem Anlaß durchaus positiv über diese dritte Epoche. Anlaß für seine Einschätzung ist das Erscheinen des *Albums für die Jugend*, das er mit den 1838 entstandenen *Kinderscenen* vergleicht. Dort erscheine „der Meister vorzugsweise als künstlerische Persönlichkeit, die der entschwundenen Jugendzeit gedenkt, sich träumerisch in Erinnerungen verliert". Was in den *Kinderscenen* „weit entrückte Ferne, Vergangenheit", sei im *Album für die Jugend* „Nähe, gegenwärtiges Leben":

> „Die Objectivität des Ausdrucks, die plastische Ausprägung der Gedanken als deren äußeres Merkmal ist bewunderungswürdig. Der Meister erscheint in edelster Weise volksthümlich."[85]

Es muß hier nicht diskutiert werden, wie die Abgrenzung der drei Schaffensperioden, deren Existenz als solche von der Schumann-Forschung nicht in Frage gestellt wird, im einzelnen vorzunehmen sei.[86] Auch braucht hier nicht zu interessieren, in welchem Maß sich Schumann schon seit 1840 „realistischen" Zeittendenzen zuwendet. Denn augenscheinlich stellt das Revolutionsjahr 1848 in seinem Schaffen einen Einschnitt dar, der im Sinne unserer Themenstellung von besonderer Bedeutung ist: Nunmehr gibt es nicht nur den Zug zur „Objektivität", den die Zeitgenossen schon in den Sinfonien, den Kammermusiken und dem Oratorium *Das Paradies und die Peri* festgestellt haben, sondern auch den von Dörffel beobachteten zur Volkstümlichkeit – worunter n i c h t Simplizität zu verstehen ist, sondern die Aus-

---

84 Brendel, wie Anm. 47, S. 517. Vgl. auch den in Anm. 228 genannten Aufsatz.

85 Alfred Dörffel, Für Pianoforte, in: *NZfM* Bd. 30, 1849, S. 89 f.

86 Vgl. dazu Arno Forchert, Schumanns Spätwerk in der wissenschaftlichen Diskussion, in: Bernhard R. Appel (Hg.), Schumann in Düsseldorf, Bericht über das 3. Internationale Schumann-Symposion am 15. und 16. Juni 1988, Mainz 1993, S. 9 ff.

einandersetzung mit einem Kunst-Ideal, in dem statt partikularer Interessen diejenigen des ganzen Volkes aufgehoben sind.

Einer in den letzten fünfzehn Jahren äußerst regen Schumann-Forschung ist die definitive Revision eines Bildes vom späten Schumann zu verdanken, der – nach Norbert Nagler – politisch und persönlich resigniert hat[87] und – nach Miriam Linder – geradezu seiner Geisteskrankheit entgegengeht.[88] Vielmehr haben u. a. Arnfried Edler,[89] Ulrich Mahlert,[90] Michael Struck[91] und Reinhard Kapp[92] in einer Reihe wichtiger Arbeiten das Bild eines Künstlers gezeichnet, der ungeachtet mancher Verstörtheit die Auseinandersetzung mit seiner Zeit sucht und sich dabei auf den Wandel von der Romantik zum Realismus in erstaunlichem Maße einläßt.

Dies geschieht durchaus nicht hinter verschlossenen Türen. Wie schon angedeutet, gibt es in der Ära nach Beethoven vor allem im nord- und mitteldeutschen Raum eine rege Diskussion über Sinn und Fortschritt der musikalischen Kunst. Solange das Wirken von Liszt und Wagner – innerhalb dieses musikästhetischen Kontextes – noch nicht ins allgemeine Bewußtsein gedrungen ist, bilden namentlich die Werke von Mendelssohn das Anschauungsmaterial, an dem man sich im wahrsten Sinne des Wortes abarbeitet. Nach dem Tod Mendelssohns im Jahr 1847 ist vor allem Schumann der Hoffnungsträger aller Zeitgenossen,

---

87 Norbert Nagler, Gedanken zur Rehablitierung des späten Werks, in: *Musik-Konzepte,* Sonderband Robert Schumann, Bd. 1, München 1981, S. 303 ff.

88 Miriam Linder, Die Psychose Robert Schumanns und ihr Einfluß auf seine musikalische Komposition, in: *Schweizer Archiv für Neurologie und Psychiatrie* Bd. 89, 1959, S. 83 ff.

89 Arnfried Edler, Robert Schumann und seine Zeit, Laaber 1982.

90 Ulrich Mahlert, Fortschritt und Kunstlied. Späte Lieder Robert Schumanns im Licht der liedästhetischen Diskussion ab 1848, München und Salzburg 1983 (Freiburger Schriften zur Musikwissenschaft, hg. v. Hans Heinrich Eggebrecht).

91 Michael Struck, Die umstrittenen späten Instrumentalwerke Schumanns, Untersuchungen zur Entstehung, Struktur und Rezeption, Hamburg 1984.

92 Reinhard Kapp, Studien zum Spätwerk Robert Schumanns, Tutzing 1984.

die an der Diskussion über eine gehobene Musikkultur in fort-
schrittlichem Geist teilnehmen. Seine Werke erscheinen rasch
und werden vielfach besprochen; es gibt ein lebhaftes Hin und
Her von Meinungen.

Demgemäß geht es im folgenden nicht nur um Schumanns
Werke als solche, sondern auch um ihre Aufnahme und Einschätzung im Für und Wider der Meinungen. Die Unterscheidung von kompositions- und rezeptionsgeschichtlicher Sichtweise erweist sich dabei als unproduktiv: Komposition und
Rezeption gehen in diesem Fall in einem gemeinsamen Diskurs
auf. Daß Schumann selbst angesichts seines Verständnisses von
poetischer Tonkunst dafür das beste Beispiel ist, muß kaum betont werden.

Das bedeutet freilich nicht, daß hier nur über allgemeine bil-
dungspolitische oder ästhetische Einschätzungen, nicht aber zugleich über konkrete Werke verhandelt würde, in denen sich solche Einschätzungen materialisiert hätten. Auf Grund der unlängst
von Reinhard Kapp vorgelegten Studie über *Schumann nach der
Revolution*[93] kann die schon von Ulrich Mahlert zurückgewiesene
Behauptung von Carl Dahlhaus als vollständig widerlegt gelten,
die Revolution von 1848 sei ohne „kompositionsgeschichtliche
Wirkungen" geblieben, und eine „nüchtern strukturgeschichtli-
che Musikgeschichtsschreibung" lasse, „wie es scheint, für eine
musikgeschichtliche Bedeutung der Revolution von 1848 kaum
Platz".[94] Nicht zuletzt das Werk Schumanns zeigt als Folge der
Revolution Neuerungen, die auch kompositionsgeschichtlich
kaum markanter sein könnten – von einigen dem unmittelbaren
Zeitgeschehen verhafteten Gelegenheitswerken ganz abgesehen.

Solche Tendenzen können in einer Studie, die nicht Schumann allein gilt, nicht differenziert vorgestellt werden. Die folgenden Gedanken sind stattdessen auf ein wichtiges Teilmoment
konzentriert, nämlich das der Volkstümlichkeit: Vor diesem Horizont läßt sich zum einen der Beitrag Schumanns zum Realismus-Diskurs besonders plastisch herausarbeiten. Zum anderen

---

93 Ders., Schumann nach der Revolution. Vorüberlegungen, Statements,
    Hinweise, Materialien, Fragen, in: Schumann in Düsseldorf, S. 315–415.
94 Dahlhaus, wie Anm. 14, S. 16 f.

macht die thematische Beschränkung deutlich, daß es keineswegs darum gehen kann, den späten Schumann in toto für den Realismus zu vereinnahmen.

Vielmehr zeigt das Beispiel Schumann die Vorzüge der diskursgeschichtlichen Betrachtungsweise gegenüber traditionellen Versuchen, einen Komponisten auf sein „Eigentliches" festzulegen. Solange man Schumann ausschließlich oder vor allem als Romantiker betrachtete, sah man den Schwerpunkt seines Schaffens in den frühen Klavierkompositionen und Liedern; das spätere Schaffen bekam man nur schwer in den Blick: Es schien wenig vorstellbar, daß ein Künstler gleichsam vom Saulus zum Paulus hätte werden und seine „eigentlichen" Überzeugungen hätte „verraten" sollen. Demgemäß „erlaubte" man dem introvertierten Tonpoeten gerade noch, sich den Konzertsaal zu erobern und seine Romantik klassizistisch zu läutern; eine weitere Entwicklung erschien jedoch nicht oder nur in Verbindung mit einem spürbaren Identitäts- und Niveauverlust denkbar – im Sinne eines „Anhangs" zum hauptsächlichen Schaffen.

Geht man, aus diskursgeschichtlicher Sicht, von einem zeitbedingten Wandel von der Romantik zum Realismus aus, so ist es gerade für einen Künstler wie Schumann, der nach eigener Aussage „auf der Höhe der Zeit stehen", „forthelfen" und „bekämpfen" möchte, alles andere als unehrenhaft, an diesem Wandel Anteil zu nehmen. Zugleich scheint es sinnvoll, das „Eigentliche" Schumanns – seine Fähigkeit, selbständig zu bleiben – nicht allein von der ersten Schaffensperiode her zu bestimmen, sondern vor dem Horizont des Gesamtwerks. Man würde dabei den Blick nicht auf die Entitäten, sondern auf die Kontingenzen und Differenzen richten.

Die Impulse der Revolutionszeit 1848/49

Wie aus den Tagebuchaufzeichnungen hervorgeht, verfolgt Schumann, von Grund seines Wesens her Republikaner, die revolutionären Ereignisse mit größter Anteilnahme. Am 18. März 1848 begrüßt er den „Völkerfrühling"; im *Lektürebüchlein* dokumentiert er 1849 sein zunehmendes Interesse an Politik in den beiden Revolutionsjahren durch die Bemerkung, er habe „mehr Zeitungen gelesen, als Bücher".[95]

Angesichts massiver Werbungen für die Bürgerwehr und revolutionärer Unruhen fast vor seiner Haustüre mit einem Teil seiner Familie aus Dresden ins sichere Kreischa geflüchtet, bestellt Schumann alsbald die *Augsburger Allgemeine Zeitung* und will gar nicht aufhören zu lesen.[96] Die Zeit in Kreischa nutzt Schumann zur Komposition der vier Klaviermärsche op. 76, nach Claras Bericht „Volksmärsche von pompöser Wirkung", aber auch der Motette „Verzweifle nicht im Schmerzenstal". Mit Recht will Berthold Litzmann beide Opera als „Widerklang der stürmischen Weltbegebenheiten da draußen"[97] verstanden wissen. Anders als Wagner ist Schumann zwar kein aktiver Revolutionär, doch kann er Franz Brendel am 17. Juni 1849 mit gutem Grund mitteilen:

> „Ach ja – von den Schmerzen und Freuden, die die Zeit bewegen, der Musik zu erzählen, dies fühl ich, ist mir vor vielen Andern zuertheilt worden. Und daß Sie es den Leuten manchmal vorhalten, wie stark eben meine Musik in der Gegenwart wurzelt und etwas ganz anderes will als nur Wohlklang und angenehme Unterhaltung, dies freut mich und muntert mich auf zu höherem Streben."[98]

Noch bündiger und ohne Anzeichen von Resignation angesichts des definitiven Scheiterns der Revolution lautet die Feststellung im Brief an Eduard Krüger vom 29. November 1849:

> „Auf mich hat die ganze Zeit anregend im höchsten Grad gewirkt. Nie war ich thätiger, nie glücklicher in der Kunst."[99]

Das bezieht sich nicht nur auf die drei ursprünglich als op. 65 gezählten, dann jedoch erst posthum erschienenen Freiheitsgesänge *Zu den Waffen*, *Schwarz-Rot-Gold* und *Deutscher Freiheitsgesang* sowie die bereits genannten, von ihm selbst ausdrücklich als

---

95 Gerd Nauhaus, Schumann, Lektürebüchlein, in: Robert Schumann und die Dichter. Ein Musiker als Leser, hg. v. Bernhard R. Appel und Inge Hermstrüwer, Düsseldorf 1991, S. 77.
96 Berthold Litzmann, Clara Schumann, Bd. 2, Leipzig 1905, S. 191.
97 Ebda., S. 192.
98 Erler (Hg.), wie Anm. 81, Bd. 2, S. 89.
99 Ebda., S. 106.

„republicanisch" spezifizierten Märsche op. 76, sondern auf weite Teile des gesamten Schaffens.

Dieses Schaffen hatte Schumann zwar, wie angedeutet, bereits in seiner „mittleren Phase" zunehmend an den vormärzlichen Vorstellungen von Wirklichkeitsnähe und Gegenwartsbezogenheit orientiert; geradezu wie in Erwartung einer allgemeinen Revolution komponiert wirken die drei Gesänge für großen Männerchor op. 62 mit den Titeln *Der Eidgenossen Nachtwache*, *Freiheitslied* und *Schlachtgesang*, ersteres auf einen Text von Eichendorff. Im Brief an den Verleger Kistner vom 9. Dezember 1847 heißt es:

> „In den Eichendorff'schen Gedichten fand ich nur eines, wie es auf die augenblicklichen Zustände nicht schöner passen könnte, dazu höchst poetisch. Soll so ein Stück einschlagen, so muß es <u>rechtzeitig</u> in der Welt erscheinen. Also Eile, höchste Eile der Herausgabe wäre nothwendig. […] das ganze Heft ließe sich noch als gutes Weihnachtsgeschenk dem Fürst Metternich bescheeren".[100]

Der Ausbruch der Revolution gibt Schumann jedoch einen weiteren Schub in dieselbe Richtung. Ein von Ulrich Mahlert mitgeteiltes Detail beleuchtet dessen neue Rolle als volkstümlicher Komponist: In einem am 22. Juli 1848 zugunsten „der hiesigen brodlosen Arbeiter" im Gewandhaus veranstalteten Konzert trägt die Sängerin Livia Frege am Schluß zwei Schumann-Lieder vor: *Du bist wie eine Blume* und *An den Sonnenschein*. Wiederholt werden muß nicht etwa die von romantischem Sentiment bestimmte Heine-Vertonung, sondern das im treuherzigen Volkston gehaltene Lied auf die Worte Robert Reinicks.

Schumann selbst fühlt sich in der neuen Rolle augenscheinlich wohl. Daß sein Beitrag zum Goethe-Jahr, der Schlußteil der *Szenen aus Goethes Faust*, „von den Dresdner Offiziellen geflissentlich übersehen" wird,[101] beunruhigt ihn nicht, da eine der ganzen Bevölkerung zugängliche Aufführung unter freiem Himmel gewährleistet scheint. Optimistisch schreibt er am 28. Juli 1849 dem Verleger Härtel:

---

100 Ebda., S. 38.
101 So die Einschätzung von Edler, wie Anm. 89, S. 254.

„Das Concert soll im Palais des großen Garten sein, und außerdem noch die Walpurgisnacht [von Mendelssohn] gegeben werden. Gleichzeitig, und namentlich <u>nach</u> dieser Aufführung, soll an verschiedenen Puncten des Gartens gesungen, musicirt und jubilirt werden; man möchte eine Art Volksfest, wenn nicht Jupiter pluvius dagegen Einspruch thut."[102]

Auch die Begleitmusik zu Byrons *Manfred* op. 115, die Schumann wenig später, in etwa gleichzeitig mit den *Faust*-Szenen voranbringt, läßt sich im Kontext seines Strebens nach Volkstümlichkeit sehen, Der „heroische Nihilismus" der Titelfigur[103] – vom Komponisten entgegen den Intentionen der Dichtung durch einen versöhnlichen Schluß gemildert – ist zwar hochromantisch. Die Art der Vertonung des von Schumann als „dramatisches Gedicht mit Musik" und damit „als etwas ganz Neues und Unerhörtes" bezeichneten Werks ist jedoch durchaus volksnah:[104] Schumann versucht gesprochenen Dialog, Melodram, Gesang und reine Instrumentalmusik auf eine Weise zu vereinen, die dem Hörer keine spezielle Neigung zur Musik abverlangt, ihn vielmehr in ein Spiel einbezieht, innerhalb dessen Musik zwar wirkungsvoll, jedoch eher unauffällig eingesetzt wird.

Am Rande sei auf eine ganz „realistische" Nummer der *Manfred*-Musik hingewiesen, die zugleich Symbolwert hat: Als ein Gamsjäger Manfred nach seinem Eindringen in das Geisterreich der Natur vorübergehend in die reale Natur zurückholt, bläst das Englischhorn einen „Alpenkuhreigen", und Manfred bemerkt:

„Horch, der Ton! – Des Alpenrohrs natürliche Musik – denn hier ward nicht zu blosser Hirtendichtung die Patriarchenzeit in freien Lüften vermählt dem Klinggeläute muntrer Heerden: d i e T ö n e trinkt mein Geist!"

Das ist mehr als Bühnenmusik; hier dringt ein Stück Wirklichkeit, von Manfred ausdrücklich als solches begrüßt, in die Szene ein – ein Stück emphatisch herbeizitierter Natur. Seit seiner Er-

---

102 Erler, wie Anm. 81, Bd. 2, S. 95.
103 Edler, wie Anm. 89, S. 252.
104 Brief an Liszt vom 5. November 1851, in: Robert Schumanns Briefe. Neue Folge, hg. v. Gustav Jansen, Leipzig, 2. Aufl. 1904, S. 350.

wähnung in Rousseaus *Dictionnaire de la Musique* von 1768 galt der Schweizer Kuhreihen als Ausdruck wirkungsmächtiger, ja heilender Natur.[105] Indem Schumann dieses Genre berücksichtigte, stand er zugleich in der kompositorischen Tradition von Beethovens *Pastorale*, Joseph Weigls Singspiel *Die Schweizerfamilie* und einer Reihe von Klavierkompositionen, in denen Franz Liszt die Musik der Schweizer Alpen reflektierte.[106]

Auf manche tonmalerischen Szenen in beiden Werken, etwa den Sonnenaufgang zu Beginn des 2. Teils vom *Faust* oder die Wasserfall-Musik zur *Rufung der Alpenfee* im *Manfred,* kann hier nur ohne Kommentar hingewiesen werden.

Tendenzen zu volksnahem Schaffen zeigen sich auch da, wo sie der flüchtige Blick aus der historischen Distanz heraus nicht wahrnimmt – etwa in dem *Adventlied* op. 71 für Chor, Solo und Orchester „Dein König kommt in nieder'n Hüllen". Schumann vertonte hier einen Text Friedrich Rückerts, der später mit einer Weise von Johannes Zahn in das *Evangelische Kirchengesangbuch* einging, auf eine für ihn ungewohnt gemeindemäßige Weise, fast als Choralkantate. Doch nicht nur der Volkskirche nähert er sich damit – wenn auch „nicht ohne Zagen"[107]; gleichzeitig stellt er, wie Edler gewiß zu Recht vermutet,[108] das Werk in den politischen Kontext nach der gescheiterten Revolution: Hatten die real regierenden Könige eine Krone von Volkes Gnaden höhnisch zurückgewiesen und dieses Volk gewaltsam in seine Schranken gewiesen, so kommt der biblische König nicht nur in „niedern Hüllen", sondern ist gar ein „mächtger Herrscher ohne Heere" und ein „Friedensfürst von großer Macht"!

Angesichts der Rigidität, mit der die Obrigkeit des Vormärz unliebsame Äußerungen mittels Zensur unterdrückte, erscheint

---

105   Vgl. Peter Andraschke, Byron und Schumann: Naturerleben und Folkloretradition im „Manfred", in: Robert-Schumann-Tage 1986. 11. Wissenschaftliche Arbeitstagung zu Fragen der Schumann-Forschung, Zwickau 1987, S. 69–77.

106   Schon 1836 erschien innerhalb des op. 10 *Ranz de vaches*, später in das *Album d'un voyageur* aufgenommen.

107   Brief Schumanns an Eduard Krüger vom 29. 11.1849, in: Erler (Hg.), wie Anm. 81, Bd. 2, S. 106.

108   Edler, wie Anm. 89, S. 228.

es plausibel, daß Rückert in seinem 1834 gedichteten Lied unmittelbar auf die politischen Verhältnisse seiner Zeit angespielt
und Schumann diese Anspielungen absichtsvoll aufgenommen
hat; Kapp bringt die Textwahl sogar mit der Hinrichtung
Robert Blums in Verbindung[109] und verweist speziell auf die in-
nerweltliche Aussage der Schlußstrophe:

> „O laß dein Licht auf Erden siegen,
> die Macht der Finsternis erliegen
> und lösch der Zwietracht Glimmen aus,
> daß wir, die Völker und die Thronen,
> vereint als Brüder wieder wohnen
> in deines großen Vaters Haus.“

Die hier mitgeteilten Beobachtungen mögen als vor allem lebens-
und zeitgeschichtlich interessant eingeschätzt werden. Deshalb ist
es an der Zeit, das werk- und kompositionsgeschichtlich Neue im
Schaffen Schumanns ab 1848 hervorzuheben.

> „Die ersten der Stücke im Album schrieb ich nämlich für unser älte-
> stes Kind zu ihrem Geburtstag und so kam eines nach dem andern
> hinzu. Es war mir, als finge ich noch einmal von vorn an zu kompo-
> niren. Und auch vom alten Humor werden Sie hier und da spüren.
> Von den Kinderscenen unterscheiden sie sich durchaus. Diese sind
> Rückspiegelungen eines Aelteren und für ältere, während das Weih-
> nachtsalbum mehr Vorspiegelungen, Ahnungen, zukünftige Zu-
> stände für jüngere enthält. … Von all meinen Compositionen glaub’
> ich werden diese die populärsten. Nur muß auch das Album ein
> hübsches, entsprechendes Aeußere haben. … Erst dachte ich mir zu
> jedem der Stückchen eine Randzeichnung (Illustration) − aber wie
> gesagt, die Zeit bis Weihnachten ist zu kurz dazu.“[110]

Mit diesen Worten äußert sich Schumann am 6. Oktober 1848
über das *Album für die Jugend*, das damals noch „Weihnachtsal-
bum“ heißen soll; und im Vergleich mit den *Kinderscenen* deutet
er vorweg einen Wandel an, den Alfred Dörffel nach Erscheinen
des *Albums für die Jugend* in seiner bereits erwähnten Rezension
öffentlich machen wird.

---

109 Kapp, wie Anm. 93, S. 392.
110 Josef Wilhelm von Wasielewski, Robert Schumann. Eine Biographie.
     Dresden 1858, S. 410.

Natürlich fehlt den neuen Stücken nicht der alte „Humor" – anders gesagt: das „poetische" Moment. Gleichwohl erscheint es Schumann, als fange er mit dem Komponieren noch einmal „von vorn" an: Diesmal geht es nicht um Rückspiegelungen und vielfache Brechungen einer poetischen Idee, sondern um Handfestes für die Jugend. „Populär" soll das Album sein – wohl nicht nur im Sinne eines Verkaufserfolges, der in der Tat – binnen eines Jahres werden 2000 Exemplare verkauft – nicht auf sich warten läßt,[111] sondern im Sinne eines Hausbuches. Dessen Titelblatt gestaltet mit Ludwig Richter ein Spezialist für dieses Genre.

Aus den erhaltenen handschriftlichen Quellen wird deutlich, in welchem Maß Stücke aus dem *Album für die Jugend* konkrete Situationen im Hause Schumanns spiegeln. Der *Kleine Morgenwanderer* Nr. 17 spielte auf Maries ersten Schultag an; das *Stückchen* Nr. 5 hieß ursprünglich „*Nach vollbrachter Schularbeit*". Den *Ersten Verlust* Nr. 16 hatte Schumann zunächst „*Kinder-Unglück*" genannt – eine Anspielung auf den Tod eines von den Kindern geliebten Vogels, dem er Markklößchen verfüttert hatte. Ein Detail in der Titelvignette Richters bezieht sich auf diesen Vorgang; ein anderes auf Nr. 35: *Mignon*: Es zeigt das Kind Mignon auf dem Seil balancierend; und eben diese rührende Szene aus Goethes *Wilhelm Meister* hat Schumann bei seiner Komposition offensichtlich vorgeschwebt. Nr. 25 *Nachklänge aus dem Theater* reflektiert einen Theaterbesuch Maries. Die im Stil Mendelssohns und als *Erinnerung* an seinen Tod komponierte Nr. 28 hat im Album für die Jugend einen speziellen Platz: Mendelssohn war Marie Schumanns Taufpate.[112]

Bernhard R. Appel hat Schumanns Absicht, mit dem *Album für die Jugend* ein der Volksbildung dienendes und zugleich die verschiedenen Künste zusammenführendes Werk zu schaffen, im einzelnen beleuchtet.[113] Kein Zufall auch, daß der 2. Auflage

---

111 Vgl. *NZfM* Bd. 33, 1850, Beilage nach S. 88.

112 Bernhard R. Appel, Robert Schumanns „Album für die Jugend". Einführung und Kommentar, Zürich und Mainz 1998. Dort das Kapitel: „… eigentlich recht aus dem Familienleben heraus", S. 101–110.

113 Ders., „Actually, Taken Directly from Family Life": Robert Schumann's *Album für die Jugend*, in: Larry Todd (Hg.), Schumann and his world, Princeton 1994, S. 171 ff.

des *Albums für die Jugend* aus dem Jahr 1850 die *Musikalischen Haus- und Lebensregeln* beigegeben sind, die ja den Ton eines bürgerlichen Realismus gut treffen.

Die *Waldscenen* für Klavier op. 82, die Schumann um die Wende zum Jahr 1849 komponiert, knüpfen an das Genre des *Album für die Jugend* an: Auch diesmal handelt es sich um eine Folge von Klavierstücken im Sinne eines musikalischen Hausbuches; und es ist bezeichnend, daß Schumann die Überschriften zu den einzelnen Nummern nicht – wie bei den *Kinderscenen* – erst nachträglich hinzufügt, sondern in der Mehrzahl von vornherein plant: Plastizität, selbst ein gewisses Maß an Programmatik sind von Anfang an intendiert.[114] Wiederum ist der Klaviersatz einfach und transparent; eine „liedhafte Regelmäßigkeit in Periodik und Metrik", die Michael Struck teilweise an Mendelssohns *Lieder ohne Worte* erinnerte,[115] wäre in den vor 1840 entstandenen Klavierwerken in vergleichbarer Eindeutigkeit nicht denkbar gewesen. Mit der Komposition der *Romanzen* op. 94, der *Stücke im Volkston* op. 102 und der *Märchenbilder* op. 113 für jeweils ein Melodieinstrument und Klavierbegleitung bringt Schumann den Volkston auch in die „Hausmusik" ein.[116]

Am op. 82, dem Schumann 1851 als vokales Gegenstück die Waldlieder op. 119 an die Seite stellt, ist zudem zu sehen, daß sein Volkston durchaus gegenwartsbezogen sein kann: Mit dem Thema „Wald" greift der Komponist eine Idee auf, die nicht nur mit „Romantik", sondern auch mit „Volk" und „Nation" konnotiert ist. In seinen zwischen 1847 und 1853 konzipierten Beiträgen zum 1. Band seiner späteren *Naturgeschichte des Volkes* singt Wilhelm Heinrich Riehl das Lob des Waldes:

„Der Wald allein läßt uns Kulturmenschen noch den Traum einer von Polizeiaufsicht unberührten persönlichen Freiheit genießen. […] Wir müssen den Wald erhalten, nicht bloß damit uns der Ofen im

---

114 Peter Jost, Robert Schumanns „Waldszenen" op. 82. Zum Thema „Wald" in der romantischen Klaviermusik, Saarbrücken 1989, S. 152 f.

115 Struck, wie Anm. 91, S. 604.

116 Zum Volkston vgl. Reinhard Kapp, Tempo und Charakter in der Musik Schumanns, in: Akio Mayeda und Klaus Wolfgang Niemöller (Hg.), Schumanns Werke – Text und Interpretation, Mainz usw. 1987, speziell S. 212 ff.

Winter nicht kalt werde, sondern damit auch die Pulse des Volkslebens warm und fröhlich weiterschlagen, damit Deutschland deutsch
bleibe".[117]

In der deutschen Dichtung hat als erster Goethe wieder „den
echten Waldton" angeschlagen; „und von dem Augenblick, wo
den Poeten der Wald nicht mehr zu unordentlich erschienen ist,
erscheint ihnen auch das derbkräftige Volkstum nicht mehr zu
unsauber und struppig zur künstlerischen Gestaltung".[118]
  Auch Jagdlieder werden in dieser Zeit durchaus in politischem Kontext gesehen. Schumann selbst läßt drei Monate später die für Männerchor komponierten Jagdlieder auf Texte von
Heinrich Laube op. 137 mit dem Trinkspruch enden:

„Wenn's gilt das Reich zu wahren,
wir sind in Waffen wohl erfahren;
hoch deutsches Jägerblut!"[119]

Doch nicht nur im *Jagdlied* (Nr. 8 der *Waldszenen*) bedient sich
der Komponist der *Waldscenen* – darauf hat Reinhard Kapp hingewiesen – „politisch aufgeladener Metaphern"[120]: Was geschah
an der „verrufenen Stelle" (Nr. 4); was singt der „Vogel als Prophet" (Nr. 7) – so ließe sich darüber hinaus fragen?
  „Frühling", „Ströme", „Sturm", „Heiterer Himmel", „Mor-
gen", „Wald", „Jagd", „Löwen, Könige" – das sind die The-
menkreise aus dem Naturbereich, die Schumann laut Kapp „im
Verlauf der Revolution [...] mit politischer Bedeutung besetzt"
oder charakteristisch neuinterpretiert.[121] Das läßt sich natürlich
vor allem an den vielen Vokalkompositionen zeigen, welche
Schumann in diesen Jahren komponiert. Ein Vergleich der um
1840/41 vertonten Texte mit denen, die in den Revolutionsjahren 1848/49 in Musik gesetzt wurden, würde nicht in jedem Detail, wohl aber in der Tendenz den in diesem Buch diskutierten
Wandel von Romantik zu Realismus deutlich machen.

---

117 Wilhelm Heinrich Riehl, Land und Leute, 12. Aufl., Stuttgart und
     Berlin 1925, S. 54 und S. 52.
118 Ebda. S. 54.
119 Kapp, wie Anm. 93, S. 373.
120 Ebda., S. 358.
121 Ebda.

Dasselbe gilt für die Vertonungen – auch derjenigen Lieder, in denen keine politische Konnotation festzustellen ist. Nach den Beobachtungen Ulrich Mahlerts ist Schumann um eine deklamatorische, die Worte verdeutlichende Gestaltung und um einen „dramatischen, öffentlichkeitsbezogenen Stil" bemüht.[122] Arnfried Edler unterscheidet in diesem Zusammenhang zwischen „Stimmungslyrik" und „volkstümlichem Singen".[123] Hielt Schumann in den um 1840 entstandenen Klavierliedern Text und Musik in einem empfindlichen Gleichgewicht, das – in einem genuin romantischen, nicht platt Hanslickschen Sinne – an der Idee der absoluten Musik orientiert ist,[124] so setzt er seit 1848 im Zeichen des Ideals der Volkstümlichkeit tendenziell neue Akzente: Der Sänger trägt nicht länger die „absolute" Tonpoesie des Komponisten vor; er hat vielmehr in der Rolle des epischen Sängers – gleichsam des Barden – einen erzählenden oder jedenfalls „Handlung" transportierenden Text zu deklamieren. Gelegentlich wird im Wortsinn „deklamiert" – nämlich dort, wo es sich um gesprochene Texte mit Klavierbegleitung handelt: so in der Vertonung von Hebbels *Schön Hedwig* op. 106 von 1849 und den beiden Balladen vom *Haideknaben* und den *Flüchtlingen* op. 122 von 1852/53.

> „Am 16. März beendete Robert seine Balladen und Romanzen für Chor, 12 an der Zahl. Die meisten sind im Volkston gehalten, einige im Schottischen Charakter, was sich im Chor sehr reizend machen muß."[125]

Mit dieser Tagebuchnotiz vom Frühjahr 1849 spielt Clara Schumann auf einige der im wesentlichen als op. 67 und 75, 145 und 146 veröffentlichten Romanzen für gemischten Chor an, denen diejenigen für Frauenchor op. 69 und op. 91 alsbald folgen. Schumann legte großen Wert darauf, daß im Titel der Terminus „Ballade" vorkäme: Er sollte augenscheinlich auf das erzählende Moment hinweisen, das ihm als Merkmal der Volkstümlichkeit ebenso wichtig war wie das folkloristische Moment, auf das Clara anspielt.

---

122 Mahlert, wie Anm. 90, S. 141.
123 Edler, wie Anm. 89, S. 212.
124 Ebda, S. 212 – 222.
125 Litzmann, wie Anm. 96, S. 184.

Die Kritik weiß Schumanns Intentionen zu würdigen. So schreibt August Ferdinand Riccius über das op. 67:

> „Die ersten vier Lieder dieses Heftes sind in ihrer poetischen Fassung in solchem Grade als Volkslieder und Sagen zu betrachten, daß man mit Recht behaupten darf, der Componist habe den besten Ton getroffen, wie man sie singen soll."[126]

Schumanns Neuorientierung wird keineswegs nur an der Textwahl deutlich. Am Beispiel der Doppelvertonung von Eichendorffs Gedicht *Im Walde*, das Schumann ja bereits bereits 1840 für den *Liederkreis* op. 39 im Musik gesetzt hatte, läßt sie sich gut auch auf kompositorischer Ebene darstellen.[127]

> Es zog eine Hochzeit den Berg entlang.
> Ich hörte die Vögel schlagen.
> Da blitzten viel Reiter, das Waldhorn klang,
> das war ein lustiges Jagen!
> Der Bräutigam küßte die blasse Braut,
> die Mutter sprach leis': „nicht klagen!".
> Fort schmettert das Horn durch die Schluchten laut,
> es war ein lustiges Jagen!
> Und eh' ich's gedacht war alles verhallt,
> die Nacht bedecket die Runde,
> nur von den Bergen rauschet der Wald,
> und mich schauert im Herzensgrunde.

In der Vertonung als Klavierlied läßt Schumann die mittlere Strophe, die von der blassen Braut handelt, weg: Er will seine Musik ganz auf den Gegensatz zwischen allgemeiner Lebensfreude und persönlicher Einsamkeit stellen – ein romantisches Motiv, das darüber hinaus sein ureigenstes ist. Das durchkomponierte Lied ist demgemäß ziemlich taktgenau in zwei Hälften geteilt: Die erste ist von Vogelsang und Jagdhornklang erfüllt, die zweite vom Erleben der Dunkelheit bestimmt.

In das Chorlied über denselben Text nimmt Schumann die mittlere Strophe auf. Anstatt zwei gegensätzliche Grunderfah-

---

126 August Ferdinand Riccius, Für Chorgesang. Robert Schumann op. 67, Heft 1, Romanzen und Lieder für Chor, in: *NZfM* Bd. 31, 1849, S. 189.
127 Vgl. dazu Walter Best, Die Romanzen Robert Schumanns, Frankfurt a. Main usw. 1988, S. 238 ff.

rungen vorzustellen, erzählt er eine Geschichte und mindert damit das Maß persönlicher Betroffenheit zugunsten der Darstellung von kollektiver Erfahrung: Freud, Leid und Einsamkeit liegen beisammen, gehören zum Lebensvollzug. Das Denken von der Gemeinschaft anstatt vom einzelnen her findet seinen Niederschlag in der musikalischen Form: Diese ist im Chorlied tendenziell strophisch. Obwohl dies vom Text keineswegs nahegelegt wird, sind die beiden ersten Strophen gleich vertont; selbst die dritte nimmt zunächst den heiteren Ton des Beginns auf, um erst in ihrem weiteren Verlauf vom 6/8-Takt zum 2/4-Takt überzuwechseln und dem Stimmungsumschwung auf maßvolle Weise Rechnung zu tragen.

Das volkstümliche Moment des homophon und fast gänzlich syllabisch komponierten Satzes wird dadurch verstärkt, daß Schumann den jeweils letzten Takt der ersten, zweiten und vierten Zeile von einem Solistenquartett als Echo wiederholen läßt – ein Verfahren, das zunächst vom Text her begründet ist, in der zweiten Strophe jedoch schon ein wenig mechanisch wirkt, gleichwohl den Chorsängern, die Schumann ,bedient', gefallen haben wird.[128]

Der angesichts dieses Vergleichs beim Forscher vielleicht aufkommende Mißmut – „Klavier- und Chorlied sind zweierlei Ding" – läßt sich durchaus ins Positive wenden: Daß Schumann im Jahr 1840 vor allem lyrische Klavierlieder, im Jahr 1849 – vom *Lieder-Album für die Jugend* op. 79 abgesehen – vor allem zur Epik tendierende Chorlieder schreibt, ist kein Zufall, vielmehr Ausdruck eines kompositionsgeschichtlich bedeutsamen Umsteuerns. Hatte er im Leipziger Lebensbuch von 1833 das Projekt von „musikalischen Gedichten, mit unterlegten Liedern von H. Heine"[129], also augenscheinlich die Idee einer Klavierpoesie, festgehalten, welche das reale Dichterwort zum bloßen Akzidenz macht, so herrscht nunmehr die entgegengesetzte Vor-

---

128 Vgl. auch Martin Demmlers Betrachtung des Chorlieds *Der Bleicherin Nachtlied*, op. 91, Nr. 5, in seinem Beitrag: „Nicht zuviel Kreuze und Bee". Die Tendenz zum Populären in Schumanns spätem Vokalwerk, in: *Musica* Jg. 43, 1989, S. 483 ff.

129 Robert Schumann, Tagebücher, hg. v. Georg Eismann, Bd. 1, Frankfurt a. M. 1971, S. 417.

stellung: Der Text hat Vorrang; die Musik unterstreicht, verdeutlicht oder kommentiert ihn. Weiterhin: Musik spiegelt nicht länger das Seelenleben eines sensiblen einzelnen, sondern die Erfahrungen einer Gemeinschaft.

Man mag das, wenn man will, als einen Rückfall auf das Niveau der Liedästhetik Goethes und als Rückkehr zu anachronistischen Gemeinschaftsvorstellungen bedauern; man wird jedoch nicht leugnen können, daß hier etwas Neues beginnt: Nicht das Lied als solches, wohl aber das Lied im Kontext steht exemplarisch für eine Ästhetik, innerhalb derer die Musik nicht länger als autonom und selbstbezüglich, gar als romantische Kunst par excellence erscheint, vielmehr als Teilmoment des gesellschaftlichen Prozesses.

Vor diesem Horizont hat ein Komponist, der volkstümlich komponieren will, die Aufgabe, Botschaften zu transportieren, die zwar nicht direkt politisch, aber an den allgemeinen gesellschaftlichen Diskurs wirkungsvoll anzuschließen sein müssen. W ä h r e n d der Revolutionszeit ging es darum, das Selbstbewußtsein des Bürgertums zu stärken, dieses gleichsam als einen Baum zu verstehen, der in Volkstraditionen wurzelt und im Zeichen des Völkerfrühlings neue Blüten verspricht – nämlich eine selbstbewußt und aktiv betriebene Kultur zwischen den Extremen elitärer Selbstbespiegelung und seichter Unterhaltung.

N a c h der Revolution bedeutet „Realismus", sich zwar mit deren Niederschlagung abzufinden, jedoch nicht – im Sinne der „romantischen" Reaktion auf die französische Revolution – den Rückzug nach Innen anzutreten, vielmehr der realen Welt weiterhin tätig und optimistisch zu begegnen. Daß dies auch in der Hinwendung zur Idylle geschehen kann, versucht Ulrich Mahlert an Schumanns *Sechs Gesängen von Wilfried von der Neun* op. 89 zu zeigen, die er einen „nachmärzlichen" Liederzyklus und expressis verbis „ein realistisches Werk" nennt. Auch in der Dichtung von der Neuns findet sich politisch konnotierte Naturmetaphorik, ablesbar bereits an den Titeln der Gedichte *Heimliches Verschwinden, Herbstlied, Abschied vom Walde, Ins Freie*.

Freilich ist im Jahr 1850, nach gescheiterter Revolution, die Stimmung herbstlich; es bleibt nur die Rückerinnerung. Nicht von ungefähr heißt es im Lied *Ins Freie*:

„Da flattert aus der offnen Brust die Sehnsucht nach verrauschter Lust und nach gehoffter Wonne".

Schumanns „Kunstbotschaft" erheische freilich, so sieht es Mahlert, die „Absage an illusorisch-romantische Träumerei", erfordere vielmehr die Umdeutung der Situation „in eine positive Idylle".[130] Demgegenüber ist Reinhard Kapp der Auffassung, aus den Gedichten von der Neuns spreche „eine Art politischer Meditation".[131] Das Maß von Schumanns politischem Bewußtsein mag hier offenbleiben: Wesentlich ist in unserem Zusammenhang nicht die A r t der Auseinandersetzung mit der Realität – Absage oder mahnende Erinnerung an das Jüngstvergangene –, sondern das Faktum als s o l c h e s. Betrachtet man das Schaffen in Schumanns letzter, der Düsseldorfer Zeit, so dürften sich freilich insgesamt mehr Indizien für die Bereitschaft finden lassen, auch unter den neuen „Bedingungen" optimistisch und volksnah zu komponieren, als für Resignation.

Im Kontakt mit den „realistischen" Forderungen der Zeit: die Düsseldorfer Jahre

Bereits die Übersiedelung als solche steht im Zeichen eines optimistischen „Realismus": Endlich hat Schumann eine angesehene öffentliche Stellung als – de facto – städtischer Musikdirektor und Nachfolger so bekannter Musiker wie Felix Mendelssohn Bartholdy, Julius Rietz und Ferdinand Hiller. Ihm obliegt die Direktion der vom *Allgemeinen Musikverein* veranstalteten Abonnementskonzerte und die Leitung des *Gesang-Musikvereines*; beide Institutionen hatten sich 1845 auf einen gemeinsamen Dirigenten geeinigt. Im September 1850 von einzelnen kleinen Empfangskomitees mit rheinischer Liebenswürdigkeit empfangen

---

130 Ulrich Mahlert, Rückzug in die Idylle: Robert Schumanns Sechs Gesänge von Wilfried von der Neun op. 89, in: Schumanns Werke – Text und Interpretation. 16 Studien, hg. v. der Robert-Schumann-Gesellschaft, Mainz 1987, S. 228.
131 Kapp, wie Anm. 93, S. 361.

und sogar musikalisch begrüßt, läßt sich Schumann anfänglich von seinem neuen, ihm ungewohnten „Berufsbild" regelrecht begeistern.

Daß die Karriere des Dirigenten und Organisators Schumann – aus unterschiedlichen Gründen nicht verwunderlich – ungeachtet mancher Erfolge nicht reibungslos verläuft, sollte nicht verdunkeln, daß der Komponist Schumann die gesamte Düsseldorfer Zeit genutzt hat, um noch einmal groß in das Genre öffentlichkeitswirksamer Musik einzusteigen. Es ist nicht übertrieben, wenn man von einer neuen Ära seines Schaffens spricht; und es ist sinnvoll, diese nicht – allein – unter den Vorzeichen tatsächlichen oder mutmaßlichen Verfalls zu sehen, sondern als positiven Beitrag zum „Realismus"-Diskurs im Bereich der Sinfonie, der konzertanten Orchestermusik, des Oratoriums und der Konzertballade.

An diesem Realismus-Diskurs kann Schumann in Düsseldorf auf unmittelbare Weise teilnehmen, da führende Vertreter der Düsseldorfer Malerschule zu seinem engsten Bekanntenkreis zählen. Gleich am Tag nach der Ankunft vermeldet Clara Schumanns Tagebuch Besuche bei den Malern Carl Ferdinand Sohn, Rudolf Wiegmann, Wilhelm v. Schadow sowie bei den kunstliebenden und musikausübenden Ärzten Dr. Richard Hasenclever und Dr. Wolfgang Müller von Königswinter. Der letztere setzt sich in diesen Jahren organisatorisch und literarisch für die realistisch-sozialkritische Fraktion der Düsseldorfer Malerschule ein, die mit dieser Intention in Deutschland zu dieser Zeit einzig dasteht; er stellt sich der Familie Schumann als Hausarzt zur Verfügung.

Schumann wird nicht nur Mitglied des 1848 im Zuge nationaler Begeisterung gegründeten Künstlervereins *Malkasten* und Gründer eines „Singekränzchens", dem auch einige Maler angehören. Er besucht seinerseits die Ateliers der Künstler[132] und kann sich dort mit Johann Peter Hasenclevers *Sentimentalen* von 1846 bekanntmachen, einer ironischen Absage an eine überholte

---

132 Vgl. zum ganzen Themenkomplex Bernhard R. Appel, Robert Schumann und die Malerei, in: Schumann und die Düsseldorfer Malerschule. Katalog zur Ausstellung vom 1. – 19. Juni 1988, Düsseldorf 1988, S. 7–18.

Gefühlsromantik – oder vielleicht mit dessen *Arbeitern vor dem Magistrat* von 1848/50, nach Hanna Gagel der „ersten Darstellung selbstbewußt auftretender Arbeiter in der deutschen Malerei",[133] die binnen weniger Jahre in u. a. in London, Manchester und New York ausgestellt wird. Noch wenige Tage vor seinem Zusammenbruch im Februar 1854 besucht er die Ateliers einiger Düsseldorfer Maler.

Daß selbst Hasenclever bis heute vor allem als Autor „biedermeierlich humorvoller Genrebilder" bekannt ist,[134] zeigt deutlich, daß sich die Kunstgeschichte mit einer Würdigung des gesellschaftskritischen Realismus schwer tut. Von Wolfgang Müller von Königswinter, der Kunstkritiken für die *Kölnische Zeitung* und vermutlich auch die *Düsseldorfer Zeitung* schreibt und im Verwaltungsrat des Kunstvereins sitzt, kann sich Schumann in diesem Punkt aufklären lassen und die Auffassung hören, daß die Romantik „in ihrer weichen, dämmernden und schwebenden Existenz eigentlich keine Lebens-Berechtigung mehr" besitze und die Zeit „entweder thatsächliche Geschichte oder blühende Natur" verlange.[135] „Die eigentliche Kraft der Düsseldorfer Schule" liegt nach Auffassung Müllers „in den Anschauungen der Gegenwart"; Historienmalerei ist aber dann sinnvoll, wenn sie einen „realistischen Kern" besitzt und sich „von Gedanken inspiriren" läßt, „deren Lösung auch noch in unsre Tage hinüberspielt". Die besten Historienmalereien Karl Friedrich Lessings sind „Hymnen der Freiheit".[136]

---

133 Hanna Gagel, Die Düsseldorfer Malerschule in der politischen Situation des Vormärz und 1848, in: Die Düsseldorfer Malerschule, Mainz 1979, S. 79. – In demselben Sinne äußert sich Wolfgang Hütt, Die Düsseldorfer Malerschule 1819–1869, Leipzig 1984, S. 215 ff. – Vgl. ders., Die Beziehungen zwischen Wolfgang Müller von Königswinter und der Düsseldorfer Kunst in der 1. Hälfte des 19. Jahrhunderts, in: *Wissenschaftliche Zeitschrift der Martin-Luther-Universität Halle Wittenberg, Gesellschafts- und sprachwissenschaftliche Reihe*, Jg. 4, 1955, S. 831 ff.

134 So – hier pars pro toto mitgeteilt – die Formulierung im zehnbändigen *Volks-Brockhaus* von 1979, Bd. 4, S. 516.

135 Wolfgang Müller von Königswinter, Düsseldorfer Künstler aus den letzten fünfundzwanzig Jahren, Leipzig 1854, S. 186.

136 Ebda., S. 113, S. 89 u. S. 126.

Mit Vorliebe stellten die Düsseldorfer Maler lebende Bilder –
eine damals populäre Art, Musik innerhalb eines szenischen, in
gewissem Sinne „realistischen" Kontextes darzubieten. Bereits
Mendelssohn hatte in seiner Düsseldorfer Zeit die Anregung gegeben, Händels Oratorium *Israel in Ägypten* zum Vorwurf zu nehmen; später wurden sein eigener *Paulus*, aber auch Beethovens *Pastorale* in enger Zusammenarbeit von Musikern und Malern
geboten. Schumann war an solchen Aktionen mittelbar beteiligt:
Anläßlich des großen Düsseldorfer Gesangsfestes von 1852, bei
dem er als „Schiedsrichter" fungierte, wurde „in innigster Ver-

*Johann Peter Hasenclever war ein prominentes Mitglied der Düsseldorfer Ma-
lerschule, die ihrerseits dem Realismus nahestand. DIE SENTIMENTALE von
1846 und ARBEITER VOR DEM MAGISTRAT von 1848/50 zeigen exemplarisch den Diskurswechsel von Romantik zu Realismus: das eine Mal eine einsame Frauengestalt in gefühlsseliger Betrachtung des Mondes, das andere Mal
die Darstellung einer kämpferisch-politischen Aktion mit historischem Hintergrund. Daß beide Bilder mit ironischen Brechungen gemalt sind, arbeitet den
Gegensatz der Diskurse nur umso deutlicher heraus.*

bindung mit der Musik *Die Macht des Gesanges* durch einen
Cyclus lebender Bilder" dargestellt.[137] Als Musik zu einem lebenden Bild *Des Sängers Fluch* wählte man einen Ausschnitt aus
der *Rheinischen Sinfonie*.

Der Komponist, welcher seine eigene Chorballade *Des Sängers
Fluch* zu diesem Zeitpunkt bereits fertiggestellt hatte, führte sein
damaliges Vorhaben, eine spezielle „Musik zu Bildern" zu kom-

---

137 Vgl. Bernhard R. Appel, „Mehr Malerei als Ausdruck der Empfindung" – Illustrierende und illustrierte Musik im Düsseldorf des
19. Jahrhunderts, in: Wolf Frobenius u. a. (Hg.), Akademie und
Musik. Festschrift für Werner Braun zum 65. Geburtstag, Saarbrücken
1993, S. 261.

ponieren, zwar nicht aus;[138] indessen war ihm die neue, eher „realistisch" als „romantisch" konnotierte Idee einer Verbindung der Künste sicherlich alles andere als fremd. Einen Nachklang zu dem entsprechenden Wandel bietet das Fest des *Malkasten* zum fünfzigjährigen Bestehen der Kunstakademie im Juli 1869: Man führte ein Festspiel des Akademieprofessors Wilhelm Camphausen auf, in dem „Frau Romantika" auf „Frau Realistika" trifft − „die Göttin Wirklichkeit".[139] Der letzteren sind die „Dame Prosa" und der „Zeitgeist Dampf" beigesellt, „die miteinander jetzt die Welt durchrasen".

Schumann selbst hatte, wie bereits bemerkt, in Düsseldorf ein großes Gesangfsest erleben können, welches im Zusammenhang mit der noch größeren Gewerbeausstellung für Rheinland und Westfalen stattfand; das offizielle Programm sah für den Vormittag des zweiten Tages den Besuch der Gemäldegalerie und eben dieser Gewerbeausstellung vor, die insgesamt 60 000 Besucher zählte.[140] Das anläßlich des Sängerwettstreits erschienene Plakat enthält nicht nur − am rechten Rand an zweitoberster Stelle − einen bildlichen Hinweis auf diese Gewerbeausstellung; im Vergleich mit Moritz von Schwinds im gleichen Jahr ausgeführten Ölbild *Die Symphonie*, ursprünglich zur Dekoration eines Konzertsaals gedacht, verdeutlicht es auch den Wandel von Romantik zu Realismus. Schwind arbeitet − in jeder Weise retrospektiv − mit romantisch-biedermeierlichen Motiven, das Plakat zum Sängerfest ist demgegenüber der Gegenwart verpflichtet. Und huldigt Schwinds Tafelbild, angeregt durch Beethovens Chorphantasie op. 80, der P h a n t a s i e, so das von Düsseldorfer Künstlern entworfene und ausgeführte Plakat der W i r k l i c h k e i t, innerhalb derer das Sängerfest stattfindet.

Das wohl bekannteste der in Düsseldorf komponierten Werke, die am 6. Februar 1851 erstmals aufgeführte *Rheinische*

---

138 Ebda., S. 162.
139 Heinrich Theissing, Romantika und Realistika. Zum Phänomen des Künstlerfestes im 19. Jahrhundert, in: Eduard Trier (Hg.), Zweihundert Jahre Kunstakademie Düsseldorf, Düsseldorf 1973, S. 187.
140 Düsseldorf. Geschichte von den Ursprüngen bis ins 20. Jahrhundert, Bd. 2, Düsseldorf 1988, S. 446.

Sinfonie, erscheint ganz von dem Enthusiasmus der ersten Düsseldorfer Monate erfüllt. Publikum und Presse nehmen das Werk alsbald an: Der Rezensent der *Signale für die musikalische Welt* hebt ihren „volkstümlichen" Charakter hervor; nach Auffassung der *Rheinischen Musik-Zeitung* schildert sie „ein Stück rheinisches Leben in frischer Heiterkeit". Das *Scherzo* erinnert den Kritiker an „schöne Wasserfahrten zwischen rebengrünen Hügeln und freundliche Winzerfeste"; im *feierlich* überschriebenen Satz sieht er „gothische Dome, Prozessionen, stattliche Figuren in den Chorstühlen".[141]

Daß die letztgenannte Besprechung, wie Reinhard Kapp mit guten Gründen vermutet, „offensichtlich aus dem engeren Schumannkreis [stammt]",[142] erhöht in diesem Punkt ihren Wert, indem sie deutlich macht, daß man Schumann realistische Tendenzen nicht fälschlich unterschiebt; dieser hatte in seinem Brief an den Verleger Simrock vom 19. März 1851 selbst seinem Wunsch Ausdruck gegeben, daß „auch hier am Rhein ein größeres Werk" erscheinen möge, das „vielleicht hier und da ein Stück Leben widerspiegelt".[143]

Eine Besprechung in der *Neuen Zeitschrift für Musik* macht deutlich, daß auch ein gebildeter und musikhistorisch beschlagener Musiker wie Theodor Uhlig durchaus ein Gespür für das programmatische Moment des Werks hat, es freilich als Wagnerianer als ein Stehenbleiben auf halbem Wege ablehnt:

„Du hast Dich in der Wahl der Kunstmittel vergriffen, sobald es in Deiner Symphonie auch etwas ‚zu verstehen' giebt; nimm die Kunst des Wortes oder die plastischen Künste zu Hülfe, wenn Du Dich mit Deiner Musik nicht bloß an das Ohr und Gefühl der Menschen wendest, sondern auch an ihren Verstand oder ihr Auge!"[144]

---

141 Alle Zitate nach Martin Schoppe, Schumann im Spiegel der Tagesliteratur, Diss. Halle 1968, S. 70.
142 Robert Schumann, Sinfonie Nr. 3. Taschenpartitur. Einführung und Analyse von Reinhard Kapp. Mainz 1981, S. 190.
143 Ebda., S. 183.
144 Theodor Uhlig, in: *NZfM* Bd. 36, 1852, S. 119.

Im Geist retrospektiver Romantik:
Moritz von Schwinds Gemälde „Die Symphonie" (1852)

Im Zeichen des anbrechenden Realismus: Plakat zum Düsseldorfer Gesangsfest des Jahres 1852 mit einem Hinweis auf die gleichzeitig stattfindende Gewerbeausstellung

Implizit räumt Uhlig ein, daß Schumann mit dieser Sinfonie gattungsgeschichtlich weitergekommen ist: Während die C-Dur-Sinfonie op. 61 insgesamt eher klassizistische, partiell – etwa durch die Einblendung des Beethoven-Zitats im Finale – auch romantische Tendenzen zeigt,[145] ist solcher Widerspruch „zwischen formaler Tektonik und poetischen Momenten" in der *Rheinischen* nach Ernst Lichtenhahn aufgehoben:

> „In der ‚Rheinischen‘ wird die Form souverän beherrscht; Satzweise werden in ihr traditionelle Formen verwendet, aber an die Stelle des Rückwärtsschauens, Erinnerns, wie es das Finale der C-Dur-Sinfo-

---

145 Für Carl Dahlhaus hat „die Melodie, die wie aus der Ferne herbeizitiert wirkt", „den Charakter einer Erinnerung an längst Vergangenes". – Studien zu romantischen Symphonien, in: *Jahrbuch des Staatlichen Instituts für Musikforschung Preußischer Kulturbesitz 1972*, Berlin 1973, S. 111.

nie kennzeichnet, tritt in der ‚Rheinischen' die Unmittelbarkeit der präsentierten Motive".[146]

Lichtenhahn warnt indirekt davor, sich durch den biedermeier-lichen Ton der erwähnten Rezensionen mit ihrer Auffassung der Es-Dur-Sinfonie als „Bilderbogen rheinischen Lebens" irrema-chen zu lassen:

> „Wenn Schumann selber den volkstümlichen Charakter des Werkes hervorhob, so wollte er damit gewiß kein genrehaftes folkloristisches Element anzeigen. Was ihn, der kurz zuvor erst aus Dresden gekom-men war und dort im Maiaufstand von 1849 das Scheitern einer Volksbewegung miterlebt hatte, hier faszinierte, war ein Volksgan-zes, das ihm als lebenskräftig erschien und in dem er auch die Musik – durch die lebendige Traditon der rheinischen Musikfeste – breiter und fester verwurzelt fand, als er es andernorts erlebt hatte. Der kirchliche Ton des vierten Satzes steht dazu trotz seines altertümli-chen Charakters nicht in Widerspruch."[147]

In der „Rheinischen" zeigt sich eine „aus dem Vormärz her-übergerettete Haltung", in welcher die Überzeugung lebendig ist,

> „daß die Musik als wirkende Kraft ins Leben eingebildet werden könne, ohne daß die romantische Idee ihrer Autonomie und Abso-lutheit preisgegeben werden müsse".[148]

In der Tat hat Schumann in der *Rheinischen Sinfonie* den Wan-del von Romantik zu Realismus innerhalb der „großen" For-men zum ersten und zum letzten Mal auf ästhetisch höchstem Niveau vollzogen: Er überwindet den klassizistischen For-malismus ebenso wie den romantischen Partikularismus und Individualismus; er wählt ein Thema, das dem Volksgeist ob-jektiven Ausdruck gibt und die Musik am allgemeinen gesell-schaftlichen Prozeß beteiligt; er findet das notwendige Maß an Bestimmtheit des Ausdrucks, ohne zugleich den Anspruch der Musik auf Autonomie und immanente Schönheit preiszu-geben.

---

146   Ernst Lichtenhahn, Sinfonie als Dichtung. Zum geschichtlichen Ort von Schumanns „Rheinischer", in: Schumanns Werke – Text und In-terpretation, Mainz 1987, S. 27.
147   Ebda., S. 25.
148   Ebda., S. 26.

Man mag einwenden, daß dies auch Beethoven gelungen sei: In der Tat steht die *Rheinische* dessen Sinfonien näher als den Sinfonischen Dichtungen Liszts, dessen „Weimarer Evangelien" Schumann, wie er im Oktober 1852 an Julius von Bernuth schrieb, distanziert gegenüberstand.[149] Indessen sind Beethovens Sinfonien einerseits im Sinne des klassizistischen Formenkanons fester gefügt, andererseits vor dem Horizont der neudeutschen Ästhetik unbestimmter im Ausdruck; nicht zufällig ist gerade und nur die *Pastorale* von Schumanns Zeitgenossen gelegentlich als „realistisch" bezeichnet worden.

Carl Dahlhaus hat den Versuchen Wolfgang Gertlers, Schumanns Spätwerk als „realistisch" zu spezifizieren, seine Zustimmung nicht völlig versagt, freilich bemerkt, daß Schumann seine Teilnahme am Prozeß der Realisierung der Welt „gewissermaßen die Originalität" gekostet habe, „während ein genuiner Realist wie Wagner [in diesem Prozeß] überhaupt erst zu sich selbst kam".[150]

Dieser Sichtweise könnte man – individualgeschichtlich, nicht diskursgeschichtlich gesehen – durchaus zustimmen, gäbe es nicht die *Rheinische*, die für mich geradezu ein Paradigma für die Rettung der Romantik im Realismus ist. Und weiterhin: Das alte Spiel mit Gedanken darüber, was Komponisten noch geschrieben hätten, wenn ihnen ein längeres Leben beschieden gewesen wäre – hier ließe es sich fortführen: Vielleicht hätte Schumann in einem echten, die krude „realistische" Tendenz der letzten Jahre – wie weiland Beethoven *Wellingtons Sieg* – noch einmal überwindenden Spätwerk die Herausforderung durch Liszt und Wagner angenommen und eine Lösung auf dem Niveau der letzten Beethovenquartette gefunden, die auf nur ihnen eigene Weise „realistische" Musik sind; die *Gesänge der Frühe* op. 133 mögen als winzige Ahnung des in diesem Sinne Denkbaren verstanden werden.

Tatsächlich geht Schumann in seiner weiteren Düsseldorfer Zeit Wege, auf denen er seinen äußeren Schaffenshorizont erwei-

---

149   Brief an Julius von Bernuth vom 17. 10. 1852, in: Erler, wie Anm. 81, Bd. 2, S. 178.
150   Dahlhaus, wie Anm. 7, S. 62 f.

tert, zugleich aber den Horizont seiner Phantasie einengt. Ernst Lichtenhahn will dieses „Spätwerk zumal der letzten Jahre", also speziell nach der *Rheinischen*, als „realistisch" in einem eher resignativen Sinne verstanden wissen – resignativ ob eines „unglücklichen Bewußtseins" des genuinen Romantikers Schumanns „in positivistischer Zeit".[151]

Innerhalb meines diskursgeschichtlichen Versuchs muß ich nicht entscheiden, ob und warum Schumanns Bewußtsein als „realistischer" Komponist individuell wirklich „unglücklich" war, wohl aber belegen, daß es für ihn tatsächlich eine realistische Alternative gegeben hat. Ohne *alle* seit 1851 entstandenen Werke in ihren musikästhetischen und kompositionsgeschichtlichen Implikationen erfassen zu wollen, sehe ich realistisches Verhalten in drei miteinander korrespondierenden Momenten. Zum einen sucht Schumann mit großer, fast möchte man sagen: bis zuletzt kaum erlahmender Energie nach Stoffen, die dem realistischen Zeitgeist entsprechen. Zum anderen setzt er im Medium der vokal und instrumental großbesetzten Chorballade auf eine dem Realismus geradezu auf den Leib geschneiderte Gattung. Zum dritten rückt er – das zielt auf die zu beobachtende Einengung des Phantasiehorizontes – das mimetische Moment so merklich in den Vordergrund, daß die Musik dem Text in der Tat nicht länger Widerpart ist, sondern sich ihm ausliefert.

Was mit letzterem gemeint ist, zeigt die Ende 1851 entstandene Ouvertüre zu *Hermann und Dorothea*: Die Wahl des Sujets ist weniger abseitig als es auf den ersten Blick scheinen mag: Zum einen spielt die Handlung im Rheinland, wo man vor den französischen Revolutionstruppen auf der Flucht ist. Zum anderen stellt das kleine Epos, welches dem 19. Jahrhundert als Goethes wichtigstes Werk neben dem *Faust* galt, eine bürgerliche Tüchtigkeit vor, mit der sich der Realismus der *Grenzboten* in jeder Weise identifizieren konnte. Auch wenn es bei Goethe nicht ohne idealistische Überhöhungen einerseits und ironische Brechungen andererseits abgeht, läßt sich doch eine Linie

---

151 Lichtenhahn, wie Anm. 146, S. 26, unter Berufung auf Dahlhaus, wie
     Anm. 7, S. 63.

etwa zu den „Dorfgeschichten" Berthold Auerbachs oder den
Novellen Gottfried Kellers ziehen.

Doch nicht darauf kommt es hier an, sondern auf die Vertonung. Schumann fackelt nicht lange, wenn es darum geht, für
die laut Claras Tagebuch „mit großer Lust und in wenigen Stunden geschriebene" Ouverture des richtige Lokalkolorit zu finden.[152] Bereits nach wenigen Takten setzt die *Marseillaise* ein, als
Hörer fühlt man sich an den Anfang eines alten Films versetzt,
wo zu den Klängen eben dieser *Marseillaise* die Schrift erscheint:
„Eine kleine rechtsrheinische Stadt im Jahr 1797. Die Straßen
sind voll Menschen, die sich auf der Flucht vor den Franzosen
befinden …" Die Geister, die er rief, wird Schumann nicht wieder los: Auch wenn das Sonatensatzschema mit Haupt- und Sei-
tensatz deutlich durchscheint, gerät das Stück letztendlich zu
einer Paraphrase über die *Marseillaise*.

Man erinnert sich, wie poetisch Schumann mit dieser ehedem
zum Beispiel im *Faschingsschwank aus Wien* op. 26 umgegangen
war: Dort hatte er sie als eine eindeutige und doch rätselhafte
Chiffre in ein differenziertes tonpoetisches Beziehungsgeflecht
verwoben. Dieses genuin romantische Moment fehlt nunmehr –
nicht, weil Schumann schwächer geworden wäre, sondern weil
er andere Intentionen verfolgt: „Das Ganze müßte in der Musik,
wie Poesie, in einfacher, volksthümlicher Weise gehalten werden", so schreibt er an Moritz Horn angesichts des Plans, über
Hermann und Dorothea ein ganzes Singspiel zu schreiben,[153] zu
dem die Ouvertüre als koloristische Einleitung vermutlich nicht
schlecht gepaßt hätte.

Es ist kein Gegensatz, wenn die Ouverture für Gerald Abraham schlechthin „dull" ist,[154] während sie für Reinhard Kapp
„auf der Höhe des Schumannschen Denkens steht",[155] vielmehr
eine Frage des Blickwinkels: Gestattet man Schumann allein die
Karriere eines Romantikers und bestenfalls noch die eines ro-

---

152 Litzmann, wie Anm. 96, S. 266.
153 Brief an Moritz Horn vom 8. Dezember 1851, in: Erler (Hg.), wie
      Anm. 81, Bd. 2, S. 165–166.
154 Gerald Abraham, On a Dull Ouverture by Schumann, in: *Monthly
      Musical Record* Bd. 76, 1946, S. 238 ff.
155 Kapp, wie Anm. 92, S. 243.

mantischen Klassizisten, oder betrachtet man es mit Aufmerksamkeit, was er – an durchaus Differenziertem – zum Realismus-Diskurs beiträgt?

„Stimmungen …, welche das ganze Volk bewegen", schweben Schumanns sicherlich auch angesichts des um die gleiche Zeit projektierten *Luther*-Oratoriums vor. Es geht um den „so großen Volksmann" und um ein Werk, das von „Bauer und Bürger" verstanden, also ein „durchaus volksthümliches", „einfach" und „eindringlich" werden soll. „Dem Eingreifen übersinnlicher Wesen" will er „nicht zu großen Platz einräumen"; dergleichen passe nicht „zu des Reformators ganzem Charakter". In seinem Brief an den potentiellen Librettisten, Richard Pohl, fährt Schumann fort:

> „In diesem Sinne würde ich mich auch bestreben, meine Musik zu halten, also am allerwenigsten künstlich, complizirt, contrapunktisch, sondern einfach, eindringlich, durch Rhythmus und Melodie vorzugsweise wirkend."[156]

Schon vorher, etwa seit 1848, hatte sich Schumann anläßlich seiner Suche nach geeigneten Opern- und Oratorienstoffen mit historischen Stoffen und Volkshelden wie Thomas Müntzer, Jan Hus, Jan Ziska, Michael Kohlhaas etc. beschäftigt – also mit durchaus politischen Themen. Weder das Luther-Projekt noch eine „heitere Oper" – womöglich eine solche über die subversive Volksfigur des Till Eulenspiegel – kommen zustande;[157] stattdessen komponiert Schumann 1851 das Oratorium *Der Rose Pilgerfahrt* im Sinne „eines Märchens", seinem älteren Oratorium *Das Paradies und die Peri* „in Form und Ausdruck" verwandt – „das Ganze nur mehr in's Dörfliche, deutsche gezogen", wie sich Schumann gegenüber Emanuel Klitzsch äußert.[158] Daß diese

---

156 Brief an Pohl vom 25. Juni 1851, in Erler (Hg.), wie Anm. 81, Bd. 2, S. 151.
157 Vgl. zum Ganzen Wolfgang Bötticher, Das ungeschriebene Oratorium *Luther* von Robert Schumann und sein Textdichter Richard Pohl, in: Rainer Cadenbach und Helmut Loos (Hg.), Beiträge zur Geschichte des Oratoriums seit Händel. Festschrift Günther Massenkeil zum 60. Geburtstag, Bonn 1986, S. 297 ff.
158 Brief an Emanuel Klitsch vom 9. 8. 1851, in: Erler (Hg.), wie Anm. 81, Bd. 2, S. 157.

Spezifizierung des Kolorits Kenntnis der „Dorfgeschichten" verrät, welche in diesen Jahren als Inbegriff realistischer Literatur Konjuktur haben, ist angesichts von Schumanns Belesenheit nicht auszuschließen.

Vergleicht man den geradezu programmatisch „im fröhlichen Ton" gehaltenen Eingangschor auf die Worte „Die Frühlingsgrüße bringen den Liebesgruß der Welt, des Eises Bande springen, es grünt das öde Feld" mit dem 1840 komponierten, aus der Sicht des Realismus geradezu romantisch-kränklichen Kerner-Lied *Erstes Grün* aus op. 35, so ist auch hier der Auffassungswandel direkt aus den Noten ablesbar.

Mit der Vorstellung, Schumann habe diesen Wandel halbherzig oder gar opportunistisch vollzogen, sollte man mehr als vorsichtig sein. Der Tenorist Ernst Koch berichtet von der ersten Privataufführung von *Der Rose Pilgerfahrt* Juli 1851 in der neuen Wohnung der Schumanns, daß Clara „die Begleitung am Clavier wunderbar poetisch" gespielt, Robert aber „in seeligen Träumen" neben ihr gesessen und dirigiert habe.[159]

Freilich: Dem dramatischen Genre war das Oratorium nicht zuzuordnen und insofern auch kein Ersatz für das gescheiterte Luther-Projekt, anläßlich dessen Schumann bemerkt hatte:

> „Alles blos Erzählende und Reflectirende wäre möglichst zu vermeiden, überall die dramatische Form vorzuziehen".[160]

Schumann läßt nicht nach und propagiert die Chorballade. Insgesamt komponiert er in den Jahren 1851 bis 1853 drei zwar nicht abendfüllende, aber recht umfangreiche, für die speziellen Zwecke textlich eigens eingerichteten Chorballaden auf Texte von Ludwig Uhland: *Der Königssohn* op. 116, *Des Sängers Fluch* op. 139 und *Das Glück von Edenhall* op. 143; ferner schreibt er unter dem Titel *Vom Pagen und der Königstochter* op. 140 einen Zyklus von vier kürzeren Chorballaden auf Dichtungen von Emanuel Geibel. Zwar wird in Paris schon seit 1844 die „Ode-Sinfonie" als eine die Epik zum Dramatischen hin überhöhende

---

159 Gerd Nauhaus, Der Rose Pilgerfahrt op. 112: Schumanns Abschied vom Oratorium, in: Schumann in Düsseldorf, wie Anm. 86, S. 185.

160 Brief an Pohl vom 14. Februar 1851, in: Erler (Hg.), wie Anm. 81, Bd. 2, S. 134..

„Zwischen- oder Zwittergattung mit geringeren Ansprüchen" gepflegt[161], und auch in Deutschland gibt es Vorbilder – etwa Andreas Rombergs op. 25: das seinerzeit berühmte *Lied von der Glocke*. Jedoch stellt Schumanns Beitrag das erste kompakte Corpus innerhalb der Gattung dar.[162]

Es ist nicht müßig darauf hinzuweisen, daß *Das Glück von Edenhall*, aber auch die patriotischen Gesänge *Schwarz-Rot-Gold* und *Zu den Waffen* für Männerchor geschrieben sind. Der politische Anspruch wird hier insofern schon in der Besetzung manifest, als Männerchöre damals politisch überwacht und bewertet wurden – so auch in Düsseldorf – laut amtlicher Einschätzung ein „Hauptherd der Anarchie und der Unordnung" in den Rheinlanden.[163]

Wie wichtig Schumann das politische Moment ist, läßt sich an seinem Bemühen ablesen, noch im Februar 1853 Hermann Rollett, den schon erwähnten Herausgeber des *Republikanischen Liederbuchs*, als Autor für eine neue Balladen-Dichtung zu gewinnen, die, „möglichst dramatisch gehalten, sich für Chor- und Orchesterbehandlung eignete".[164] Reinhard Kapp hat ein in diesem Zusammenhang aufschlußreiches Dokument neu ediert: Rollets *Waldmärchen aus alter Zeit*. Er nennt das im Revolutionsjahr 1848 erschienene Gedicht zu Recht eine „Fundgrube politischer Metaphorik".[165] U. a. läßt Rollett den Mondschein als „Schwindsüchtigen", den Eichenwald als „altes Reich", die Morgendämmerung als „flüchtigen Gedanken", den Kreuzschnabel als „Pietist", das Echo als „Recensent", den Fichten-

---

161 August Gathy, Die Ode-Sinfonie, in: *NZfM* Bd. 26, 1847, S. 150; dort wird speziell Félicien Davids *Le Désert* genannt.

162 Vgl. Michael Jarczyk, Die Chorballade im 19. Jahrhundert, München und Salzburg 1978 (Berliner Musikwissenschaftliche Arbeiten Bd. 16).

163 Bernhard R. Appel, Robert Schumann und die Zensur im Düsseldorfer Musikleben um 1850, in: *NZfM*, Juni 1988, S. 13.

164 Vgl. den Wortlaut des entsprechenden Schumann-Briefes, der lange als verschollen galt, bei Michael Struck, Rückblicke und „neue Bahnen" – zu Robert Schumanns letzten Klavierkompositionen, in: Schumann-Studien I, Zwickau 1988, S. 99.

165 Kapp, wie Anm. 93, S. 410. Vgl. dazu das Buch von Hans-Wolf Jäger, Politische Metaphorik im Jakobinismus und im Vormärz, Stuttgart 1971. Dort gibt es ein ausführliches Kapitel über Natur-Metaphorik.

baum als „König", den Bienenschwarm als „eine auswandernde
Proletarierfamilie", den Sturm als einen „Radikalen", den Blitz-
strahl als einen „Tyrannenmörder", die Eintagsfliege als „Jorna-
listen" usw. jeweils ein Verslein aufsagen.

Schumann hat oder hätte gewiß seine Freude daran gehabt.
Auch wenn er mit Rollett nicht mehr hat zusammenarbeiten
können: Auch mit der Wahl der Uhland-Texte zeigt er sich als
politisch wacher Zeitgenosse. Nicht allein deshalb, weil Uhland
seinerseits politisch dachte und in der Frankfurter Nationalversammlung „auf der äußersten Linken des linken Zentrums"
saß,[166] sondern vor allem deshalb, weil seine Balladen durchaus
den Anforderungen genügen, die der schon erwähnte Müller
von Königswinter an brauchbare realistische Historienmalerei
stellte: nämlich diejenige, welche sich Fragen stelle, deren Be-
antwortung „auch noch in unsere Tage hinüberspiele".

Das gilt für das Kernthema der von Schumann gewählten Balladen: den Gegensatz von angemaßter und legitimer Macht. Im
Königssohn zieht am Ende der alte blinde Sänger das Fazit: „Ge-
priesen sei der Königssohn, der selbst sich erkämpft den Herr-
scherthron". In *Des Sängers Fluch* wird das Gegenbild eines un-
würdigen Herrschers gezeichnet, der zwar den jungen Sänger
und seines „Volkes Lieder hellen Klang" zum Verstummen bringen kann, letztendlich aber seiner gerechten Strafe zugeführt
wird. *Das Glück von Edenhall* schließlich handelt von Herrscher-
hybris schlechthin. Daß nach gescheiterter Revolution, in deren
Verlauf deutsche Fürsten eine Krone von Volkes Gnaden abge-
lehnt hatten, in der Thematik „würdige und unwürdige Herrscher" ein großes Maß an republikanischer Leidenschaft nachzit-
terte, braucht nicht hervorgehoben zu werden.

Von großer Bedeutsamkeit sind – auch das dürfte bei Schumanns Textwahl eine wichtige Rolle gespielt haben – in allen
drei Balladen Gesang und Klang: Im *Königssohn* und in *Des Sängers Fluch* spielen Sänger geradezu die Schlüsselrolle bei der Ver-
urteilung schlechter und der Verherrlichung guter Macht; in der
letztgenannten Ballade sind sie zudem dazu ausersehen, „die

---

166 Uhlands Werke, hg. v. Adalbert Silbermann, Bd. 1, Berlin o. J.,
    S. LXXII.

deutsche Hymne, ein Freiheitslied aus schöner Zeit" anzustimmen. Im *Glück von Edenhall* ist es ein kristallenes Trinkglas, das „milde, tief und voll gleich dem Gesange der Nachtgall, dann wie des Waldstrom's laut Gegroll, und jetzt wie ferner Donnerhall" klingt, ehe es vom Hausherrn im Übermut zum Zerspringen gebracht wird und damit das Ende des Glückes von Edenhall auslöst.

Das Auftreten von Sängern in den beiden erstgenannten Balladen hebt nicht nur die – fast mythische – Bedeutung der Musik hervor; zugleich personifiziert es – wie schon in den kleiner dimensionierten Balladen der Jahre 1848/49 – den Rhapsoden als Repräsentanten des Volksgesanges. Dieser ist namentlich im *Provençalischen Lied* aus *Des Sängers Fluch* exponiert. Gustave Courbet hätte hier expressis verbis von „Realismus" sprechen können, da für ihn vor allem Volkslieder realistische Musik waren. Auch ohne Courbet zu bemühen, läßt sich sagen, daß das *Provençalische Lied* – darin dem Alpenkuhreigen der *Manfred*-Musik ähnlich – das Moment der utopisch „realistischen" Hoffnung auch musikalisch einlöst. Für Schumann ist der provençalische Ton insofern naturnah, als er – mit seinen Worten – „die glatte sanfte Sprache des Gedichts" verschmäht, stattdessen die „freie, ungebundene Rede" pflegt und damit den „Uranfängen" der Musik nahekommt.[167]

Allein die an solchen Phänomenen sichtbaren stilistischen Brechungen machen deutlich, daß man Schumanns Chorballaden nicht als populistische, jedoch erfindungsschwache Machwerke oder Zeugnisse erlahmender Schaffenskraft abtun muß, vielmehr den vor allem von Michael Struck und Reinhard Kapp gebahnten Weg zu ihrer Würdigung „in anderem Licht" einschlagen kann. Dabei wird es nicht zuletzt darum gehen, das Verhältnis von mimetischer und konstruktiver Kompositionsweise in den Blick zu bekommen. Sicherlich hat Arnfried Edler Recht, wenn er im Orchesterpart der Chorballaden „eine beim früheren Schumann ganz undenkbare Realistik illustrierender Tonmalerei Platz greifen" sieht:[168] So läßt sich im *Königssohn* –

167   Vgl. Reinhard R. Appel, Robert Schumann und der provençalische Ton, in: Schumanns Werke, Text und Interpretation, wie Anm. 116, S. 166 f.
168   Edler, wie Anm. 89. S. 261.

um nur dieses Beispiel zu nennen – auf das deutlichste dessen wechselvolle Seefahrt nachvollziehen. Doch mit demselben Recht arbeitet Michael Struck innerhalb einer dem *Glück von Edenhall* gewidmeten Spezialuntersuchung „motivisch-thematische, harmonische und klangliche Differenzierungen" heraus, die es berechtigt erscheinen lassen, innerhalb des durchkomponierten Werks von einem „musikalischen Beziehungsgefüge" zu sprechen.[169]

Man könnte Schumanns Chorballaden als Interimslösungen betrachten: als Versuche, Laienchöre mit einer ambitionierten, orchestral großbesetzten und doch ohne größere Schwierigkeiten ausführbaren Musik zu versorgen, die dramaturgisch glaubwürdig und inhaltlich auf der Höhe der Zeit sein sollte. Noch deutlicher mochte Schumann das Publikum vor Augen gehabt haben: auf Musik nicht spezialisierte Hörer, die am leichtesten bei der Stange zu halten waren, wenn sie – prononciert formuliert – einem Balladenvortrag mit üppiger Musikeinkleidung folgen konnten. Die Parallele zu den lebenden Bildern, die man damals in Düsseldorf zu Musik – auch derjenigen Schumanns – stellte, liegt nicht fern.

All das mochte dem allgemein-ästhetischen *Credo* des Realismus entsprechen und wurde von der Kritik, wenn auch mit Verspätung, durchaus als Neuansatz gewürdigt. So nennt der Leipziger Dichter und Musikschriftsteller Peter Lohmann innerhalb seiner Besprechung des Corpus der vier Chorballaden im Jahre 1860 die Ballade *Des Sängers Fluch* „in ihrer Sphäre das Höchste, im Bereiche der Tonkunst einen der hervorragendsten Puncte":

„Jede Figur ist bis in die einzelnen Züge plastisch bestimmt herausgearbeitet; das Orchester ist unendlich fein und in sinniger Schattirung behandelt; die Chöre durchlaufen alle Regionen des Seelenlebens vom ungemeßnen Jubel, von der stolzesten Begeisterung bis zur verhauchenden Wehmuth. Es zeigt sich in diesem Werke zugleich mit ganzer Klarheit der wohlthätige Einfluß Wagner's auf

---

169 Michael Struck, Kunstwerk-Anspruch und Popularitätsstreben – Ursachen ohne Wirkung, in: Schumann in Düsseldorf, wie Anm. 86, S. 277 u. S. 281.

Schumann, nicht in offenbarer, formeller Nachahmung, aber in der freieren Behandlung des Recitativs, in der oft präciseren Declamation, in dem stets schlagenden Ausdruck der Stimmung."[170]

Adolf Schubring äußert sich ein Jahr später über den „epischen" Schumann generell rühmend:

> „So bedeutend Schumann in seinen mit romantischem Zauber durchdufteten lyrischen Werken ist, so ist doch sein Gipfelpunct im Epischen zu finden, nicht in dem religiösen überlebten Epos, sondern im modern romantischen, welches in der Romanze, Ballade, Legende, Novelle, im Romane und im Mährchen die entsprechende Form gefunden hat. In seinen Romanzen und Balladen für ein und mehrere Stimmen [...] hat er sein Eigenstes und Innerstes, sein Herzblut gegeben."[171]

Schubring kann dies schreiben, weil er „die gegenwärtige Musikepoche" als die „malerische" erkannt hat und an Schumann in diesem Sinne die „realistisch-ideale Wahrheit" und „Farbenfrische seiner Bilder" rühmt. Da urteilt Peter Lohmann bei aller Wertschätzung für *Des Sängers Fluch* kritischer: „In einer Epoche innerer Umwandlung" sind Schumanns Chorballaden zwar „unschätzbar wichtige Beweisstücke" für den „e i n e n Zug nach dichterischer Bestimmtheit, nach höchster Wahrheit des Ausdrucks bei unendlich gesteigerten Mitteln", welcher den Komponisten bei aller Verschiedenheit mit Berlioz, Liszt und Wagner verbindet.[172] Indessen ist ihr Kunstwert zu gering:

> „Die erschöpfende Präcision des musikalischen Ausdrucks, die Lieblichkeit so mancher Partien können nicht das Gefühl der Monotonie bei den meisten Solostellen, während ganzer Nummern verhindern, die in dem Mangel [an] energischer Gliederung, recitativisch fesselloser Declamation, Concentrirung der melodischen Erfindung in den Augenblicken höchster Erregtheit ihren hauptsächlichen Grund hat."[173]

---

170 Peter Lohmann, Robert Schumann's Balladen, in: *NZfM* Bd. 53, 1860, S. 27 f.
171 DAS (Adolf Schubring), Schumanniana Nr. 4, in: *NZfM* Bd. 54, 1861, S. 213 f.
172 Lohmann, wie Anm. 170, S. 9 f.
173 Ebda., S. 11.

Man könnte die Betrachtung der großbesetzten Werke aus Schumanns letzter Zeit hier fortsetzen und jeweils unterschiedliche, von Schumann in Briefen an seine Verleger teilweise selbst hervorgehobene Aspekte volkstümlichen Komponierens herausarbeiten. In diesem Sinne stünden das *Concert-Allegro mit Introduction* für Klavier und Orchester op. 134 für gefällige Virtuosität,[174] die von Michael Struck „als ausdrucksmäßig heiterste unter Schumanns Ouvertüren" herausgestellte, in Johann Andrés *Rheinweinlied* mündende *Fest-Ouverture mit Gesang* op. 123 für rheinisches Kolorit,[175] die *Messe* op. 147 und das *Requiem* op. 148 für die volksverbindende Tradition des Katholizismus. Indessen ist es nicht die Intention dieser Darstellung, möglichst viel Material für einen „realistisch" denkenden und komponierenden Schumann beizubringen.

Die bleibende Distanz zu den „Neudeutschen"

Stattdessen möchte ich am Ende dieses Kapitels den Schumann zu Wort kommen lassen, der sich auch am Ende seiner Schaffenszeit den Neudeutschen letztendlich verschließt. Als Ausgangspunkt mag ein Brief dienen, den er am 6. Februar 1854 seinem Librettisten Richard Pohl schreibt, der unter dem Pseudonym „Hoplit"[176] in einer Schrift über *Das Karlsruher Musikfest im October 1853* die Position der „Neudeutschen" vertreten hat:

> „Daß Sie der Hoplit waren, das wußte ich gar nicht. Denn ich harmoniere nicht sonderlich mit seinem und seiner Parthey Liszt-Wagnerschen Enthusiasmus. Was Sie für Zukunftsmusiker halten, das halt' ich für Gegenwartsmusiker, und was Sie für Vergangenheitsmusiker (Bach, Händel, Beethoven), das scheinen mir die besten Zukunftsmusiker. Geistige Schönheit in schönster Form kann ich nie für ‚einen überwundenen Standpunkt' halten. Hat diese denn R. Wagner? Und wofür denn die genialen Leistungen Liszts – wo stecken sie? Vielleicht in seinem Pulte?"

---

174   Arnfried Edler, Anmerkungen zu Struktur und Funktion von Schumanns Konzert-Allegro op. 124, in: Schumann in Düsseldorf, wie Anm. 86, S. 417 ff.

175   Struck, wie Anm. 91, S. 58.

176   Der „Hoplit" war im Griechischen ein schwerbewaffneter Krieger.

Das von Franz Liszt geleitete Karlsruher Musikfest ist keine be-
liebige regionale Veranstaltung, sondern das erste instrumentale
Musikfest in Süddeutschland überhaupt und ein vom badischen
Großherzog Friedrich I. geförderter Versuch, eine Art musikpo-
litischer Standortbestimmung vorzunehmen und darzutun, was
die Musik zu der neuen Kunstepoche, die man heraufziehen
sieht, beizutragen habe. Das gleichfalls im wesentlichen von
Liszt geleitete Niederrheinische Musikfest von 1857 setzt diese
Linie fort; es folgen seit 1859 die Tonkünstlerfeste des Allgemeinen Deutschen Musikvereins.

> „Wir sehen, dass Beethoven, Meyerbeer, Mendelssohn, Schumann,
> Berlioz, Liszt und Wagner, die Repräsentanten der neuesten deut-
> schen Kunst, in gewählten und charakteristischen Werken, die
> sämmtlich hier noch neu waren, uns vorgeführt wurden."

Das schreibt Pohl über die Karlsruher Tage; und er wird alsbald
noch grundsätzlicher: Hätte statt der Meyerbeerschen eine We-
bersche Konzert-Arie auf dem Programm gestanden, so wäre
„der Höhenzug der deutschen Kunstentwickelung, soweit sie in
unsere Gegenwart übergreift, mit kurzen aber scharfen Umris-
sen vorgezeichnet" gewesen. In der Trias Berlioz-Liszt-Wagner
sieht Pohl, wie schon erwähnt, die eigentliche Avantgarde,
während er über Schumann differenziert urteilt:

> „Schumann war auch viel zu subjectiver Natur, um durch sein re-
> flectirtes Schaffen erfolgreich wirken zu können. Da, wo er absicht-
> lich reformatorisch eingreifen wollte, ging er offenbar über die
> Sphäre hinaus, die ihm beschieden war, es fehlte ihm hierzu das ob-
> jective Aufgehen im Gegenstand, und eine Liebe, die durch keine
> Reflexion zu ersetzen ist. In seinen grösseren Chorwerken der
> neueren Zeit [...] wollte er eine Zwittergattung zwischen Orato-
> rium und Oper schaffen, konnte jedoch dieser, ihrer Natur nach un-
> selbständigen, zweideutigen und sich überlebenden Form kein neues
> Leben mehr einhauchen."[177]

Schumann vermag Großes zu leisten, wo es um die differenzierte Darstellung von Individualität geht, nicht aber ein

---

177 Hoplit (Richard Pohl), Das Karlsruher Musikfest im October 1853,
Leipzig 1853, S. 53.

„Kunstobject in seiner reinen, ungetrübten Individualität darzustellen. Anstatt sich ganz in den Gegenstand zu versenken, und über der innern Nothwendigkeit desselben die Gesetze seiner speciellen musikalischen Empfindungen zu vergessen, verfährt Schumann vielmehr umgekehrt: er versenkt den Gegenstand in sich und vergisst über den gewohnten Gesetzen seines eigenen musikalischen Fühlens die innere Nothwendigkeit des Gegenstandes."[178]

Das sind bemerkenswerte Gedanken des damals gerade Sechsundzwanzigjährigen, der in seiner Geburtsstadt Leipzig mit Schumann und Brendel diskutiert, dann aber zunächst über Dampfgeschütze promoviert hat, ehe er seinen Platz im Lager der Neudeutschen findet: Dem postromantischen Schumann wird zwar keineswegs ein reformerischer Impetus aberkannt, jedoch unterstellt, nicht mit der nötigen „Liebe" bei der Sache zu sein.

Der Komponist selbst reagiert verständlicher Weise verletzt:

„Sie sprechen von einem Fehlen von Liebe, die keine Reflexion ersetzen könne. Haben Sie sich wohl überlegt, was Sie geschrieben haben? Sie sprechen von Mangel an Objectivität — haben Sie sich auch das überlegt? Meine vier Symphonien, sind sie eine wie die andere? Oder meine Trios? oder meine Lieder? Ueberhaupt giebt es zweierlei Arten Schaffen? Ein ob- und ein subjectives? War Beethoven ein objectiver? Ich will Ihnen sagen: das sind Geheimnisse, denen man nicht mit so elenden Worten beikommen kann."[179]

Gewiß hat Schumann Recht, wenn er Pohl implizit vorwirft, seine mittlere Schaffensphase zu unterschlagen, nämlich die der Sinfonien, der Trios und — so ist es wohl gemeint — späteren Lieder. Eine substanzielle Antwort auf Pohls Kritik an den späten „Zwittergattungen" gibt er freilich nicht; und auch den Vorwurf fehlender Liebe versteht Schumann — meines Erachtens — falsch: Dieser zielt nicht auf fehlende Lust zum Komponieren und mangelnde Liebe zum einzelnen Werk, sondern auf den Mangel an Liebe zur G e g e n w a r t , derer es neben aller „Reflexion" bedarf, um das Kunstwerk der Zukunft auf den Weg zu bringen.

---

178 Ebda., S. 54.
179 Gustav Jansen, Ein Unbekannter Brief von Robert Schumann, in: *Die Musik* 5/4, 1905/06, S. 111 f.

Das letztere ist freilich ohnehin nicht Schumanns Absicht. Für ihn ist und bleibt, wie er August Strackerjan im Juli 1853 unter Anspielung auf das ihm nicht unbekannt gebliebene Schlagwort von der „Zukunftsmusik" zu verstehen gibt, das „Meisterwerk" das beste „Zukunftswerk".[180] Und wenn es für ihn einen Messias gibt, der solche Meisterwerke zu liefern verspricht, so ist es der junge Johannes Brahms, dem Schumann in einem legendär gewordenen, im Oktober 1853 für die *Neue Zeitschrift für Musik* geschriebenen Beitrag huldigt. *Neue Bahnen*, der Titel dieses Beitrags, ist zwar, wie Reinhard Kapp bemerkt,

> „die bereits gängige Fortschrittsmetapher, in welcher sich Fernweh und das Gefühl der Unaufhaltsamkeit mit dem Interesse für Dampfwagen verbinden, der immer neue Regionen dem Verkehr erschließt".[181]

Indessen sind die Bilder, in denen Schumann den „wahren Apostel" Brahms im Brief an Joseph Joachim vom 7. Oktober 1853 feiert, durchaus im alten – und offenbar zugleich in einem neuen – Sinne poetisch:

> „Man könnte ihn auch mit einem prächtigen Strom vergleichen, der, wie der Niagara, am schönsten sich zeigt, wenn er als Wasserfall brausend aus der Höhe herabstürzt, auf seinen Wellen den Regenbogen tragend, und am Ufer von Schmetterlingen umspielt und von Nachtigallenstimmen begleitet".[182]

Überhaupt sind die unterschiedlichen Tätigkeiten des Jahres 1853 der beste Beweis dafür, daß man Schumann in seiner letzten Schaffensphase nicht auf „realistische" Tendenzen" festlegen kann. So bereitet er die vierbändige Ausgabe seiner *Gesammelten Schriften über Musik und Musiker* vor und präsentiert dem Publikum damit all das, was er in jüngeren Jahren an romantischen

---

180   Brief an August Strackerjan vom 24.7. 53, in: Jansen (Hg.), wie Anm. 104., S. 376.
181   Kapp, wie Anm. 92, S. 166. – Vgl. auch Christoph-Hellmut Mahling, Musik und Eisenbahn. Beziehungen zwischen Kunst und Technik im 19. und 20. Jahrhundert, in: Studien zur Musikgeschichte. Eine Festschrift für Ludwig Finscher, hg. v. Annegrit Laubenthal, Kassel usw. 1995 , S. 539–559.
182   Briefe von und an Joseph Joachim, hg. v. Johannes Joachim u. Andreas Moser, Berlin 1911, S. 84.

und poetischen Reflexionen in seiner *Neuen Zeitschrift für Musik* veröffentlicht hat.

> „Es macht mir Freude zu bemerken, daß ich in der langen Zeit, seit über zwanzig Jahren, von den damals ausgesprochenen Ansichten fast gar nicht abgewichen bin",

so schreibt er am 17. Januar 1854 an August Strackerjan.[183]

Im Jahr 1853 komponiert Schumann ferner *Gesänge der Frühe*, in denen weder ein pädagogisches noch ein mimetisches Moment im Vordergrund stehen soll: Im Anschluß an Beethovens Äußerung über die *Pastorale* spricht er gegenüber seinem Verleger von

> „Musikstücken, die die Empfindungen beim Herannahen u. Wachsen des Morgens schildern, aber mehr Gefühlsausdruck als Malerei" sind.[184]

In diesem Jahr gibt schließlich die *Neue Zeitschrift für Musik* den neudeutschen Zweifeln an Schumanns Zukunft so viel Raum, daß ihr Schriftleiter Franz Brendel seinen tief getroffenen Vorgänger vergeblich mit dem Hinweis zu trösten versucht, daß solche Kritik, die er ohnehin nicht generell teile, dem Fortschritt diene. Wenn es in einem Richard Wagner gewidmeten Artikel Friedrich Hinrichs' heißt, neuere Werke Schumanns – etwa die Lieder des op. 119 und des op. 125 – seien „verkommen, manierirt im traurigsten Sinne des Wortes", so richtet sich dies freilich nicht gegen den „romantischen", sondern gegen einen in puncto Volkstümlichkeit auf halbem Wege stehengebliebenen Schumann, dessen „feine, stets vermittelte Technik" mit Wagners „Leidenschaft in ihrer ganzen Naturwüchsigkeit" und deren „gesteigertster, rückhaltlosester Sprache" nicht konkurriren könne.[185]

Schumann indessen beruft sich in einem seiner letzten Briefe, datiert vom 10. Februar 1854 und an Hinrichs' Schwager, Robert

---

183   Erler (Hg.), wie Anm. 81, Bd. 2, S. 216.
184   Brief an den Verleger Arnold vom 24. Februar 1854, hier zitiert nach Struck, wie Anm. 91, S. 469.
185   Anonym (Friedrich Hinrichs), Zur Würdigung Wagners, in: *NZfM* Bd. 39, 1853, S. 200.

Franz, gerichtet, geradezu auf diese „feine, stets vermittelte Technik":

> „Hat er die Texte dieser Waldlieder [op. 119] gelesen? Glaubt er, daß man solche anmuthigen Gedichte so auffassen müßte, wie welche von L. Byron und Lenau? Weiß er nicht, daß die Musik die ursprüngliche Stimmung des Gedichts treffen, aber nicht überbieten soll?"[186]

Friedrich Hinrichs war übrigens von Hauptberuf Jurist. Sieht man von dem merkwürdig heftigen Ausfall gegen Schumann gleich zu Anfang ab, so stellt sein neunteiliger Aufsatz über Wagner vielleicht das Ausgewogenste dar, das in dieser Zeit über Wagners Rolle im Romantik-Realismus-Diskurs geschrieben worden ist. Die Gedanken sind allerdings zu differenziert, als daß sich aus ihnen Zitate herausfiltern ließen. Die Quintessenz des 1854 auch in Buchform veröffentlichten Gedankengangs könnte lauten: ‚Es ist geschichtlich notwendig, daß der *Realismus* die *Romantik* ablöst. Daran hat Wagner großen Anteil – doch ginge es um des Kunstschönen willen nicht auch anders, als Wagner sich dies vorstellt?'

Was Schumann g e n e r e l l von den Neudeutschen und damit auch von seinen zuletzt zwar nicht gänzlich abtrünnigen, jedoch zu neuen Taten aufbrechenden Jüngern Brendel und Pohl trennt, läßt sich sich nicht an defensiven Äußerungen zu kompositorischen Details ablesen, muß vielmehr vor dem Hintergrund der Hegelschen Ästhetik bestimmt werden. Die Neudeutschen, tendenziell der Schule Hegels angehörig, übernehmen dessen These von der romantischen Kunst als dem Ende der Kunst überhaupt: In der Gegenwart kann die Wahrheit nicht mehr ästhetisch bestimmt werden, sondern nur noch philosophisch:

> „Der Gedanke und die Reflexion hat die schöne Kunst überflügelt. […] Die Reflexionsbildung unseres heutigen Lebens macht es uns, sowohl in Beziehung auf den Willen als auch auf das Urteil, zum Bedürfnis, allgemeine Gesichtspunkte festzuhalten und danach das Besondere zu regeln, so daß allgemeine Formen, Gesetze, Pflichten,

---

186   Zitiert nach: Paul Kast (Hg.), Schumanns rheinische Jahre, Düsseldorf 1981, S. 157.

Rechte, Maximen als Bestimmungsgründe gelten und das hauptsächlich Regierende sind. Für das Kunstinteresse aber wie für die Kunst-
produktion fordern wir im allgemeinen mehr eine Lebendigkeit, in
welcher das Allgemeine nicht als Gesetz und Maxime vorhanden sei,
sondern als mit dem Gemüte und der Empfindung identisch wirke,
wie auch in der Phantasie das Allgemeine und Vernünftige als mit
einer konkreten sinnlichen Erscheinung in Einheit gebracht enthalten ist. Deshalb ist unsere Gegenwart ihrem allgemeinen Zustande
nach der Kunst nicht günstig."[187]

Ganz in diesem Sinne kritisiert Pohl, daß Schumann „über den
gewohnten Gesetzen seines eigenen musikalischen Fühlens die
innere Nothwendigkeit des Gegenstandes" vergesse – mit den
Worten Hegels: die „allgemeinen Formen, Gesetze, Pflichten,
Rechte, Maximen"; und gleichfalls von Hegel her ist Pohls Kritik zu verstehen, daß Schumann angestrengt und nicht authen-
tisch wirke, wo er um ein „reflectirtes Schaffen" bemüht sei –
eben in den letzten Chorwerken.

Immerhin sind diese letzten Chorwerke in den Augen Pohls
der musikästhetischen Diskussion würdig – vielleicht, weil sie
sich nicht gänzlich der Vorstellung des Gesamtkunstwerks ver-
schließen, in dem eine philosophische Idee „Formen" und „Gesetze" vorgibt. Doch zwangsläufig muß Schumann in den
Augen Pohls scheitern, wenn er sich dafür aus Oper und Oratorium eine „Zwittergattung" schafft, anstatt mutig – so könnte
man Pohls und Brendels Wünsche weiterspinnen – auf dem
Weg zur Sinfonischen Dichtung und zum Musikalischen Drama
weiterzugehen.

Doch eben dies will Schumann nicht. Für ihn beschreiten
Liszt und Wagner keine „neue Bahnen": Das tut vielmehr
Brahms, indem er ganz in seinem Sinne auf Distanz zur Idee des
Gesamtkunstwerks geht, um stattdessen den „alten", frühromantischen Gedanken einer Universalpoesie fortzuspinnen. Sie
ist das Medium für die Darstellung von „Seelenzuständen", die
sich nicht in „subjective" und „objective" auseinanderdividieren
lassen. Man kann fragen, ob der hier rechtens sich auf Beethoven
berufende Schumann nicht mehr von Dialektik versteht als die

---

187 Hegel, Vorlesungen über die Ästhetik Bd. 1, wie Anm. 17, S. 24 f.

„Hegelianer" Brendel und Pohl, Liszt und Wagner, jedenfalls mit gutem Grund versucht, das „romantische" Wesen der Musik für diese schlechthin zu retten.

Schumanns Beitrag zum „Realismus"-Diskurs ist in sich nicht widerspruchsfrei, s u b s t a n z i e l l überhaupt schwer auf einen Nenner zu bringen: die am Ideal der häuslichen Musik orientierte Kleinkunst vor allem der Revolutionsjahre; der große sinfonische Entwurf der *Rheinischen*, die gattungsästhetisch problematischen, jedoch anspruchsvollen Singvereinigungen geradezu auf den Leib geschriebenen großen weltlichen Chorballaden; demgegenüber die Tendenz zur Abgrenzung von den Vorstellungen der Liszt- und Wagner-Anhänger – das sind markante, jedoch jeweils unterschiedliche Marksteine auf einem künstlerischen Weg, der nach dem Willen Schumanns zwar auf der Höhe der Zeit verlaufen, aber nicht in den Armen der Neudeutschen enden sollte.

Erst die hier vorgeschlagene diskursgeschichtliche Betrachtungsweise macht den Nutzen des Versuchs deutlich, Schumanns Wendung zum „Realismus" herauszuarbeiten: Entscheidend ist Schumanns B e r e i t s c h a f t zu einer partiellen Neuorientierung, wie sie die Abwendung vom Diskurs „Romantik" zugunsten des Diskurses „Realismus" erfordert. Hilfreich ist auch die systemtheoretische Beobachtung, daß „Romantik" und „Realismus" nicht willkürlich aufeinander folgen, vielmehr als binäre Oppositionen g e m e i n s a m die Funktionsweise von Kunst erhellen.

Mit diesem Begriffspaar im Rücken kann man – im Zuge weiterer und differenzierterer Betrachtungen – den „Realisten" im „Romantiker" und den „Romantiker" im „Realisten" aufsuchen.[188] Man wird dann ein Drittes, Persönliches finden, das

---

188 Wie vielfältig die Diskurse miteinander vernetzt werden können, zeigt eine Einschätzung der *Kreisleriana* in Julius Beckers Musikroman *Die Neuromantiker* (Leipzig 1840, S. 93). Der dem Schumann-Kreis nahestehende Autor sieht in den *Kreisleriana* einen Ausgleich „zwischen den beiden Polen, dem Idealen und dem Wirklichen" und „ein idealisirendes Erfassen des uns Umgebenden oder des Positiven, mithin des Zeitgemäßen im Gegensatze zu dem Unendlichen." Anders als E. T. A. Hoffmann mit seiner Kreisler-Figur gelingt Schumann mit den *Kreisleriana* – so ließe sich der Gedankengang zuspitzen – der Ausgleich

eine Klammer um das „romantische" und „realistische" Schaffen
Schumanns legt. Zunächst jedoch – das ist die Intention dieser
Studie – erscheint es sinnvoll, den Blick für Schumanns Anteil
am „Realismus"-Diskurs zu schärfen.

Bedenkenswert sind gleichwohl die weiterreichenden, zwischen Schumann und Wagner vermittelnden Überlegungen von
Carl Dahlhaus:

> „Der musikalische Realismus wäre demnach [d. h. im Sinne des Ver-
> suchs von Wolfgang Gertler, Schumanns späte Werke als „realisti-
> sche" vor dem Verdikt des Minderwertigen zu retten], pointiert aus-
> gedrückt, eine realisierte Romantik, die sich jedoch dadurch, daß sie
> sich verwirklicht, als Romantik aufhebt. Und die geschichtsphiloso-
> phische Dialektik, die der Zeitgeist verhängte, schlug Komponisten,
> die wie Schumann echte Romantiker waren, eher zum Schaden an,
> während ein genuiner Realist wie Wagner in dem Prozeß, der Schu-
> mann gewissermaßen die Originalität kostete, überhaupt erst zu sich
> kam."[189]

---

zwischen Romantik und Realismus. – Vgl. die in ähnlicher Weise re-
lativierenden Andeutungen bei Kapp, wie Anm. 92, S. 132–140, und
bei Martin Geck, Apropros Leiermann. Über Romantik und Realismus in der Musik, in: Bernd Sponheuer u. a. (Hg.), Rezeption als
Innovation. *Festschrift für Friedhelm Krummacher zum 65. Geburtstag*,
Kassel usw. 2001, S. 247–262.

189   Dahlhaus, wie Anm 7, S. 62 f.

4. „Realismus" und „Zukunftsmusik" als Kampfbegriffe im Musik-Diskurs der 50er und 60er Jahre

Courbet als Initiator der allgemeinen Realismus-Debatte

Mit dem Terminus „réalisme" wird in Frankreich seit dem 2. Viertel des 19. Jahrhunderts argumentiert.[190] Ein Wegzeichen setzt Jules Janin mit *L'Âne mort* von 1829, einer Parodie des „frenetischen", d. h. des Schauerromans aus realistischer Position. Zwar gibt es auch weiterhin Schauergeschichten; doch diese beziehen ihr Material mehr und mehr aus der sozialen Wirklichkeit. Man darf nicht übersehen, daß die wichtigsten literarischen Arbeiten von Balzac bereits aus den dreißer Jahren stammen. Zu einem in der gesamten gebildeten Welt gängigen Schlagwort wird „Realismus" spätestens durch Gustave Courbet. Auf dem Pariser Salon stellt er Anfang 1851 die Bilder *Ein Begräbnis in Ornans* und *Die Steineklopfer* aus. Wie Courbet in Deutschland rezipiert wurde – und darum geht es hier vor allem –, zeigt exemplarisch der Bericht im *Deutschen Kunstblatt*. Zu dem „Hauptbild", das „Künstler, Kritiker und Publikum in Bewegung setzte", nämlich *Ein Begräbnis in Ornans*, meint der Berichterstatter:

> „In colossalen Verhältnissen auf einer Leinwand von mehr als 15 Fuss Breite, sehen wir hier einen Vorgang aus dem alltäglichen Leben, das Begräbnis eines Dorfbewohners sich entrollen, mit grosser Meisterschaft der Behandlung, gewandter Handhabung der technischen Mittel, mit malerischem Sinn in der Anordnung, in der kräftigen Zusammenstellung der Farben und in dem entschiedenen Helldunkel; andrerseits aber mit deutlich ausgesprochener Hinneigung zum Niedrigen und Gemeinen in Form, Charakter und Ausdruck, ja sogar mit offenbarer, absichtlicher Heraushebung und Uebertreibung des Un-

---

190 Ein früher Beleg für die Progagierung einer realistischen Literaturauffassung findet sich im im Jahre 1826 *Mercure français du XIXe siècle*. Vgl. Stephan Kohl, Realismus. Theorie und Geschichte, München 1977, S. 83 und Jauß, wie Anm. 19, S. 120.

Gustave Courbet, Die Steineklopfer von 1851

edlen, des Hässlichen und Lächerlichen in Zügen und Haltung der Anwesenden, eine Uebertreibung, welche in den Gestalten der zwei in ihrer scharlachrothen Amtstracht erscheinenden Schöppen oder Kirchendiener zur vollständigen Carrikatur ausartet.

Wäre dieses Bild in kleinerem Masstabe ausgeführt, hätte es nicht in der malerischen Behandlung das bedeutende Verdienst, das wir darin anerkennen müssen, so wäre es, trotz der nicht undeutlich darin ausgesprochenen Tendenz, unter hundert anderen Genrebildern unbemerkt, wenigstens unbesprochen geblieben; so aber fordert es die Kritik heraus, und ist dem hellsehenden Pariser Publikum die moralische Bedeutung dieser Darstellung nicht entgangen. In der That liegt das Absichtliche in der Wahl des Gegenstandes bei diesem wie bei allen anderen Gemälden Courbet's auf platter Hand; zu allermeist aber scheint mir in den kolossalen Verhältnissen, in denen dieser triviale Gegenstand behandelt ist, die Anmaassung ausgesprochen zu sein, nicht nur in den Gegenständen aus dem gemeinen Leben die g l e i c h e Berechtigung mit geschichtlichen und heroischen Stoffen einzuräumen, sondern vielmehr das V o l k vorzugsweise, wo nicht einzig und allein zum Gegenstande der künstlerischen Darstellung zu machen, somit das V o l k an die Stelle der entthronten Götter, Helden und Könige zu setzen. Und unter Volk ist hier nicht etwa die Gesammtheit der Staatsbürger verstanden, sondern ausschliesslich die niedrigste Klasse der Gesellschaft; die Art aber, wie der Künstler in seinen Bildern dieses Volk auffasst und darstellt, kann dem letztern selbst unmöglich schmeicheln, und ist sicher nicht geeignet, dem Künstler und seiner Weise von irgend einer Seite Sympathien zu erwecken, so dass er also, in Widerspruch mit sich selbst verwickelt, seinen Zweck offenbar verfehlen muss."

Die von Courbet beabsichtigte politische Provokation seiner Kunst wird von demselben Kritiker durchaus als solche wahrgenommen, wenn er über die *Steineklopfer* schreibt:

„Eine rein künstlerische Idee hat hier den Maler nicht geleitet, denn dieser Gegenstand ist nicht unbefangen und anspruchslos wiedergegeben, wie in ihrer Gutmüthigkeit Ostade und die Holländer einen solchen darzustellen im Stande gewesen wären, oder Velasquez in seinem schlichten und edlen Naturgefühl: es ist nicht der Reiz der malerischen Behandlung, ein schmeichelndes Spiel von Licht und Schatten, eine abendliche Stimmung oder dergleichen, was dem nichtssagenden Gegenstand Bedeutung verleiht: hier ist vielmehr Sinn und Bedeutung im Gegenstand selbst, und der Beschauer kann etwa folgende Lehre herauslesen: ‚Sehet, so muss in unsern gesellschaftlichen Verhältnissen der Arme, dem die bevorzugte Kaste der Unterdrücker seinen Antheil an den Genüssen des Lebens vorenthält, von der Wiege bis zum Grabe, mit gekrümmtem Rücken, im Sonnenbrand wie im Schneegestöber sein kümmerliches Dasein fristen'."[191]

Courbet selbst urteilt 1850:

„In unserer Gesellschaft, die so zivilisiert ist, muß ich notwendig das Leben eines Wilden führen. Ich muß mich selbst von den Regierungen frei machen. Das Volk genießt all meine Sympathie; es ist notwendig, daß ich mich direkt an dieses wende, daß ich all mein Wissen und meine Lebenskräfte aus ihm beziehe."[192]

Entsprechend äußert er ein Jahr später in einem berühmt gewordenen Brief an *Le Messager*, er sei

„nicht nur Sozialist, sondern auch Demokrat und Republikaner, mit einem Wort, Anhänger der gesamten Revolution. Vor allem aber bin ich Realist, das heißt ein ehrlicher Freund der vollen Wahrheit."[193]

---

191 Anonym, Pariser Kunstausstellung von 1850–51. Teil 2: Tendenz- und Revolutionsmaler, in: *Deutsches Kunstblatt* Bd. 2, 1851, S. 99.

192 Werner Hofmann (Hg.), Ausstellungs-Katalog *Courbet und Deutschland*, Hamburg 1978, S. 11.

193 Klaus Herding (Hg.), Realismus als Widerspruch. Die Wirklichkeit in Courbets Malerei, Frankfurt a. M. 1978, S. 198.

Courbet wird seinen politische Anschauungen, die ihn schon mit der Februarrevolution sympathisieren ließen, bis ins Alter treu bleiben und noch 1871 die Pariser Commune unterstützen.

Die Angriffe von Fétis auf Wagner und dessen Verteidigung durch Champfleury

Vor diesem Hintergrund muß man die Angriffe sehen, die François-Joseph Fétis ab dem Sommer 1852 in seiner *Revue et Gazette musicale* auf Wagner startet. Fétis, zu dieser Zeit Direktor des Brüsseler Conservatoire, war nicht nur ein bedeutender Musikhistoriker und Lexikograph, sondern auch ein erklärter Konservativer in Sachen Musik. 1827 hatte er die erste französische Musikzeitschrift von Dauer gegründet, die *Revue Musicale*, sie später seinem Sohn übergeben und schließlich ihre Fusion mit der *Gazette Musicale* mitverfolgen können. Die seit 1838 bestehende *Revue et Gazette musicale de Paris* nutzte er weidlich für seine Attacken unter anderem auf Berlioz und Wagner.

Tenor seiner Kritik ist: Wagner opfere auf dem Altar der dramaturgischen Wahrheit, welcher er zu huldigen vorgebe, die Schönheit der Musik:

„Was soll man zu diesem außerordentlichen Hochmut sagen, der die Höhen einer inspirierten Kunst nicht erklimmen kann, sich jedoch einbildet, ihre Grundlagen untergraben und auf den Trümmern das Gebäude einer systemfixierten und damit unmöglichen Kunst errichten zu können, die nur von einem kranken Hirn empfangen worden sein kann."[194]

---

194 „Que dire de cet orgueil exubérant, qui, ne pouvant gravir les hauteurs de l'art d'inspiration, imagine de les saper par le fondement, et de poser sur leurs débris les bases d'un art systématique, d'un art impossible, qui ne peut avoir été conçu que par un cerveau malade." (François-Joseph Fétis, Richard Wagner. Sa vie. – Son système de rénovation de l'opéra. – Ses oeuvres comme poète et comme musicien. – Son parti en Allemagne. – Appréciation de la valeur de ses idées, in: *Revue et Gazette musicale* 19, Nr. 18, 11. Juli 1852, S. 227).

Ausführlich behandelt Fétis Wagners revolutionäre Vergangenheit, stellt ihn als Schüler Proudhons[195] vor, bezeichnet ihn als Sympathisanten „kommunistischer und sozialistischer Theorien"[196] und erhebt warnend die Stimme:

> „Die Religion, der Staat, der Hof, die Bourgeoisie, die sozialen Einrichtungen, die Traditionen, die Formen der Kunst, der Geschmack und selbst Gott – nichts entkommt."[197]

Am Ende der Artikelfolge macht Fétis noch einmal den philosophischen Hintergrund Wagners deutlich: Dieser sei im Gefolge Auguste Comtes ein Anhänger des Positivismus – einer philosophischen Position, die damals mit der des Realismus vielfach gleichgesetzt wird,[198] er stehe in einer Linie mit Ludwig Feuerbach und Max Stirner, welche die Existenz Gottes leugnen. Fétis trifft seine Feststellungen natürlich nicht allein von hoher kunsttheoretischer Warte. Er hat vielmehr einen Richard Wagner vor Augen, der als Teilnehmer am Dresdner Mai-Aufstand in Sachsen auf Fahndungslisten steht, inzwischen in der Schweiz Asyl gefunden, aber dennoch keine „Ruhe" gegeben hat, vielmehr mit polarisierenden Schriften wie *Kunst und Revolution* aufwartet.

In Paris wird Wagner inzwischen expressis verbis mit Courbet verglichen – so von dem konservativ gesonnenen Musikliteraten Paul Scudo.[199] Fétis nimmt diesen Vergleich 1853 in einer neuen

---

195 Ebda., Nr. 25, 20. Juni 1852, S. 202.
196 „L'esprit révolutionnaire, qui rêve l'égalité absolue, ne veut pas qu'on lui oppose l'inégalité des facultés, éternel écueil de cette égalité impossible. De là ces théories communistes et socialistes, qui ne sont pas d'hier, mais que nous avons vu reproduire depuis peu sous différentes formes. Je ne suis pas étonné de trouver en M. Wagner des sympathies pour ces aberrations d'esprit." (ebda., S. 203).
197 *Revue et Gazette musicale de Paris*, 20. Juni 1852, S. 195.
198 Vgl. Elbert B. O. Borgerhoff, Realisme and Kindred Words: Their Use as Terms of Literary criticism in the first half of the Nineteenth Century, in: *Publications of the Modern Language Association of America* Bd. 53, 1938, S. 843.
199 Vgl. Paul (gelegentlich auch: Pierre) Scudo, Littérature musicale. Publications récentes en France, en Russie et en Allemagne, in: *Revue des deux mondes*, nouv. série, Bd. 15, 15. August 1852, S. 816: „En un mot, le système dont M. Wagner se croit l'inventeur est l'une des deux manifestations bien connues de l'esprit humain; il s'appelle tout simple-

Artikelfolge über Wagner auf: Dort fallen im Zusammenhang mit Wagner nunmehr ausdrücklich die Stichworte *réalité* und *Courbet* [200]. Seine allgemeine Klage über die Verderber der guten politischen und ästhetischen Sitten bringt Fétis alsbald auf den Punkt:

„Die schreckliche materialistische Doktrin, die seit einigen Jahren ihre Manifeste hervorgebracht hat und aktiv an der Auflösung der sozialen Bindungen arbeitet und ebenso an der Zerstörung jeden Glaubens, jeder idealen Konzeption, jeder Poesie der Seele – diese Doktrin bedroht nicht weniger die Kunst als die Sicherheit der menschlichen Art: Sie will, daß diese auf ein Niveau herabsinkt, das bezeichnet ist durch die Begriffe W a h r h e i t und R e a l i t ä t.“[201]

Wahrheit und Realität aber stehen für Fétis in direkter Opposition zu Schönheit und Form. Wo Kunst beginnt, um der Wahrheit willen mimetisch zu werden, hört sie auf, Kunst zu sein:

„Das S c h ö n e ist doch wohl der Gegenstand der Kunst, nicht das W a h r e. Folglich ist die Kunst nicht Nachahmung der Natur. Das macht deutlich, in welchem Maß sich Herr Courbet in der Richtung irrt, in die er die Malerei führen will: Seine S t e i n e k l o p f e r sind materiell gesehen wahr, aber sie erleiden die Konsequenzen ihrer Wahrheit: Sie sind häßlich im ganzen Sinn des Wortes.“[202]

---

ment le réalisme. Sauf la différence dans l'exécution, que nous ne pouvons pas apprécier, M. Wagner procède le même principe que M. Courbet, peintre français […].“ Scudos Angriffe gegen Berlioz, Liszt, Wagner und gelegentlich Schumannn hatten in Frankreich Gewicht, da sie auch innerhalb einiger Sammlungen seiner Kritiken erschienen.

200 François-Joseph Fétis, Lettres aux compositeurs dramatiques, in: *Revue et Gazette musicale* 20, Nr. 47 (20. Nov. 1853), S. 403, 404.

201 „L'effroyable doctrine matérialiste qui, depuis quelques années, a lancé son manifeste et travaille activement à la dissolution des liens sociaux, ainsi qu'à l'anéantissement de toute foi, de toute conception idéale, de toute poésie de l'âme, cette doctrine ne menace pas moins l'art que la sécurité de l'espèce humaine: elle veut le faire passer sous son niveau, qu'elle désigne par ces noms de vérité et de réalité.“

202 „Le beau est donc l'objet de l'art, et non le vrai. Donc l'art n'est pas l'imitation de la nature. Ceci doit faire comprendre jusqu'à quel point M. Courbet s'égare dans la direction où il voulait entraîner la peinture: ses casseurs de pierres sont vrais matériellement; mais ils subissent les conséquences de leur vérité: ils sont laids dans toute la signification du mot.“

Aus dem Kontext wird deutlich, daß diese den „dramatischen Komponisten" in Briefform vorgetragene Kritik vor allem auf Wagner gemünzt ist, der auch des öfteren bei Namen genannt wird.

Wagner nahm die Kritik von Fétis übrigens mit Ingrimm zur Kenntnis. Am 2. Juli 1852 schrieb er aus Zürich an den Freund Theodor Uhlig in Dresden:

> „Weißt Du denn etwas von den artikeln des *Fétis père* in der Gazette musicale über mich? Mir wurde hier davon gesagt, und ich traf nun auf dem Museum bereits 3 leitartikel ‚Richard Wagner' etc. etc. an, denen, wie es scheint, noch eine starke portion folgen wird. [...] Gegen einige der frechsten lügen wäre wohl ein ‚kleiner protest' schon jetzt nicht unpassend".[203]

Daß die Meinung von Fétis im französisch-wallonischen Raum zwar weit verbreitet, jedoch nicht unumstritten war, zeigt der Pressebericht über eine Aufführung der *Tannhäuser*-Ouvertüre in Liège im Jahr 1855. Der Rezensent Gustave Frédérix referiert getreulich, daß Wagner „Realismus" („le réalisme") und „Wahrheit" („la vérité") in der Kunst fordere, mag dies aber auf Grund seines positiven Höreindrucks nicht zu tadeln.[204]

Folgerichtig spottet Champfleury, der Pariser Literat und Theoretiker des Realismus, im September 1855 unter dem Titel *Sur M. Courbet. Lettre A Madame Sand:*

> „Wenn ich Ihnen diesen Brief schicke, Madame, dann ist es wegen der lebhaften Neugier, den Sie voll des guten Glaubens für eine Doktrin gezeigt haben, die von Tag zu Tag mehr Gestalt annimmt und die in allen Künsten ihre Vertreter hat. Ein deutscher hyperromantischer Musiker, Herr Wagner, dessen Werke man in Paris nicht kennt, ist in den *Gazettes musicales* von M. Fetis sehr schlecht behandelt worden, indem dieser den neuen Komponisten beschuldigt, vom R e a l i s m u s beschmutzt zu sein. Alle die, welche einige neue Sehnsüchte einbringen, werden R e a l i s t e n genannt. Man wird sicherlich realistische Mediziner sehen, realistische Chemiker, realistische Fabrikbesitzer, realistische Historiker. M. Courbet ist ein Realist, ich bin ein Realist:

203 Richard Wagner, Sämtliche Briefe, hg. v. Gertrud Strobel und Werner Wolf, Bd. 4, Leipzig 1979, S. 397.
204 Edmond Evenepoel, Le Wagnerisme hors d'Allemagne, Paris und Brüssel 1891, S. 37.

da die Kritiker es nun einmal sagen, lasse ich sie es sagen. Doch zu
meiner großen Schande gestehe ich, daß ich niemals das Buch mit
den Gesetzen studiert habe, die es dem ersten besten erlauben, realistische Werke zu produzieren.“[205]

Wie aus seinem fünf Jahre später erschienenen Wagner-Büchlein
hervorgeht, kennt Champfleury damals, d. h. vor seiner Teilnahme an der Pariser *Tannhäuser*-Aufführung, von Wagner
kaum mehr als den Namen:

> „Richard Wagner! Ich finde diesen Namen in irgend einem Winkel
> meines Gedächtnisses wieder und erinnere mich, dass ein akademi-
> scher Kritiker, Herr Fétis der Vater, aus Brüssel, van Fétis, ein
> Bücherwurm, ein unbedeutender Commentator und Biographien-
> Schneider, irgendwo Wagner, den ‚Courbet der Musik‘ genannt hat.
> Wie leicht zu erraten, beabsichtigte der flämische Kritiker mit die-
> ser Bezeichnung einen Tadel, über dessen Sinn ich lange nachge-
> dacht habe […] Zu den Anstrengungen der Neider welche die Ent-
> wicklung des Meisters [Courbet] gern verhindert hätten, kam noch
> der Vorwurf des ‚Realismus‘, und mit diesem Vorwurf als dem spe-
> cifischen Merkmal der ‚Zukunftsmusik‘, war der Spott der Gegner
> bemüht, auch Richard Wagner zu verunglimpfen.“[206]

Neigung zu einem „*Realismus in der Musik* in der schlechten Bedeutung des Wortes“ ist Wagner nach Auffassung Champfleurys

---

205 Zitiert nach seinem Buch Le Réalisme, Paris 1857, S. 272. Das fran-
     zösische Original lautet: „Si je vous adresse cette lettre, madame, c’est
     pour la vive curiosité pleine de bonne foi que vous avez montrée pour
     une doctrine qui prend corps de jour en jour et qui a ses représentants
     dans tous les arts. Un musicien allemand hyperromantique, M. Wag-
     ner, dont on ne connaît pas les oeuvres à Paris, a été vivement mal-
     traité, dans les gazettes musicales, par M. Fétis, qui accuse le nouveau
     compositeur d’être entaché de r é a l i s m e . Tous ceux qui apportent
     quelques aspirations nouvelles sont dits r é a l i s t e s . On verra certai-
     nement des médecins réalistes, des chimistes réalistes, des manufactu-
     riers réalistes, des historiens réalistes. M. Courbet est un réaliste, je suis
     un réaliste: puisque les critiques le disent, je les laisse dire. Mais, à ma
     grande honte, j’avoue n’avoir jamais étudié le code qui contient les lois
     à l’aide desquelles il est permis au premier venu de produire des oeuv-
     res réalistes.“
206 Champfleury (= J.-F.-F. Husson), Richard Wagner, Paris 1860,
     deutsch unter dem Titel Richard Wagner in Paris, Leipzig 1860, dort
     S. 5 f.

sicherlich nicht zu unterstellen, denn von einem „vernunftswid-
rigen Übergreifen einer Kunst in die andere" im Sinne übertriebener Tonmalerei kann bei ihm keine Rede sein.[207] Hingegen
ist „jede seiner Opern ein entzückender Hauch jener *Zukunftsmusik*, von welcher die Thoren und Leichtfertigen gesprochen,
ohne sie zu kennen".[208]

Daß Champfleurys Äußerungen zum Thema „Realismus und
Musik" im übrigen vage bleiben, hat seinen Grund nicht nur
darin, daß ihm der Terminus „Realismus" nicht viel bedeutet.
Vielmehr ist den Anhängern des Realismus das Thema „Musik"
überhaupt zweitrangig: Bestenfalls werden − auch von Courbet
selbst − Volkslieder als „realistische Musik" angesehen.[209]

Gleichwohl ist Champfleurys Intervention zugunsten Wagners rezeptionsgeschichtlich nicht uninteressant: Sie macht einmal mehr deutlich, daß man damals „Zukunftsmusik" gleichsam
als die musikalische Spielart des Realismus ansah, beide Termini
jedoch primär negativ konnotierte.[210]

„Zukunftsmusik" und „Realismus"
als Negativ-Etikettierungen
vor allem der *Niederrheinischen Musik-Zeitung*

Als Champfleury in seiner Schrift von 1860 von „Zukunftsmusik" sprach, griff er einen Terminus auf, an dessen Verbreitung
in Deutschland Ludwig Bischoff wesentlichen Anteil hatte. Als
Schriftsteller, Kritiker und Übersetzer viele Jahres seines Lebens
in Köln wirkend, rief Bischoff 1850 die *Rheinische Musikzeitung*
und 1853 die bedeutendere *Niederrheinische Musik-Zeitung* ins
Leben und benutzte vor allem die letztere als Kampfblatt gegen
die neudeutsche Musik und deren Organ, die *Neue Zeitschrift für
Musik*, deren Schriftleitung Franz Brendel als Nachfolger Robert

---

207   Ebda., S. 10.
208   Ebda., S. 16.
209   Vgl. Emile Bouvier, La Bataille Réaliste, 2. Aufl., Genf 1973, S. 165 ff.
210   Ein Reflex der Pariser Wagner-Debatte ist ein kurzer Essay von Paul
      Lacome, Du réalisme musical, in: *L'Art musical* Jg. 6, 1866, S. 235 f.

Schumanns Ende des Jahres 1844 übernommen hatte. Richard
Wagner hat in seinem *Lettre à Hector Berlioz*, der am 22. Februar
1860 im *Journal de Débats* erschien,[211] demgemäß Bischoff zum
Urheber der pejorativ gemeinten Charakterisierung „Zukunftsmusiker" gestempelt.

Doch damit beging er – vielleicht nicht ganz absichtslos –
einen Irrtum. Denn der Begriff stammte aus Frankreich. Dort
war die Vorstellung einer „musique de l'avenir" im Kontext ge-
schichtsphilosophischer Systeme entstanden, „welche die Fusion
von Vokal- und Instrumentalmusik zum Telos der kulturgeschichtlichen Entwicklung erklärten".[212] Es waren Sozial-Uto-
pisten, vor allem die Saint-Simonisten, die „von einem umfassenden, religiös geprägten Gesamtkunstwerk träumten";[213] und
es ist nicht ausgeschlossen, daß Wagner im Jahr 1850 den Titel
seiner Schrift *Das Kunstwerk der Zukunft* durchaus in Anlehnung
an solche, ihm damals höchst sympathische Ideen formuliert
hatte. Zehn Jahre später, als er den Parisern in mehreren Kon-
zerten seine Werke vorstellte, war es ihm freilich nicht sonder-
lich lieb, an seine eigene revolutionäre Vergangenheit erinnert
zu werden, und deshalb wies er in dem offenen Brief an Berlioz
dessen gar nicht unbedingt kritisch gemeinte Etikettierung als
Zukunftsmusiker zurück.

Auch in Deutschland war der Terminus „Zukunftsmusik"
von vornherein politisch konnotiert. Als erster verwandte ihn
nach heutiger Quellenkenntnis Johann Christian Lobe innerhalb
eines Briefes über *Politische Musik*, der den im März 1852 erschienenen *Musikalischen Briefen* angehörte.[214] Noch im gleichen
Jahr erfolgte dann die konkrete Anwendung auf Wagner: In der
Rheinischen Musikzeitung vom 4. Dezember 1852 berichtete
August Ferdinand Riccius von einem neu erscheinenden Buch

---

211 Wagner, Ein Brief an Hector Berlioz, Bd. 7, S. 82–86.
212 Matthias Brzoska, Richard Wagners französische Wurzeln ossia
     Warum Wagner kein Zukunftsmusiker sein wollte, in: Von Wagner
     zum Wagnérisme. Musik, Literatur, Kunst, Politik, hg. v. Annegret
     Fauser und Manuela Schwartz, Leipzig 1999, S. 41.
213 Ebda. S. 42.
214 Christa Jost und Peter Jost, „Zukunftsmusik". Zur Geschichte eines
     Begriffs, in: Musiktheorie, Jg. 10, 1995, S. 121.

Friedrich Wiecks, in dem dieser „Vertreter der Zukunftmusik"
wie Richard Wagner kritisiere, welche sich „wie Missionäre ge-
berdeten".[215] Ein Jahr später taucht der Terminus in der *Niederrheinischen Musik-Zeitung* auf: Für den ungenannten Brüsseler
Korrespondenten, hinter dem man Fétis persönlich vermuten
möchte, ist die *Tannhäuser*-Ouverture eine „Musik der Zukunft". In derselben Ausgabe wendet sich auch Bischoff selbst
gegen die „Kunstwerkmeister der Zukunft". Im April 1854 bedient sich Eduard Krüger des Terminus in einer kritischen Wendung gegen Wagner und seine „poetisch-recitativisch-opern-
hafte Kunstform".[216]

Kurz darauf verwendet man den Terminus „Zukunftsmusik"
parallel, fast synonym mit dem des „Realismus". So charakteri-
siert der mit „B.P." unterzeichnende Pariser Korrespondent der
Niederrheinischen Musik-Zeitung im Dezember 1854 die Musik
von Berlioz, speziell das Oratorium *L'Enfance du Christ*, als die

> „realistische" Richtung der neuesten Tonkunst, die „für die Musik
> die Rechte der Plastik und Malerei in Anspruch nimmt und das Ob-
> jekt der Tonkunst nicht mehr in der Tiefe des Gemüths und der
> Empfindung sucht, sondern es von der Oberfläche des realen Lebens
> schöpft und an die Stelle eines idealen Tongemäldes die kleinliche
> Copie der wirklichen Natur setzt".[217]

Ludwig Bischoff schließt seine im Februar 1855 erscheinende
Rezension von Eduard Hanslicks Schrift *Vom Musikalisch-Schönen* mit den Sätzen:

> Hanslicks „Schrift ist uns ein Zeichen des Auflebens der tonkünst-
> lerischen Vernunft gegen die wissenschaftliche Unmündigkeit und
> den faselnden Unsinn der Scharwächter der realistischen Propa-
> ganda: wir begrüssen dieses Morgenroth mit freudigem Zurufe!"[218]

In einem im April 1855 erschienenen Aufsatz *Sonderliche Gedanken
über die letzten Zeiten* spricht Eduard Krüger nicht von Realismus,
jedoch von der Darstellung „schmerzhafter Wirklichkeit": Als

---

215   Ebda., S. 120.
216   *Niederrheinische Musik-Zeitung* Jg. 2, Nr. 16 (22. April 1854), S. 122.
217   Ebda., Nr. 52 (30. Dezember 1854), S. 409.
218   Ebda., Jg. 3, Nr. 10 (10. März 1855), S. 75.

„bare Charakteristik" gehöre diese „ins Hospital, nicht ins ver-
klärte Bildwesen". Zugleich wird die politische Dimension seiner
Kritik an den Neudeutschen deutlich: „Politische Parteiung
macht sich seit einigen Jahren auch in der Kunst geltend", so lautet der einleitende Satz, dem einige schadenfrohe Bemerkungen
über das Scheitern der Revolution von 1848 folgen.

Auch in anderen Beiträgen zur *Niederrheinischen Musik-Zeitung*, die gegen die Neudeutschen als „Zukunftsmusiker" und
Anhänger des „Realismus" polemisieren, fehlt es nicht an konkreten politischen Etikettierungen. So nennt Eduard Krüger in
seinem Beitrag *Ueber Musik-Literatur* vom im April 1854 Wagner
nicht nur spöttisch einen „Ritter vom Geiste der Zukunft",[219]
sondern zugleich einen Barrikaden-Kämpfer. In seinem im gleichen Monat unter dem Pseudonym „Dixi" geschriebenen Beitrag *Heutige Kunstzustände* bezeichnet Krüger Richard Wagner als
„hochmütigen Spekulanten der Zukunft", „Sozial-Demokra-
ten" und „Sozialisten"; ausdrücklich übt er an „einem demokratischen Lieblingswort wie *Jetztzeit*" Kritik.

Mehr an der Musik bleibt Albert Hahn, wenn er in einem
Beitrag für die *Neue Zeitschrift für Musik* aus dem Jahre 1856 angesichts des *Tannhäusers* „einen sehr kurzsichtigen Realismus"
Wagners tadelt, der darin bestehe, daß er den „extatischen Erhe-
bungen bei den einzelnen Worten *Begeist'rung* und *Wonnegesang*"
die plausible Darstellung der Grundstimmung opfere.[220]

Schon fast abgeklärt wirkt demgegenüber Eduard Krügers
Rede von einer „modern realistischen Romantik" im *System der
Tonkunst* von 1866.[221] Innerhalb einer Erörterung über das Re-
zitativ tadelt der Autor, ohne Wagner bei Namen zu nennen, die
von einer solchen modern realistischen Romantik propagierte
Vermischung „wirklichen Sprechens" mit „wirklichem Gesange". Immerhin hat damit durch die Hintertür eine Epochenbezeichnung oder zumindest eine Stilcharakteristik Eingang in
den Diskurs gefunden, die Generationen später immer wieder in
musikgeschichtlichen Darstellungen auftauchen wird.

---

219   Ebda., Jg. 2, Nr. 13 (1. April 1854), S. 99.
220   Albert Hahn, Der Tannhäuser in Berlin, in: *NZfM* Bd. 44, 1856, S. 117.
221   Eduard Krüger, System der Tonkunst, Leipzig 1866, S. 236.

Der in Berlin tätige Sänger, Musikästhetiker und -kritiker
Gustav Engel kann keinesfalls als ein Konservativer, schon gar
nicht als Parteigänger der *Niederrheinischen Musik-Zeitung* betrachtet werden. Angesichts seiner Skepsis gegenüber realistischen Tendenzen in der Musik passen seine 1860 erschienenen
Äußerungen *Ueber Idealismus und Realismus in der Musik* jedoch
gut zu der zeitgemäßen Vorstellung eines Realidealismus:

> „Betrachten wir im Allgemeinen den Zustand der neuen Musik, so
> sehen wir den Realismus überhand nehmen. Wie in der ersten Peri-
> ode unserer Kunst der Formalismus herrschte, so scheint jetzt Alles
> dem entgegengesetzten Pol zuzustreben. Indem man die Instrumen-
> tation über den musikalischen Gedanken, das Dramatische und Cha-
> rakteristische über das Schöne, das Originelle über das Natürliche
> stellt, ergibt man sich mehr und mehr den dunklen Mächten, welche
> die Kunst zur rohen Wirklichkeit hinabziehen."

> „Von Richard Wagner würde man behaupten müssen, daß er
> vollkommener Realist sei, wenn nicht eine eigenthümliche theore-
> tische Schrulle über die Entstehung der Melodie aus dem Wort-
> accent ihn hinderte, es überhaupt zu einer ausdrucksvollen Ge-
> sangsmelodie zu bringen. So kommt es aber, daß seine Musik einen
> eigenthümlich gemischten Eindruck hervorbringt, indem sie hie
> und da durch starke realistische Züge, namentlich in der Instru-
> mentation, überrascht, im ganzen aber einförmig und farblos ver-
> läuft."[222]

Engel, der sich die Aufhebung von Formalismus und Realismus
auf der höheren Ebene eines musikalischen Idealismus wünscht,
argumentiert nicht nur historisch, sondern auch systematisch.
Gleichwohl ist sein Beitrag ein wichtiger Beleg für die Selbstver-
ständlichkeit, mit der die Musikästhetiker nach der Jahrhundert-
mitte am Diskurs „Realismus" teilnahmen.

Die in diesem Abschnitt dokumentierte Gleichsetzung von
„Zukunftsmusik" und „Realismus" durch die Richard Wagner
feindlich gesonnene Kritikerfraktion ist nur auf den ersten Blick
befremdlich. Jeder der beiden Termini akzentuiert vom Wortsinn her eine von zwei Seiten derselben Sache. Als Zukunftsmu-

---

222 Gustav Engel, Ueber Idealismus und Realismus in der Musik, in:
Deutsche Musik-Zeitung Jg. 1, 22. September 1860, S. 307 f.

siker wurden diejenigen abgestempelt, die mit der Gegenwart politisch und künstlerisch nicht zufrieden waren und sich ‚alles anders' wünschten. Indem Wagner als Kunstwerk der Zukunft das Gesamtkunstwerk propagierte, beschwor er eine politische Utopie, die mit den Idealen des Sozialismus engstens verknüpft ist: Die Kunst soll nicht länger Privateigentum und Privatsaches ein, sondern zu einer Kunstreligion heranreifen, die allen gehört und von allen gemeinsam ausgeübt wird.

Da drohen Umsturz und Umwertung aller Werte. Daß eine solche Umwertung bereits begonnen hat, wird mit dem Schlagwort „Realismus" beschworen: „Realistisch" denkenden Komponisten sorgen sich nicht länger um eine selbstbezügliche Schönheit der Musik, sondern um deren Fähigkeit, in einem jeweils vorgegebenen Kontext „charakteristisch" zu sein und das eigene Material in den Dienst solcher Charakteristik zu stellen.

Dem Widerstand gegen diese „neuen" Aufgaben wird einerseits ein manifestes Geschmacksurteil zugrundegelegen haben. Wer zum Beispiel das *Rheingold* hört, ohne sich für die Konzeption des *Rings* insgesamt zu engagieren, mag sich bei dieser „poetisch–recitativisch–opernhaften Kunstform" mit den beiden Eduards – Krüger und Hanslick – in der Tat langweilen.[223] Andererseits liegt eine immanent politische Argumentation vor: Kunst, die reine Schönheit ausstrahlt, tröstet über die unvollkommene Wirklichkeit hinweg, versetzt in eine höhere Welt und dient damit dem *status quo*. Kunst, welche die Rezipienten – auch – mit der Häßlichkeit und Unvollkommenheit der Welt konfrontiert, lädt dazu ein, diese Welt zu verändern.

Vermutlich haben die Kritiker die Wirkungskraft einer dergestalt als gesellschaftskritisch verstandenen Kunst – wie zu allen Zeiten – überschätzt: Was den Profis als Pfahl im Fleisch erschien, konnten sich die Laien meist in ihrem Sinne zurechthören. Doch davon unabhängig ist die Feststellung, daß in dem entsprechenden Diskurs Themen zur Sprache gekommen sind, die bis auf den heutigen Tag aktuell sind. Freilich verwundert es

---

223 Zu Krüger siehe oben, S. 105, zu Eduard Hanslick, Die moderne Oper, Berlin 1875, S. 310 f.

nicht, daß die angegriffenen Künstler ihrerseits nicht unbedingt
glücklich darüber waren, zu bloßen Agitatoren gestempelt zu
werden. So nahmen sie, wie im folgenden dargestellt, ihrerseits
Zuflucht zu der Bezeichnung „Realidealismus": Fast jeder
Künstler möchte die Wunde, die er schlägt, auch wieder heilen.

Der „Realidealismus" der *Grenzboten*

In der Literaturzeitschrift *Die Grenzboten*, welche ab 1848 mit
dem programmatischen Untertitel *Zeitschrift für Literatur und Politik* erscheinen, wird in den fünfziger Jahren, namentlich durch
Julian Schmidt, das Prinzip Realismus programmatisch und of-
fensiv vertreten. Eine von Realismus bestimmte Nationallitera-
tur soll dazu beitragen, den Menschen die Augen für die Anforderungen der modernen bürgerlichen Gesellschaft zu öffnen.
Dabei ist das Scheitern der bürgerlichen Revolution von
1848/49 bereits „verarbeitet". In seiner *Geschichte der deutschen Literatur im 19. Jahrhundert* fordert Julian Schmidt, Herausgeber der
Grenzboten, die Dichter demgemäß zwar auf, „den Zusammenhang der Welt realistisch, selbst materialistisch aufzufassen",
empfiehlt aber zugleich Nüchternheit:

> „Die furchtbare Erschütterung des Jahres 1848 – furchtbar, weil sie
> mit unerbittlichem Ernst die schönsten Illusionen zerschlagen hat –
> wird heilsam auf die Nerven unserer Dichter wirken [...] Die Par-
> teien zerschlagen den unfruchtbaren Eigensinn des einzelnen, sie
> gewöhnen ihn an die Idee des Opfers, sie halten ihn in der Zweck-
> tätigkeit fest."[224]

Gerhard Plumpe sieht im literarischen Realismus die Kompensa-
tion des politischen Realismus: Der Literatur wird die Aufgabe
zuteil, „gerade angesichts einer als ‚undurchsichtig', ‚abstrakt'
oder ‚diffus' erfahrenen Lebenswirklichkeit die Möglichkeit einer
harmonischen und in der Realität wiedererkennbaren Ordnung
zu vergegenwärtigen".[225] Konkreter gesagt: Dem literarischen

---

224　Julian Schmidt, Geschichte der Deutschen Literatur im 19. Jahrhun-
　　dert, 2. Aufl., Bd. 3, Leipzig 1855, S. 126 u. 379.
225　Plumpe (Hg.), wie Anm. 10, S. 16.

Realismus geht es zwar – in einer Formulierung Theodor Fontanes aus dem Jahr 1852 – um „Widerspiegelung alles wirklichen Lebens […] im Elemente der Kunst",[226] doch ist damit keineswegs ein naturalistisches Abbilden gemeint, sondern die „Verklärung" der Wirklichkeit – nach Plumpe „eine Kompetenz, die in erster Linie die Kunst des Weglassenkönnens, Ausblendens, Nichtsehenwollens ist, wenn es um Aspekte der Wirklichkeit geht, die als ‚schöne' nicht in Frage kommen".[227]

Gleichwohl ist bemerkenswert, wie engagiert diskutiert und wie selbstverständlich die von der Romantik gehätschelte Musik nunmehr auf den Prüfstand gestellt wird. Immer wieder gibt es Beiträge, die sich mit der gesellschaftlichen Rolle tonangebender Komponisten aus den unterschiedlichen Lagern – vor allem Meyerbeer, Schumann und Wagner – beschäftigen. In einem 1850 erscheinenden Artikel über Robert Schumann wird von dem ungenannten Autor des langen und breiten nachgezeichnet, daß sich der junge Schumann „in romantische Schwärmereien stürzte, daß er als ächter Romantiker sich in seinen ersten Werken zu Formlosigkeiten hinreißen ließ, welche ihn lange Zeit hindurch als einen unklaren Kopf gelten machten". Indessen „ist deutlich wahrzunehmen, wie er sich immer mehr und mehr aus den romantischen Nebeln herausfindet". Zwar ist dieser Läuterungsprozeß keineswegs abgeschlossen und Schumann noch längst nicht mit dem leider zu früh verstorbenen Klassizisten Mendelssohn zu vergleichen; doch sind seine Werke immerhin „im Allgemeinen dem Dilettanten jetzt verständlicher geworden".[228]

Von „Realismus" ist im Blick auf Schumann in den *Grenzboten* nicht die Rede. Dieser Terminus spielt erst bei der Bewertung Richard Wagners eine Rolle. Schon 1851 bemerkt der anonyme Autor eines ausführlichen, nicht kenntnislosen, aber etwas

---

226 Zitiert nach: Bürgerlicher Realismus und Gründerzeit 1848–1890, hg. v. Edward McInnes und Gerhard Plumpe, München 1996 (Hansers Sozialgeschichte der deutschen Literatur vom 16. Jahrhundert bis zur Gegenwart. Bd. 6), S. 49.

227 Ebda., S. 53.

228 Anonym, Robert Schumann, in: *Die Grenzboten* Jg. 10, Bd. 3/1850, S. 491 f.

kleingeistigen Artikels mit dem Titel *Richard Wagner* lapidar,
Wagner vergesse, daß „der dramatische Realismus und der musikalische Idealismus Dinge sind, die in ihrer höchsten Ausbildung einander ausschließen".[229] Denn „eine wirkliche Kunst
muß das wirkliche Leben begreifen, erwärmen, und verklären;
der transcendente Heiligenschein reift für die Erde keine
Frucht" – so heißt es programmatisch.[230]

An diesem Fall läßt sich übrigens noch einmal demonstrieren,
daß nicht nur Schumann genau zur Kenntnis nahm, was über
ihn geschrieben wurde, sondern auch Richard Wagner. Am
23. Juli 1851 nämlich widmete er dem jungen Schweizer Musiker Robert Radecke ein Erinnerungsblatt mit dem Walküren-
Thema „Nach Sünden wir ziehen …" und bemerkte dazu:
„Nehmen Sie diesen altfränkischen Vers aus den Zeiten der
Grenzboten zum Andenken".[231] Das war eine direkte Anspielung
auf den *Grenzboten*-Autor, der geschrieben hatte:

> „In einem noch ungedruckten Stück von Wagner, Siegfried's Tod, in
> kurzen allitterirenden Versen, nach Art der nordischen Verse, spricht
> sich dieses Talent eben so entschieden aus, wie die Verirrung der
> Richtung. Eine feierliche, würdige und selbst poetische Haltung, die
> aber auf Reminiscenzen, nicht allein aus dem Inhalt längst verklun-
> gener Mythen, sondern auch aus den altfränkischen Formen dersel-
> ben, beruht, kann eine concrete und lebendige Gestaltung nicht er-
> setzen."[232]

Spöttisch deutet Wagner an, daß die „Zeiten der *Grenzboten*",
die seine Dichtung altfränkisch nennen, längst vorbei sein werden, wenn sein Werk am Horizont gerade erst aufgestiegen ist.

Vermutlich ohne Kenntnis der *Ring*-Dichtung diskutiert
Julian Schmidt die Frage, ob sich Stoffe seiner Bühnenwerke
vor dem Horizont einer realistischen Literaturkritik behaupten
können – gleichfalls mit negativem Ergebnis. In einem 1856 er-

---

229 *Die Grenzboten* Jg. 10, Bd. 2/1851, S. 404.
230 Ebda., S. 415.
231 Richard Wagner, Dokumente zur Entstehungsgeschichte des Büh-
     nenfestspiels Der Ring des Nibelungen (Sämtliche Werke, Bd. 29, I),
     Mainz 1976, S. 46.
232 *Die Grenzboten* Jg. 10, Bd. 2/1851, S. 414.

schienenen Artikel mit dem Titel *Der neueste englische Roman und das Prinzip des Realismus* heißt es:

> „Unter den neuesten Stichwörtern ist eins der beliebtesten das Prinzip des Realismus." Versteht man darunter „ein mit den höchsten Mitteln der Technik ausgeführtes Portrait der Wirklichkeit", „so kann man der sogenannten Zukunftsmusik mittelbar eine ähnliche Tendenz nachweisen; in ihren Motiven ist sie zwar außerordentlich spiritualistisch, aber die Mittel, die sie anwendet, und das ist zuletzt bei der Kunst doch die Hauptsache, beruhen ganz und gar auf einer materialistischen Charakteristik, und nur aus dieser Seite ihres Talents geht der große Eindruck hervor, den sie bei dem Volk hervorbringt: es freut sich an der deutlichen, ja die Wirklichkeit überbietenden Malerei Richard Wagners, nicht an seinen hochromantischen Sujets."[233]

Wir erinnern uns, daß bereits Fétis von Wagners „Materialismus" gesprochen, den letzteren allerdings als eine „schreckliche Doktrin" bezeichnet hatte, welche „an der Zerstörung jeden Glaubens, jeder idealen Konzeption, jeder Poesie der Seele" arbeite. Schmidt verwendet den Terminus mit durchaus wohlwollendem Unterton. In beiden Fällen ist der Terminus „Materialismus" jedoch keineswegs beliebig gewählt, vielmehr im Rekurs auf allgemeine zeitgenössische Vorstellungen: Ein Jahr vor Schmidts Äußerung, nämlich 1855, hatte Ludwig Büchner – ein Bruder Georg Büchners – mit seinem Buch *Kraft und Stoff* ein philosophisches Werk erscheinen lassen, das bis zum Ende des Jahrhunderts etwa zwanzig Auflagen erzielte, in viele Sprachen übersetzt wurde und eine Art Bibel des Vulgärmaterialismus war. Auch wenn es dem heutigen Leser angesichts vieler hanebüchener Trugschlüsse schaudert, ist Büchners Werk ein eindrucksvolles Zeitdokument für das Ausmaß des Überdrusses an dekadentem, blutlos „idealistischem" Philosophieren; denn Büchner erklärt alles aus einem Zusammenwirken von „Kräften", die den „Stoffen" innewohnen. Auch die Wirkungen von Musik konnte man sich in diesem Sinne als stoffliche Kräfte vorstellen, die unmittelbar auf die Nerven wirkten – oder auf die Nerven gingen. Man versteht, daß solche mechanistischen

---

[233] *Die Grenzboten* Jg. 15, Bd. 4/1856, S. 467.

Vorstellungen „Idealisten" wie Fétis ein Graus waren, während sie von den Verfechtern des *Grenzboten*-Realismus mit Interesse registriert wurden.

Als Julian Schmidt von Wagners „materialistischer Charakteristik" sprach, existierte der *Ring* noch nicht, und es standen ihm weder das Rheingold-Motiv der Trompete noch das Walhall-Motiv der Tuben als Anschauungsmodelle für „reinen" – reinen? – Materialeinsatz zur Verfügung. Und trotzdem spürte er etwas von einer neuen Haltung. Natürlich begann alles viel früher: mit der Musik der französischen Revolution und in deren Gefolge noch einmal mit Beethoven, der spätestens im Finale der *Fünften* eine Spezialbatterie zur Verstärkung ins Feld schickte: drei Posaunen, Piccoloflöte und Kontrafagott. Und natürlich endete es nicht mit Wagner; vor allem bei Strauss und Mahler, einem ansonsten sehr ungleichen Paar, gehen die Materialschlachten weiter. Doch gerade an diesem Punkt zeigt die Diskurstheorie, was sie leistet: Der Realismus-Diskurs bündelt und zentriert Sichtweisen, die leicht unterdrückt oder als marginal angesehen werden.

Hätte Carl Dahlhaus dort hingeschaut, so wäre ihm in seinem Artikel „Neuromantik" nicht der Gedanke gekommen, daß „die musikalische Romantik um 1900 aus geschichtlicher K o n t i n u i t ä t" herausgewachsen sei.[234] W e n n Adorno in seinem *Versuch über Wagner* an der Musik Wagners Richtiges beobachtet hat, dann ihren „metaphysischen Zerfall".[235] Man muß den Konflikt zwischen romantischen und positivistischen Elementen und die Verquickung von ‚alter' Kunstmetaphysik und ‚neuer' Kulturindustrie nicht ideologiekritisch gegen Wagner wenden, um die Widersprüche gleichwohl zu registrieren und Zweifel an der Vorstellung zu üben, das Kunstideal der Frühromantik habe sich in der Musik als schierer Gegenwelt zum andernorts herrschenden Positivismus bis zum Ende des 19. Jahrhundert kontinuierlich fortgepflanzt.

---

234   Carl Dahlhaus, Artikel „Neuromantik" in: Hans Heinrich Eggebrecht (Hg.), Handwörterbuch der musikalischen Terminologie (in Lieferungen), Wiesbaden 1973, S. 6.

235   Richard Klein, Solidarität mit Metaphysik? Ein Versuch über die musikphilosophische Problematik der Wagner-Kritik Theodor W. Adornos, Würzburg 1991, S. 291.

*L'ECLIPSE, ein satirisches Blatt aus Paris, geißelt im Jahr 1869 Richard Wag-
ner als einen die Ohren malträtierenden Zukunftsmusiker und macht damit die
unmittelbar materielle Gewalt der Musik sinnfällig. – Das Umschlagbild dieses
Buches mit Berlioz als Zukunftsmusiker geht in dieselbe Richtung.*

Doch zurück zu den *Grenzboten*. Deren Sympathie für Wagners Materialismus erweist sich als rückläufig. Innerhalb eines ungezeichneten Berichts *Der Tannhäuser in Berlin* geben sie noch im gleichen Jahr kund, Wagner komme „auf dem Wege der Reflexion beim reinsten Naturalismus an".[236] Zugleich wird seine Botschaft als illusionistisch bezeichnet:

> „Das Moment des Illusorischen, fälschlich Idealismus genannt, tritt in der Kunst ebenso bestimmt und unterscheidbar auf wie in der Politik, und Wagners musikalische Deklamation hat eine auffallende Wahlverwandtschaft mit den Deklamationen der politischen Idealisten; sie ist ebenso nebelhaft, ebenso träumerisch als die Visionen jener Projektemacher, die [im Zuge der Revolution von 1848] aus der krankhaften Übertreibung unserer philosophischen Spekulation hervorgingen. Die wahre Kunst geht aus dem Können hervor, aus einer von überquellender Realität erfüllten Seele; die falsche Kunst entspringt aus der Reflexion über die Kunst, die nach einer phantastischen Realität sucht, um sie darzustellen, aber anstatt der leibhaftigen Helena nur ein Schattenbild umarmt."[237]

Noch weniger können die *Grenzboten* freilich mit Meyerbeer anfangen. Angesichts des Bombasts seiner Opernkunst heißt es:

> „Es ist mit niemand zu rechten, wenn er die süße Trunkenheit eines Paul Veronese dem einfachen Wesen Raphaels vorzieht, ein solcher Vorgang läßt sich begreifen. Aber es muß eben Paul Veronese sein und nicht Courbet. [...] Der Realismus muß sich auch künstlerisch bethätigen, soll er anders zum Kunstwerke werden. Triviale Anschauung des Lebens und der Natur aber macht noch nicht Naturtreue und noch weniger künstlerische Wahrheit aus."[238]

Vergleichbare Kritik erfährt Hector Berlioz, über dessen Leipziger Konzerte im Jahr 1853 (vgl. S. 134 f.) die *Grenzboten* immerhin ausführlich berichten. Zwar sagt dem anonymen Kritiker – es ist Otto Jahn – zu, daß zumindest die *Harold*-Sinfonie weder sub-

---

236   *Die Grenzboten* Jg. 15, Bd. 1/1856, S. 181.
237   Ebda., S. 191.
238   Anonym, Meyerbeers neue Oper [*L' Étoile du Nord*], in: *Die Grenzboten* Jg. 13, Bd. 2/1854, S. 20.

jektivistisch noch monströs ist, sondern *impressions de voyage* in Musik setzt – also Reiseeindrücke, was dem Realismus allemal besser gefällt als zuviel Innenschau. Doch fehlt auch hier der Sinn für das große Ganze:

> „Allerdings sind charakteristische Züge fein beobachtet und der [italienischen Volksmusik] geschickt nachgeahmt, aber es sind auch hier nur Einzelheiten wiedergegeben, und zwar solche, die in irgendeiner Weise als barock auffallen, aus denen nur eine Caricatur entstehen kann. Eine freie künstlerische Darstellung des italienischen Volkes in seinem musikalischen Leben müßte tiefer gehen als auf äußerliche Eigenheiten, und doch würde auch das immer wesentlich nur Reproduction bleiben, eine Art Genredarstellung, die in der Musik ungleich untergeordneter ist als in der Malerei."[239]

Dem Autor ist des Malerischen bis hin zum Pittoresken zu viel; das ist nicht jener Realidealismus, welchen die *Grenzboten* auf ihre Fahnen geschrieben haben. Vermutlich hätte er diesen in der oben ausführlich besprochenen *Rheinischen Sinfonie* von Schumann gefunden; doch diese findet in den *Grenzboten* keine Erwähnung – Zickzackwege des Diskurses.

Die „Neudeutschen" als Propagandisten des Fortschritts

Wie die Realismus-Diskussion der *Grenzboten* ist auch diejenige der „Neudeutschen" ohne die Revolution von 1848/49 nicht denkbar. Zunächst gibt diese dem progressiven Lager enormen Auftrieb. Nach ihrem Scheitern macht sie eine Neubesinnung notwendig, an deren Ende – zumindest was Franz Brendel angeht – die Formulierung eines „neudeutschen" Programms steht.[240] Bereits in seinem Leitartikel zu Beginn des Jahres 1850

---

239 Anonym, Hector Berlioz in Leipzig, in: *Die Grenzboten* Jg. 12, Bd. 4/ 1853, S. 490 f.

240 Vgl. Robert Determann, Begriff und Ästhetik der „Neudeutschen Schule". Ein Beitrag zur Musikgeschichte des 19. Jahrhunderts, Baden-Baden 1989 (Sammlung musikwissenschaftlicher Abhandlungen, Bd. 81).

äußert sich Brendel angesichts der gescheiterten Revolution sehr skeptisch über die nahe Zukunft:

> „Die Erwartungen, denen man sich bei dem Aufschwunge der verflossenen Zeit glaubte hingeben zu dürfen, haben sich nicht erfüllt; die Aussichten für ein specielleres Interesse des Staats an derselben sind wieder in die Ferne gerückt."[241]

1854 schreibt er dann in seinem Buch *Die Musik der Gegenwart*:

> „Man glaubte damals das Nationale unmittelbar im Volke finden, dort dasselbe aufnehmen, man glaubte es gewinnen zu können durch Hinabsteigen zur rohen Menge, indem man diese mit dem Volke identificirte. Im weiteren Verlauf jedoch ist dieser Irrthum zum Bewusstsein gekommen, die grosse Selbsttäuschung, welche in einem solchen Beginnen lag. Allerdings hat in der Regel das Volk in seinem innersten Kern mehr Elemente des Nationalen bewahrt, als andere Stände. Aber sie ruhen in ihm so verdeckt und unentwickelt, das ein unmittelbares Aufnehmen unmöglich sein würde."[242]

Wie Carl Kossmaly die revolutionär konnotierten „Katzenmusiken" als „musikalische Errungenschaften der neuesten Zeit" zu feiern (vgl. S. 40 f.), wäre Brendel nicht in den Sinn gekommen. Er plädiert für die hohe Kunst, an die das Volk nur durch systematische Bildung herangeführt werden kann. Bis auf weiteres geht es dabei nicht ohne die großen Einzelnen, die allein die „Gesammtkunst der Zukunft" zu projektieren vermögen.

Die Rolle der Musik innerhalb einer solchen „Gesammtkunst" hat Brendel u. a. in seiner *Geschichte der Musik* skizziert:

➢ Musik muß ihren Status als „Sonderkunst" aufgeben und zum „lebendigen Ausdruck der Zeit" werden .[243]

➢ Erst dort, wo sie sich mit bestimmten Ideen der Zeit verbindet, kommt sie zu ihrer „vollen Wirklichkeit"[244].

---

241 Franz Brendel, Beim Beginn des neuen Jahres, in: *NZfM* Bd. 32, 1850, S. 2.
242 Ders., Die Musik der Gegenwart und das Gesammtkunstwerk der Zukunft, Leipzig 1854, S. 91.
243 Brendel, wie Anm. 47, S. 574.
244 Ebda., S. 573.

➤ Das bedeutet nicht, daß sich die Musik politischen Tagesthemen widmen müsse; wichtiger ist es, den verlorengegangenen Zusammenhang von Politik, Kunst und Wissenschaft wiederherzustellen. Am ehesten vermag eine „poetisch schaffende Künstlernatur"[245] die leitenden Ideen der Zeit zu erkennen und unter Vermeidung kunstfremder Mittel zu verarbeiten.

Die Stellung der „Neudeutschen"[246] zur der aktuellen Forderung nach Realismus läßt sich mit dem Motto beschreiben: „Wasch mir den Pelz, aber mach mich nicht naß". A l l g e m e i n gesehen, nehmen sie den Terminus gern auf. Bereits 1853 spricht ein anonymer Autor innerhalb einer ausführlichen Artikelfolge *Zur Würdigung Richard Wagners* in der *Neuen Zeitschrift für Musik* eingangs ganz unbefangen von der „realistischen Bewältigung der Gegenwart", welche in der zurückliegenden romantischen Epoche immer wieder aufgegeben worden sei: „Die Welt und ihre Dinge interessir[t]en nicht mehr an sich, sondern nur reflektirt im Subjecte".[247]

In demselben Sinne äußert sich zwei Jahre später Richard Pohl innerhalb einer Artikelfolge über *Johannes Brahms* in der gleichen Zeitschrift:

> „Es ist keine Frage, daß unsere Zeit nervöser, pointierter ist, als irgend eine ihr vorhergehende Periode. Aber sie hat bei alledem einen Hang nach dem Reflectirten, der ein sehr glückliches Gleichgewicht dazu bildet, weil er nach dem Objectiven hinlenkt, und so das Schaffen aus der Herrschaft der unumschränkten Subjectivität befreit. Das Betonen des Persönlichen, das Streben nach individuellster Auffassung, nach durchgreifendster Charakteristik, nach der größten Schärfe logisch zugespitzter Ausdrucksweise in der Kunst (sei es auch mehr auf die Spitze getrieben als je zuvor) gewinnt durch den realistischen Zug, der das Leben unserer Zeit durchdringt, doch eine ganz

---

245 Ebda., S. 528.

246 Zur „Neudeutschen Schule" vgl. u. a.: Serge Gut (Hg.), Franz Liszt und Richard Wagner. Musikalische und geistesgeschichtliche Grundlagen der neudeutschen Schule. Referate des 3. Europäischen Liszt-Symposions Eisenstadt 1983, München und Salzburg 1986. – Determann, wie Anm. 240.

247 Anonym, Zur Würdigung Richard Wagners, in: *NZfM* Bd. 38, 1853, S. 203.

andere Färbung, als in der Periode des Esprits und der Romantik. Man sucht den individuellen Gehalt nicht mehr in sich, sondern im Gegenstande auf, den man zu behandeln hat; man charakterisirt mithin in jeder Aufgabe nicht nur immer sich selbst, sondern betont das Charakteristische im Kunstobjekt."[248]

Ein beachtliches Maß an Übereinstimmung mit dem Begriff Realismus zeigt Franz Brendel in seinem 1858 erschienenen Beitrag *Eine Analogie zwischen der Oper und dem Drama der Gegenwart*, wenn er von den „Fortschritten" spricht, die „namentlich – um beliebte Schlagwörter der Zeit zu gebrauchen – nach realistischer Seite hin, dem Idealismus unserer klassischen Epoche gegenüber" gemacht worden sind. Der realistischen Bewegung komme das Verdienst zu, „jene vor allen realen Forderungen zurückspringende Phantastik der Romantiker überwunden" zu haben.[249] Hier wird „Realismus" als Epochenbegriff zumindest vorsichtig akzeptiert.

In der 3. Auflage seiner *Geschichte der Musik* von 1860 verwendet Brendel – im Blick auf und im Anschluß an Wagner – den Begriff der „Wirklichkeit", um sich den Idealen der Gegenwart zu nähern:

> „Später ist eine Wendung nach Aussen hin eingetreten; man fing an, dies Reich des Inneren zu verlassen. Alles drängte nach Wirklichkeit, nach Gestaltung der äusseren Welt. Dafür ist nun Wagner's *Kunstwerk der Zukunft* der entsprechende Ausdruck; die Wirklichkeit, die Wagner für das Kunstwerk fordert, ist die jenem Drange nach aussen entsprechende Erscheinung auf künstlerischem Gebiet."[250]

Sobald der Terminus „Realismus" unmittelbar m u s i k b e z o g e n angewendet werden müßte, sind die „Neudeutschen" allerdings in einer mißlichen Lage: Seit einem Jahrhundert zieht sich durch die Geschichte der Musikästhetik die Forderung, daß die Musik als die flüchtigste und spirituellste aller Künste ihr Ziel verfehle, wenn sie – um Beethovens Kennzeichnung seiner *Pastorale* umzukehren – mehr Malerei als Ausdruck der Empfindungen sein

---

248   Hoplit (Richard Pohl), Johannes Brahms, in: *NZfM* Bd. 43, 1855, S. 264.
249   *Anregungen* Bd 4, 1859, S. 411.
250   Brendel, wie Anm. 47, S. 593.

wolle. War schon Nachahmung der Natur verpönt, so noch mehr Nachahmung der u n s c h ö n e n Natur. Wurden in den *Grenzboten* der „das Häßliche in der Natur überbietende Hyperrealismus" Courbets[251] und die „triviale Anschauung des Lebens und der Natur" in den Opern Meyerbeers[252] als Zerrbild eines sich „künstlerisch bethätigenden" Realismus verurteilt, so konnten sich die Neudeutschen in ihrer Mehrzahl solche Kritik somit gewiß zu eigen machen.

Denn selbst in der *Ästhetik* Hegels, den manche „Neudeutsche" als ihren philosophischen Vater angesehen haben, waren die warnenden Worte zu lesen:

> „So sucht z. B. die heutige dramatische Musik oft ihren Effekt in gewaltsamen Kontrasten, indem sie entgegengesetzte Leidenschaften kunstvollerweise kämpfend in ein und denselben Gang der Musik zusammenzwingt. Sie drückt so z. B. Fröhlichkeit, Hochzeit, Festgepräge aus und preßt da hinein ebenso Haß, Rache, Feindschaft, so daß zwischen Lust, Freude, Tanzmusik zugleich heftiger Zank und widrigste Entzweiung tobt. Solche Kontraste der Zerrissenheit, die uns einheitslos von einer Seite zur anderen herüberstoßen, sind um so mehr gegen die Harmonie der Schönheit, in je schärferer Charakteristik sie unmittelbar Entgegengesetztes verbinden, wo dann von Genuß und Rückkehr des Innern zu sich in der Melodie nicht mehr die Rede sein kann. Überhaupt führt die Einigung des Melodischen und Charakteristischen die Gefahr mit sich, nach der Seite der bestimmteren Schilderung leicht über die zart gezogenen Grenzen des musikalisch Schönen herauszuschreiten, besonders wenn es darauf ankommt, Gewalt, Selbstsucht, Bosheit, Heftigkeit und sonstige Extreme einseitiger Leidenschaften auszudrücken. Sobald sich hier die Musik auf die Abstraktion charakteristischer Bestimmtheit einläßt, wird sie unvermeidlich fast zu dem Abwege geführt, ins Scharfe, Harte, durchaus Unmelodische und Unmusikalische zu geraten und selbst das Disharmonische zu mißbrauchen."[253]

Es ist deshalb nicht überraschend, daß die Neudeutschen die Charakterisierung „realistisch" auf Musik nur zögernd und zudem sehr differenziert verwenden. Den Anfang macht, viel-

---

251 *Die Grenzboten* Jg. 12, Bd. 2/1853, S. 508.
252 *Die Grenzboten* Jg. 13, Bd. 2/1854, S. 20.
253 Hegel, wie Anm. 17, Bd. 3, S. 209.

leicht noch ohne Kenntnisse der von Fétis angefachten Polemik, Joachim Raff in seinem 1854 in Braunschweig erschienenen Buch *Die Wagnerfrage*. Als Raff, der später ein angesehener
Komponist in der Tradition der neudeutschen Schule wurde,
seinen bemerkenswert reflektierten Text niederschreibt, ist er
noch der Gehilfe Liszts, welcher gerade an seiner *Faustsympho-
nie* arbeitet. Durch Liszt lernt er Wagners *Lohengrin* kennen,
und demgemäß heißt der erste Teil seiner Studie, dem ein
zweiter nicht folgte, *Wagners letzte künstlerische Kundgebung im
Lohengrin.*

Die Darstellung ist eingebettet in eine weitgespannte, ideengeschichtlich orientierte Auseinandersetzung mit der Musikgeschichte bis auf die neueste Zeit. Raff unterscheidet zwischen
„dem Formalismus Mendelssohns und dem Realismus Berlioz'",[254] wobei er eine Affinität auch Mendelssohns zur „Darstellung des Phantastischen und des malerisch nachahmbaren
Realen" keineswegs leugnet[255]. Doch der Realismus von Berlioz
meint mehr: .

> Berlioz wirkt „weniger mit gemeinmusikalischen als mit spezifisch
> orchestralen Mitteln". „Weniger lyrisch als dramatisch intentioniert,
> objektivierte er alsbald mit jener Schärfe, welche die strikte Bestim-
> mung durch das Wort unerläßlich macht."[256]

Mit dieser Charakterisierung liegt die bedeutendste Definition
des Phänomens „Realismus" aus der Sicht der Neudeutschen vor
– so rudimentär wie aufschlußreich: Realistisch ist eine Musik,
die – anstatt vorgegebenen Formgesetzen zu folgen – bestimmte
Gedanken- und Vorstellungsketten oder Handlungsabläufe getreu
in Klang umsetzt, oder, wie Raff sich ausdrückt, „objektiviert".
Die dabei unerläßliche strikte Bestimmung durch das Wort, die
bei Berlioz noch weitgehend fehlt, läßt diesen freilich die Entwicklung nur „am nachdrücklichsten anbahnen", während sie in
Wagners Bühnenwerken „zum ersten Mal künstlerisch dargelegt
erscheint".[257]

---

254   Joachim Raff, Die Wagnerfrage, Braunschweig 1854, S. 271.
255   Ebda., S. 265.
256   Ebda., S. 269 u. 267.
257   Ebda., 272 f.

Freilich fühlt sich Raff mit dem nackten Begriff „Realismus" nicht wohl. Allzu deutlich steht ihm die – im 19. Jahrhundert wohl von keinem Musiker aufgegebene – Vorstellung vor Augen, daß Musik bei der Darstellung des Realen zu verallgemeinern, zu sublimieren habe. Ganz in diesem Sinne schreibt Wagner in seinem *Offenen Brief an Marie Wittgenstein über Franz Liszts Symphonische Dichtungen*:

> „… der Dramatiker [muß], um ungefähr dieselbe Idee auszudrücken, zu ganz andern Mitteln greifen […] als der Musiker; er steht dem gemeinen Leben viel näher, und wird nur dann verständlich, wenn er seine Idee in einer Handlung uns vorführt, die in ihren mannigfaltig zusammengesetzten Momenten einem Vorgang dieses Lebens so gleicht, daß jeder Zuschauer sie mit zu erleben glaubt. Der Musiker dagegen sieht vom Vorgange des gemeinen Lebens gänzlich ab, hebt die Zufälligkeiten und Einzelheiten desselben vollständig auf und sublimiert dagegen alles in ihnen Liegende nach seinem konkreten Gefühlsgehalte, der sich einzig bestimmt eben nur in der Musik geben läßt."[258]

Es ist Wagner geradezu aus der Seele gesprochen, wenn Raff einen Kompromiß schließt und außer dem Terminus des „Realismus" den des „gesunden Realidealismus" auf Wagner und Berlioz anwendet – ganz im Gefolge der *Grenzboten*-Ästhetik. Realidealismus entspricht „den Forderungen der Zeit, welche aus dem Nebeltale einer kränkelnden und affektionsvollen Subjektivität nachgerade in das heitere Land jenes gesunden Idealismus zu gelangen strebt."[259]

Später hat Raff Wagner mit kritischeren Augen betrachtet. Dieser selbst berichtet in *Mein Leben*, Raff habe ihm 1862 im Verlauf einer vorübergehenden Bekanntschaft geraten, in seinen „dramatischen Kompositionen doch mehr auf die Wirklichkeit der Zustände Rücksicht zu nehmen" und dabei *Tristan und Isolde* als „eine Ausgeburt idealistischer Extravaganzen" bezeichnet. Manches deutet darauf hin, daß Raff dabei nicht nur das Problem der Durchsetzbarkeit an deutschen Bühnen, sondern auch das der Zeitferne vor Augen hatte und in diesem Werk die

---

258 Wagner, Über Franz Liszt's symphonische Dichtungen, Bd. 5, S. 194.
259 *Anregungen* Bd. 2, 1857, S. 272.

„Nebel einer kränkelnden und affektionsvollen Subjektivität"
wieder aufsteigen sah.

In den folgenden Jahren diskutieren die Vertreter der Neudeutschen Schule den Begriff „Realismus" nicht in der *Neuen
Zeitschrift für Musik*, ihrem eigentlichen Organ, sondern in Brendels und Pohls *Anregungen für Kunst, Leben und Wissenschaft*. Sie
befürchten nicht zu Unrecht, mit dem Schlagwort „Realismus"
in Musikerkreisen Schiffbruch zu erleiden, hoffen jedoch, es mit
einem allgemeininteressierten Publikum unter dem Aspekt des
generellen gesellschaftlichen Fortschritts diskutieren zu können.
Der Titel der Zeitschrift ist mit Bedacht und als Programm gewählt: Allgemeinen gesellschaftlichen Fortschritt kann es nur in
der Einheit von Kunst, Leben und Wissenschaft geben. Dabei
schließen sich die Herausgeber mit der Forderung nach Einheit
von Kunst und Leben den Maximen des Realismus an; indem
sie zudem die Wissenschaft ins Spiel bringen, knüpfen sie in
doppelter Weise an Hegel an, der in seiner *Ästhetik* zu der in der
Frühromantik sich vorbereitenden Erkenntnis kommt, „der
Gedanke und die Reflexion [habe] die schöne Kunst überflü-
gelt":[260] Einerseits greifen sie Hegels Gedanken auf, andererseits
wenden sie ihn zugunsten der Kunst ins Positive: Wo diese nicht
in Einzelkünste zersplittert ist, sondern als Gesamtkunst verstanden wird, fällt ihr eine entscheidende Rolle bei der Neugestal-
tung des öffentlichen Lebens zu.

Dementsprechend enthalten die zwischen 1856 bis 1861 erschienenen Jahresbände der Zeitschrift viele Aufsätze, die sich in
allgemeiner Form mit dem Realismus auseinandersetzen, darunter Adolf Sterns Darstellung *Realismus und Idealismus. Eine
Streitfrage der Gegenwart* aus dem Jahr 1858. Stern erwähnt die
Musik nur am Rande, macht aber immerhin deutlich, daß die
Kontroverse zwischen „Idealismus" und „Realismus" im Lager
der Dichtung und der bildenden Künste ihre Entsprechung in
dem Streit der „beiden großen Heerlager der ‚Classizität' und
‚Zukunft'" habe.[261] Es gibt aber auch zahlreiche detaillierte

---

260 Hegel, wie Anm. 17, Bd. 1 , S. 24. – Vgl. dazu Determann, wie Anm.
     240, S. 95 ff.
261 *Anregungen* Bd. 3, 1858, S. 313.

Äußerungen zur Musik, etwa in Felix Draesekes Aufsatz *Franz Liszts Symphonische Dichtungen*, der in mehreren Teilen in den Jahren 1857 und 1858 erscheint.

Gleich Raff neigt Draeseke, damals ein den Neudeutschen nahestehender junger Komponist, zu einem vermittelnden Urteil: Das Verfahren der Symphonischen Dichtung setze den Komponisten in den Stand, so urteilt er, „den Forderungen der Realität zu entsprechen, ohne das Streben zum Höheren, Idealen irgendwie zu vernachlässigen".[262] In diesem Sinne rühmt er die „Innerlichkeit" des Lisztschen *Mazeppa* in Anbetracht der Tatsache, daß „viele sich darauf steifen, Mazeppa sei rein äußerlich aufgefaßt, um das Vergnügen zu genießen, öffentlich vor diesem selbst fabrizierten Gespenst des Materialismus in der Musik sich entsetzen zu können".[263]

Ähnlich spricht Ernst von Elterlein, alias Ernst Gottschald, in seinem 1858 erschienenen Buch *Beethovens Symphonien nach ihrem idealen Gehalt* im Blick auf Liszts *Mazeppa* und *Dante* von einem „dämonischen Realismus", den man „rechtfertigen" könne. [264]

Defensiver argumentiert demgegenüber Peter Lohmann in seiner schon erwähnten Besprechung von Felix Draesekes op. 1, *Helge's Treue*:

> „So verschiedenartig auch die Motive sein mögen, so ganz kontrastierend nicht selten die Gründe sind, mit denen die immer noch allzu zahlreichen Widersacher der neuesten Musikentwicklung zu Felde ziehen, das eine ist allen gemeinsam: das Vorurteil, als sei diese neueste Richtung eine vorwiegend realistische, oder, wie manche sich auszudrücken belieben, eine materialistische. Es ist ein ernster Vorwurf, der vielleicht von einzelnen mit fester Überzeugung, von den übrigen jedenfalls ohne gründliche Einsicht in das Wesen und die Mittel musikalischer Gestaltung hinausgeschleudert, nur als auswendig gelerntes oder mißverstandenes Losungswort angewendet wird."

Demgegenüber stellt Lohmann, ohne dies näher zu begründen, fest, ein „Kunstwerk im mustergültigen Sinne" vertrete „das

---

262   Ebda., Bd. 2, 1857, S. 315.
263   Ebda., Bd. 3, 1858, S. 408.
264   Ernst von Elterlein, Beethovens Symphonien nach ihrem idealen Gehalt, Dresden 1858, S. 130.

Ideelle im vollen Sinne", es sei „nicht einseitig realistisch, nicht materialistisch", und fährt fort:

> „Das eben Gesagte auf die Erzeugnisse der neueren Meister, der Wagner, Berlioz und Liszt, und ihrer jüngeren, nachstrebenden Geistesverwandten, der Bronsart, Dräseke, Bülow, Cornelius angewendet, fordert zur Beantwortung der Frage auf: Was wendet sich in diesen Werken an die höchsten Interessen der Menschheit; was darin ist eigentlich die Grundidee; in welchem Verhältnis steht der jeweilige Schöpfer des jeweiligen Werkes zu seiner Zeit, zu den Kämpfen der Jetztzeit im geistigen Sinne; welches endlich ist das Verhältnis des geistigen Gehaltes darin zur äußeren Erscheinung, und stehen Inhalt und Form in jenem Gleichmaß zueinander, das jederzeit bei hoher Bedeutung des ersteren auch die letztere in reicher Ausstattung bedingt?"[265]

Lohmann verwahrt sich somit dagegen, die für ihn erstrebenswerten Ziele der Neudeutschen Partei mit dem Begriff des Realismus in Verbindung zu bringen, und dementsprechend taucht dieser Begriff in seinen übrigen Schriften nicht auf.

Als Felix Draeseke im August 1861 vor der Tonkünstler-Versammlung in Weimar über das Thema *Die sogenannte Zukunftsmusik und ihre Gegner* spricht, nimmt er den Terminus „Realismus" nur als Vokabular eben dieser Gegner in den Mund. Vermutlich unter anderem auf die Kritik der *Grenzboten* am *Lohengrin* anspielend, beklagt er, daß man hämisch von „Zukunftsmusik" spreche, ohne daß irgendwelche Einigkeit über die Stoßrichtung der mit diesem Schlagwort verbundenen Kritik herrsche:

> „Denn, ob auch das Urtheil ziemlich allgemein als ein verdammendes sich herausstellte, so verwarfen doch Manche, was von Anderen gelobt wurde; fanden die Einen einen Supra-Naturalismus ausgesprochen, wo die Andern grassen Realismus, ja Materialimus bekämpfen zu müssen meinten".[266]

Unbefangener geht Louis Köhler 1864 in seiner schon erwähnten Schrift über „die neue Richtung in der Musik" mit dem Terminus um, indem er schreibt:

---

265 *Anregungen* Bd. 5, 1860, S. 40 f.
266 Felix Draeseke, Schriften 1855–1861, hg. v. Martella Guitérrez-Denhoff und Helmut Loos, Bad Honnef 1987, S. 318. Erstveröffentlichung in der *NZfM* Bd. 55, 1861, S. 69 ff.

„*Berlioz* und *Lißt* erkenne ich als verwandte Gegensätze. *Berlioz*
zeichnet, Lißt malt. […] Berlioz repräsentiert den französischen
Realismus, Lißt den deutschen Idealismus."[267]

Brendel verhält sich gegenüber dem Terminus „Realismus" ab-
wartender, zugleich distanzierter als *Raff* und *Köhler*. Erst in der
4. Auflage seiner *Geschichte der Musik* von 1867 findet sich der
Begriff im Zusammenhang mit *Berlioz*. Dessen

> „Darstellung ist ferner überwiegend realistisch, ganz so, wie es
> auch in Poesie und Malerei bei den Franzosen der Fall ist. Auch
> dieser Seite ist Rechnung zu tragen, um nicht ungerecht im Urteil
> zu sein. Die Seite des Charakteristischen in der Darstellung bildet
> den Schwerpunkt seines Schaffens. Nur in den am höchsten ste-
> henden, universellsten Künstlernaturen verbinden sich die beiden
> Hauptfaktoren aller Kunst, das eben bezeichnete Element und
> jenes der überwiegend formellen sinnlichen Schönheit. So bei
> *Berlioz*, wo die Schärfe der Zeichnung und die realistische Einklei-
> dung sich vielleicht hier und da auf Kosten der Schönheit geltend
> macht."[268]

Realismus in der Musik mag *Brendel* mit Mühen als einen französischen Sonderweg in der Musik dulden. Ähnlich sieht es
Richard Wagner am 21. Februar 1882 im Gespräch mit *Cosima*;
dort ist im Blick auf *Berlioz* von „unruhiger Rhythmik", „pein-
licher, unmusischer Realistik (wie das oft wiederholte Murmeln
der Pilger im Pilgermarsch)" und „kurzatmigen Motiven" die
Rede. Schon im 1. Teil von *Oper und Drama* hatte *Wagner* an *Berlioz* bedauert, daß er „in einen allverschlingenden Materialismus
versinken mußte".

Berlioz selbst hielt von dem Terminus „Realismus" nichts.
Zwar nannte er in dem 1860 erschienenen Essay *Concerts de
Richard Wagner. La musique de l'avenir* den Opernkomponisten
„D" einen „Realisten", welcher „ein Charivari für Chor und
Orchester mit fortwährenden Dissonanzen geschrieben" habe,
um „die Verhöhnung eines Gefangenen durch jüdisches Gesin-
del" darzustellen. (Vermutlich war das eine Anspielung auf einen
Judenchor aus der Oper *Samson* des Sängers und Komponisten

---

267 Louis Köhler, Die Neue Richtung in der Musik, Leipzig 1864, S. 18.
268 Brendel, Geschichte der Musik, 4. Aufl., Leipzig 1867, S. 564.

Gilbert Duprez.) Indessen verwandte Berlioz das Wort „Realismus" hier in ironischer Absicht: Was nützen solche Etikettierungen, so fragte er rhetorisch, wenn man sie im damaligen Paris gleichermaßen auf *Wagner* wie auf einen seiner „glühendsten Gegner" anwenden konnte![269]

In welchem Maße Bestimmtheit des Ausdrucks, Charakteristik und psychologische Form in der Instrumentalmusik möglich, ja überhaupt wünschenswert seien, war unter dem Neudeutschen umstritten. Angesichts der oben mitgeteilten, tendenziell skeptischen Äußerungen möchte ich an die rühmenden von *Liszt* erinnern, der in seinem Beitrag über *Berlioz und seine Harold-Symphonie* beschreibt, was musikalische Charakteristik von platter Nachahmung der Natur unterscheidet:

> „Einer den Sinnen und der Einbildung wenig schmeichelnden Wirklichkeit den Funken tiefer und wahrer Poesie zu entlocken, malerische Wirkung und poetisches Gefühl in einem Rahmen zu vereinigen, heißt seinen Gegenstand künstlerisch erfassen; auch spricht aus diesem Bilde [die Rede ist von Marsch und Abendgebet der Pilger] die volle Prägnanz italienischer Szenen; es erweckt in uns dieselbe Folge von Reiz und Rührung, dieselbe Art von Eindrücken und Gedanken wie die Realität selbst."[270]

Liszt geht es primär darum, das Postulat oder auch den Vorwurf eines platten Naturalismus abzuwehren. Sekundär sind seine Formulierungen jedoch auch für das hier diskutierte Problem der „psychologischen Form" interessant: Form ist nicht – um mit *Hugo Riemanns* Unterscheidung von „architektonischen" und „psychologischen" Formen (vgl. unten S. 169) zu sprechen – als architektonischer Grundriß vorgegeben; sie entwickelt sich vielmehr als eine plausible, weil realen Sinneseindrücken nachempfundene, Folge von Empfindungen.

---

269 Hector Berlioz, Musikalische Streifzüge, übersetzt von E. Ellès, in: Literarische Werke, Bd. 6, Leipzig 1912, S. 271.
270 *NZfM* Bd. 43, 1855, S. 91.

5. Im Zentrum der Realismus-Debatte: Berlioz, Liszt und Wagner

Das „Dreigestirn" als Repräsentant einer „romantisch-realistischen" Epoche

Im musikgeschichtlichen Schrifttum gibt es eine beachtliche Tendenz, Berlioz, Liszt und Wagner zu Exponenten einer „romantisch-realistischen" Epoche zu machen. Dieser Sachverhalt wurde zu Anfang dieses Buches nur gestreift. Hier folgt eine ausführlichere Dokumentation, welche deutlich machen soll, wie polarisierend in diesem Sinne diskutiert worden ist.

> Richard Pohl, der in den fünfziger Jahren als „Hoplit" wichtige programmatische Beiträge für die *Neue Zeitschrift für Musik* geliefert hatte, nennt innerhalb seiner ausführlichen Würdigung des Karlsruher Musikfestes von 1853, auf dem vor allem Berlioz, Wagner und Liszt zu Wort gekommen sind, diese drei Komponisten in einem Atemzug: Liszt sei „Vertreter und unermüdlicher Vorkämpfer der ihm sympathischen Kunstrichtungen eines Berlioz und Wagner".[271] Im Jahre 1883/84 unterteilt Pohl seine *Gesammelten Schriften über Musik und Musiker*, die Quintessenz seiner literarischen Anstrengungen um die Musik seiner Zeit, in die drei Bände *Richard Wagner*, *Franz Liszt* und *Hector Berlioz*.

> Peter Cornelius spricht in einer Tagebuch-Notiz vom 21. Oktober 1854 von Liszt, Wagner und Berlioz als einem „Kleeblatt", das zu pflücken ihn stets mit der „eigenen Kleinheit und Unzulänglichkeit" konfrontiere.[272] Kurz vor seinem Tode schreibt er an Liszt, er werde zumindest „als deutscher Dolmetscher für die Töne unserer drei großen Meister (Liszt Berlioz, Wagner)" Geltung behalten.[273]

---

271 Pohl, wie Anm. 177, S. 13.
272 Peter Cornelius, Literarische Werke, Bd. 1, hg. v. Carl Maria Cornelius, Leipzig 1904, S. 169.
273 Ebda. Bd. 2, S. 750.

➤ Julian Schmidt spricht 1855 in seiner *Geschichte der Deutschen Literatur* mit skeptischem Unterton von den beiden durch Berlioz und Liszt angegebenen „Richtungen", welche sich „mit der idealistischen Wagner's in Verbindung gesetzt und dadurch die ‚Musik der Zukunft' in Aussicht gestellt" hätten.[274]

➤ In seinen für die *Neue Zeitschrift für Musik* verfaßten programmatischen *Betrachtungen beim Jahreswechsel* bezeichnet es Franz Brendel 1857 als ausdrückliche Aufgabe der neudeutschen Partei, die Musik und die Anschauungen von Wagner, Berlioz und Liszt durchzusetzen.[275]

➤ In demselben Band spricht der Musikkritiker Albert Hahn von dem „Dreigestirn" Berlioz, Liszt, Wagner.[276]

➤ Gleichfalls im Jahr 1857 bemerkt Adolph Kullak in einem Aufsatz über *Das musikalisch Schöne*: „In der Praxis stehen die Richtungen von Wagner, Berlioz und Liszt der großen Anzahl der Komponisten alten Stils gegenüber"[277].

➤ In einem Brief an Eduard Liszt vom März 1857 spricht Franz Liszt von Berlioz, Wagner und sich selbst unter der Devise „gleich und gleich gesellt sich gern".[278]

➤ Innerhalb einer Erwiderung auf eine Folge polemischer Artikel der *Augsburger Allgemeinen Zeitung* verteidigt der junge Komponist und spätere Theaterintendant Hans von Bronsart im Jahr 1858 ausführlich das „Triumvirat" Berlioz-Wagner-Liszt gegen Vorwürfe, in denen alle „Zukunftsmusiker" zu „Pygmäen, Barbaren, Vandalen, Saracenen, Normanen, Hocus-pocus- und Skandalmachern, Querköpfen, tönenden Götzen, Rand- und Bandlosen, Lohnpfotenhauern, gefährlichen Leuten u. s. w. u. s. w." gemacht würden.[279]

---

274 Schmidt, Geschichte, wie Anm. 224, Bd. 3, S. 242.
275 *NZfM* Bd. 46, 1857, S. 1 ff.
276 Ebda., S. 43.
277 *Anregungen* Bd. 2, 1857, S. 185.
278 Franz Liszt's Briefe, hg. v. La Mara, Bd. 1, Leipzig 1893, S. 275.
279 Hans von Bronsart, Musikalische Pflichten, 2. Aufl., Leipzig 1858, S. 4 u. 37.

> Ein anonymer Rezensent der *Anregungen für Kunst, Leben und Wissenschaft* rühmt im gleichen Jahr Berlioz, Wagner und Liszt als *die* Komponisten der gegenwärtigen Epoche.[280]

> Ebenfalls 1858 verteidigt Franz Müller „Männer wie Wagner, Liszt, Berlioz" gegen die pejorative Bezeichnung „Zukunfts-musiker".[281]

> In einem mit „Lp." unterzeichneten Artikel „Zukunftsmusik" aus der *Niederrheinischen Musik-Zeitung* des Jahres 1859 heißt es am Ende höhnisch: „Ihr selbst habt euch den Namen gegeben, freilich unwillkürlich. So werdet ihr ihn auch nicht los werden. Neudeutsche Schule möchtet ihr lieber heissen, ihr, d. h. der Magyare Liszt, der Franzose Berlioz und der in wesentlichen Entwicklungspunkten ganz mit Meyerbeer'schem Orchester hantierende, in seinen theoretischen Absichten (laut Brendel) den französischen Socialisten analoge Wagner?"[282]

> Auch der Literat Friedrich Meyer äußert in diesem Jahr Be-denken gegenüber der „Zukunfts-Musik" eines Wagner, Liszt und Berlioz.[283]

> Im ersten Jahrgang der Zeitschrift *Unsere Tage*, die schon im Titel ihre realistische Tendenz kundtut, bezeichnet ein anony-mer Autor Wagner, Berlioz und Liszt mit kritischem Unterton als die „bedeutendsten Künstler der Zukunftspartei".[284]

> Peter Lohmann spricht 1860 innerhalb einer Rezension von Felix Draesekes Erstlingswerk *Helge's Treue* von den „neueren Meistern" Wagner, Berlioz und Liszt „und ihren jüngeren, nachstrebenden Geistesverwandten".[285]

> Richard Wagner selbst schreibt am 22. Mai 1860 an Franz Liszt über Hector Berlioz: „… daß in dieser Gegenwart doch

---

280 C., Zur Berichtigung der Auffassung Elterlein's von Liszts's Werken, in: *Anregungen* Bd. 3, 1858, S. 305.

281 Franz Müller, Richard Wagner, sein Schaffen und Wollen. Ein Skiz-zenbild, in: *Kritische Monatshefte zur Förderung der Wahrheit bei literari-schen Besprechungen* Bd. 1, Frankfurt a. M. 1858, S. 169 ff.

282 *Niederrheinische Musik-Zeitung* Jg. 7, 1859, S. 325 f.

283 Richard Wagner und seine Stellung zu Vergangenheit und „Zukunft", Thorn 1859, S. 68.

284 Anonym, Die Zukunftsmusik, in: *Unsere Tage. Blicke aus der Zeit in die Zeit*, Bd. 1, 1859/60, S. 243.

285 *Anregungen* Bd. 5, 1860, S. 42.

nur wir drei Kerle eigentlich zu uns gehören, weil nur wir uns gleich sind; und das sind – Du – Er und Ich!"[286]

➢ In seiner 1864 erschienenen Schrift *Die Neue Richtung in der Musik* geht Louis Köhler wie selbstverständlich davon aus, daß Berlioz, Wagner und Liszt diese „neue Richtung" bestimmen. Etwa zu diesem Zeitpunkt kann man von einem dem gebildeten Musikpublikum geläufigen Topos sprechen.[287]

➢ Die 1. Auflage des von Hugo Riemann herausgegebenen Musik-Lexikons von 1882 enthält einen Artikel „romantisch", welcher sich mit der Auffassung auseinandersetzt, die „Neuromantiker: Berlioz, Liszt, Wagner" seien von den „Romantikern der ersten Hälfte unsers Jahrhunderts" eigentlich nicht zu unterscheiden.[288]

➢ Oscar Bie spricht 1885 von „einer neuen Periode der Musik, der naturalistischen", und nennt Berlioz, Liszt und Wagner als deren Vertreter.[289]

➢ Im gleichen Jahr bezeichnet Theodor Helm diese drei Komponisten als die maßgeblichen Repräsentanten einer „neudeutschen Schule".[290]

➢ Am 23. Februar 1887 schreibt Anton Bruckner an Hans von Wolzogen: „v. Bülow spricht schrecklich über mich; freilich auch über Berlioz, Liszt, und noch höher über Meister Wagner selbst".[291] Damit übernimmt er implizit die Vorstellung einer neudeutschen Schule, mit der zusammen er sich augenscheinlich in einen Sack gesteckt fühlt.

---

286 Briefwechsel zwischen Wagner und Liszt, 3. erweiterte Aufl., hg. von Erich Kloss, Leipzig 1910, Teil 2, S. 282.

287 Köhler, wie Anm. 267, S. 5.

288 Musik-Lexikon, hg. v. Hugo Riemann, 1. Aufl., 1882, S. 778. – Ähnlich in der 10. Aufl. von 1922, S. 1086, wo noch Strauß den Neuromantikern zugesellt wird.

289 Oscar Bie, Der Naturalismus in der Musik, in: *Allgemeine Musik-Zeitung* Jg. 12, 1885, S. 150.

290 Theodor Helm, Beethoven's Steichquartette, hier zitiert nach der 3. Aufl., Leipzig 1921, S. 350.

291 Anton Bruckner, Gesammelte Briefe. Neue Folge, gesammelt und hg. von Max Auer, Regensburg 1924, S. 217.

➢ Wilhelm Heinrich Riehl nimmt 1891 in seine *Kulturgeschichtlichen Charakterköpfe* eine Betrachtung über Richard Wagner auf, innerhalb derer er „die immer ausschließlicher" werdende Berücksichtigung von „Wagner, Liszt, Berlioz etc." in den gegenwärtigen Bühnen- und Konzertprogrammen kritisiert.[292]

➢ Wilhelm Kienzl benennt im Jahre 1908 das vierte Kapitel seines Buches *Im Konzert* wie selbstverständlich „Berlioz–Liszt–Wagner".[293]

➢ Otto Keller bezeichnet in der mir zugänglichen 4. Auflage seiner weitverbreiteten *Illustrierten Geschichte der Musik* von 1911 Berlioz, Wagner und Liszt als diejenigen Komponisten, welche in der Musik „einen neuen Geist" inauguriert hätten.[294]

➢ Julius Kapp veröffentlicht 1919 ein Buch mit dem Titel *Das Dreigestirn Berlioz-Liszt-Wagner* und nennt diese Meister die „Heroen des musikalischen Fortschritts".[295]

➢ Im gleichen Sinn läßt Adolf Weissmann 1922 in denselben Musikern „die gewaltige Potenz der neuen Musik", die „Sehnsucht der neuen Nerven", den „Weg des neuen Geistes" spürbar werden.[296]

➢ Eugen Schmitz spricht in seiner Bearbeitung von *Emil Naumanns Illustrierter Musikgeschichte* aus dem Jahr 1926 von den „bedeutsamen Fäden", die sich zwischen der Kunst von Berlioz, Wagner und Liszt knüpften.[297]

➢ Auch Alfred Einstein zögert nicht, in seiner *Geschichte der Musik* bis zur letzten von ihm selbst bearbeiteten Auflage von

---

292 Wilhelm Heinrich Riehl, Kulturgeschichtliche Charakterköpfe, Stuttgart 1891, S. 454.

293 Wilhelm Kienzl, Im Konzert. Von Tonwerken und nachschaffenden Tonkünstlern empfangene Eindrücke, Berlin 1908.

294 Otto Keller, Illustrierte Geschichte der Musik, 4. Aufl., Bremen 1911, S. 482.

295 Julius Kapp, Das Dreigestirn Berlioz–Liszt–Wagner, Berlin 1919, S. 12.

296 Adolf Weissmann, Die Musik in der Weltkrise, Stuttgart und Berlin 1922, S. 7 ff.

297 Emil Naumanns Illustrierte Musikgeschichte, in 8. Aufl. vollständig neubearbeitet von Eugen Schmitz, Stuttgart, Berlin und Leipzig 1926, S. 671.

1953 die Überschrift zu verwenden: „Die Neuromantiker.
Berlioz, Liszt, Wagner".[298]

➢ Wolfgang Dömling gibt 1979 dem Schlußkapitel seines Buches über die symphonisch-dramatischen Werke von Berlioz
die Überschrift *Berlioz – Liszt – Wagner: Metamorphosen der
symphonischen Idee*.[299]

➢ In seinem Artikel „Neudeutsche Schule" diskutiert Detlev
Altenburg 1997 die Berechtigung, von einer „Trias Berlioz,
Wagner und Liszt" zu sprechen.[300]

Mit dem Aufstieg der geistesgeschichtlichen „Methode" zu Beginn des 20. Jahrhunderts kommt auch die Epochenbezeichnung
„Realismus", von Kunst- und Literaturwissenschaft schon seit
langem verwendet, ins Blickfeld. Zwar kann sich kein Musikhistoriker entschließen, pauschal von einer musikgeschichtlichen
Epoche des „Realismus" zu sprechen; wohl aber gibt es deutli-
che Tendenzen, das „Dreigestirn" Berlioz-Liszt-Wagner im
Anschluß an die Äußerung von Eduard Krüger (vgl. S. 105) als
Vertreter eines „romantischen Realismus" oder „Realismus" zu
vereinnahmen:

➢ Ernst Bücken wählt in dem der *Musik des 19. Jahrhunderts bis
zur Moderne* gewidmeten, 1929 erscheinenden Band des *Handbuchs der Musikwissenschaft* für die Epoche zwischen „Romantik" und „Neuromantik" die Bezeichnung „Romantischer
Realismus (,Romantisme réaliste')" und ordnet ihr Berlioz,
Liszt und Wagner als „Führer" zu.[301]

➢ Wilhelm Fischer unterscheidet 1930 in der 2. Auflage des von
Guido Adler herausgegebenen *Handbuchs der Musikgeschichte*
zwischen einer „sensitiven deutschen Romantik mit ihrem
Streben nach tiefster Verinnerlichung" und einer „französi-

298   Alfred Einstein, Geschichte der Musik. Von den Anfängen bis zur Ge-
       genwart, Zürich und Stuttgart 1953, S. 132.
299   Ernst Bücken, Die Musik des 19. Jahrhunderts bis zur Moderne, Pots-
       dam 1929, S. 183 ff.
300   Guido Adler (Hg.), Handbuch der Musikgeschichte, 2. Aufl., Berlin
       1930, S. 963.
301   Paul Henry Lang, Die Musik im Abendland, Bd. 2, Augsburg 1947,
       S. 374 ff.

schen realistischen Romantik" mit den Häuptern Berlioz,
Liszt und Wagner.[302]

➤ Paul Henry Lang überschreibt 1947 ein Kapitel seines Buches *Die Musik im Abendland* „Von der Romantik zum Realismus". „Realismus" bedeutet für ihn „Fortsetzung" und
„weitere Entwicklung" der Romantik; seine Vertreter sind
die „romantischen Realisten" Berlioz, Liszt und Wagner. In
einem Abschnitt „Realismus als Lebensphilosophie" beschäftigt sich Lang ausführlich mit den gesellschaftlichen, politischen und künstlerischen Dimensionen des „Realismus" um
1850.[303]

➤ Wilibald Gurlitt unterscheidet 1950 zwischen Schumanns
„romantisch-biedermeierlicher" und Wagners „romantisch-
realistischer" bzw. „revolutionär realistischer" Musik.[304]

➤ Karl H. Wörner bezeichnet in der 1. Auflage seiner Geschichte der Musik von 1954 den „Charakter der Musik der
Neudeutschen Schule" als romantisch-realistisch";[305] als bedeutende Komponisten nennt er in der 2. Auflage diesbezüglich
Berlioz („als Anreger"), Liszt und Wagner.[306] Auch in späteren Auflagen werden die Termini „romantisch-realistisch"
oder „realistisch" beibehalten.

➤ Hans Albrecht konstatiert im Jahr 1956: „Die sogenannte
Neuromantik, zu der man Berlioz, Liszt und auch Wagner
zu rechnen pflegte, war nichts anderes als der musikalische
Realismus des 19. Jahrhunderts. Seine kontinuierliche In-
tensivierung und Präzisierung führten zum Naturalismus." [307]

---

302 Wilibald Gurlitt, Robert Schumann und die Romantik in der Musik,
in: Julius Alf und Joseph A. Kruse (Hg.), Robert Schumann – Uni-
versalgeist der Romantik, Düsseldorf 1981, S. 21 f.

303 Karl H. Wörner, Geschichte der Musik, Göttingen 1954, S. 202.

304 Ebda., 2. Aufl. Göttingen 1956, S. 218.

305 Hans Albrecht, Artikel „Impressionismus", in: Die Musik in Geschichte und Gegenwart, 1. Aufl., Bd. 6, Kassel 1957, Sp. 1053 f.

306 Wolfgang Dömling, Hector Berlioz. Die symphonisch-dramatischen
Werke, Stuttgart 1979.

307 Detlef Altenburg, Neudeutsche Schule, in: Die Musik in Geschichte und Gegenwart, 2. Auflage, Sachteil Bd. 7, Kassel usw. 1997,
Sp. 68.

Berlioz

Daß der Name Berlioz oft im deutsch-, aber selten im französischsprachigen musikästhetischen Diskurs der Zeit auftaucht, hat seine Gründe: In Frankreich hat Berlioz zunächst nur gelegentliche Beachtung und Wertschätzung als Komponist erfahren. Nachdem er im *Lélio*-Monolog Fétis höchstpersönlich aufs Korn genommen hatte, wurde er namentlich von dessen Zeitschrift geradezu bekämpft. In Deutschland sah man seine Position aus größerem Abstand und mit mehr Begeisterung: 1835 veröffentlichte Robert Schumann in der *Neuen Zeitschrift für Musik* seinen berühmten Essay über die *Symphonie fantastique*;[308] seit 1842 kam Berlioz zu Konzertreisen Deutschland, die zwar an einzelnen Stationen mit Mißerfolgen endeten, insgesamt gesehen aber dafür sorgten, daß er als eine Größe im deutschen Musikleben der Zeit verstanden wurde.

Ein erster Höhepunkt ist in diesem Sinne ein mit großer Liebe einstudiertes Konzert in Braunschweig, das den fortschrittlich gesonnenen Wolfgang Robert Griepenkerl zu seiner Novelle *Ritter Berlioz in Braunschweig* (1843) veranlaßt hat. Im November 1852 findet in Weimar eine ganze Berlioz-Woche statt. Initiator ist der Berlioz freundschaftlich verbundene Franz Liszt, der 1855 mit seinem großen Essay *Berlioz und seine Harold-Sinfonie* auch literarisch für den Komponisten Propaganda macht.

1853 ist Berlioz nebst Wagner und Liszt auf dem Karlsruher Musikfest vertreten; er dirigiert dort persönlich und von 1856 bis 1863 sogar regelmäßig jeden Sommer auf Einladung des Operndirektors Édouard Bénazet. Ende 1853 leitet Berlioz in Leipzig mit großem Erfolg das Leipziger Gewandhausorchester. Hedwig von Holstein, eine Musikkennerin und Schlüsselfigur im örtlichen Musikleben, vergleicht in ihren Tagebuchnotizen den Auftritt von Berlioz mit dem des jungen Brahms:

> „Er ist Philosoph in der Musik, ja ein sophistischer. Die spitzfindigsten Unglaublichkeiten macht er möglich. Er ist ein Genie, ganz unwiderleglich, das sich durchaus neue Bahnen gebrochen, das den

---

308 Vgl. Ute Bär (Hg.), Robert Schumann und die französische Romantik, Mainz 1997.

alten Boden unter den Füßen verschmäht, aber darum in einem luft-
leeren Raume schwebt, wohin ihm wenige folgen können. Auch
kann mich seine Musik nur aufregen, loßreißen von mir selbst; be-
seligen und zu Gott führen kann sie mich nicht […] Dem armen
Brahms erging es sehr schlecht; was kann der arme Junge dafür, daß
Schumann durch sein unvernünftiges Lob alle Neider und alle Spöt-
ter auf ihn hetzt!"

Einige Tage später stellt sie den „gährenden Elementen" im
Schaffen von Berlioz „eine ungeheure Tiefe und Kraft, einen
großen Ernst" in der C-Dur-Klaviersonate von Brahms gegenüber, die der Zwanzigjährige in einem Hauskonzert gespielt
hat.[309] Obwohl schon damals Brahms-Verehrerin, sieht Hedwig
von Holstein durchaus die „neuen Bahnen" – sie übernimmt
diesen Ausdruck aus Schumanns hymnischem Brahms-Artikel –
im Schaffen von Berlioz. Ohne entsprechende Begriffe zu verwenden, vermag sie den Unterschied zwischen autonomer, tradi-
tionsverhafteter, idealistischer Tonkunst und ihrem realistischen
Widerspiel anzudeuten; vor allem aber – das ist in diesem Kontext das Wesentliche – macht sie klar, daß Berlioz auf dem Höhepunkt des Realismus-Diskurses kein Komponist von gestern ist,
vielmehr im Musikleben Deutschlands *expressis verbis* den – guten
oder bösen – Fortschritt verkörpert und somit nicht grundlos in
einem Atemzug mit Liszt und Wagner genannt wird.

Übrigens ist es fast belustigend zu sehen, wie unterschiedlich
die Vertreter der feindlichen Lager das Leipziger Berlioz-Kon-
zert beurteilen. Wie erwähnt, schreibt Otto Jahn in den *Grenzboten* über den ironisch als „Gott" apostrophierten Berlioz bei einigem Respekt vor dessen Talent muffig und ablehnend.[310]
Peter Cornelius berichtet über seinen „modernen Lieblingsmei-
ster" für die Berliner Musikzeitung *Echo* witzig und farbig.[311]

---

309 Eine Glückliche. Hedwig von Holstein in ihren Briefen und Tage-
     büchern, Leipzig 1901, S. 110–112. – Vgl. dazu Martin Geck, Nicht
     nur Komponisten-Gattin. Hedwig von Holstein im Musikleben ihrer
     Zeit, in: Klaus Hortschansky (Hg.), Gedenkschrift für Anna Amalie
     Abert, Tutzing 1997.
310 Otto Jahn, Hector Berlioz in Leipzig, in: Gesammelte Aufsätze über
     Musik, Leipzig 1866, S. 95 ff.
311 Cornelius, Eine Kunstfahrt nach Leipzig, in: Literarische Werke, wie
     Anm. 272, Bd. 3, Aufsätze über Musik und Kunst, S. 29 ff.

Übrigens dürfte er eine aktuelle Stimmung treffen, wenn er Deutschland als „geistige Heimat" von Berlioz bezeichnet;[312] und gewiß hat auch die *Neue Zeitschrift für Musik* Recht, wenn sie um die gleiche Zeit meint, Deutschland interessiere sich jetzt mehr denn je für Berlioz.[313]

Das ist schon ein erstaunliches Interesse, da es sich ja nicht in zeitüblicher Weise auf einen mit fremdländischer Aura umgebenen Virtuosen und nicht einmal auf einen herausragenden Dirigenten richtet; denn Berlioz läßt seine Werke in Deutschland vielfach von anderen dirigieren. Es gilt dem Komponisten der *Symphonie fantastique*, der Sinfonie *Harold en Italie*, der *Grande Messe des morts*, der Oper *Benvenuto Cellini*, der dramatischen Sinfonie mit Chor *Roméo et Juliette*, der dramatischen Legende *La damnation de Faust*, des *Te Deum* und des Oratoriums *L'enfance du Christ*, dessen 2. Teil seine Uraufführung in Leipzig erlebt.

Und dieses Interesse ist ein spezifisches: Berlioz wird als Komponist weniger verehrt als gebraucht. Seit der frühen Rezension der *Symphonie fantastique* durch Robert Schumann – übrigens allein nach dem von Liszt angefertigten Klavierauszug geschrieben – hat sich an dieser Ambivalenz wenig geändert: Die Musik nach Beethoven – darin ist man sich im fortschrittlichen Lager einig – kann nicht so weitergehen, wie es sich die Befürworter des Klassizismus vom Schlage des selbst Beethoven mit Skepsis begegnenden Fétis wünschen, und damit *nolens volens* im Formalismus erstarren. Sie muß vielmehr ein Potenzial realisieren, das schon bei Beethoven vorhanden war: die Fähigkeit zu scharfer Charakterzeichnung, die allein es ihr ermöglicht, mit den anderen Künsten im Wettbewerb um die Bestimmtheit des Ausdrucks und um die Teilnahme an dem zu schaffenden Gesamtkunstwerk erfolgreich zu sein. ,Bestimmtheit des Ausdrucks' und ,Gesamtkunstwerk' sind nur scheinbar Gegensätze: Die „fortschrittlich" denkenden Künstler des 19. Jahrhunderts sind einerseits um psychologische Glaubwürdigkeit bemüht, um

---

312   Herbert Schneider, Urteile über Opernkomponisten und die Frage der Rezeption der Oper in den Schriften von Cornelius, in: Hellmut Federhofer und Kurt Oehl (Hg.), Peter Cornelius als Komponist, Dichter, Kritiker und Essayist, Regensburg 1977, S. 229.
313   *NZfM* Bd. 39, 1853, S. 265.

in der Erklärung der Welt mit den gewaltig aufkommenden Naturwissenschaften konkurrieren zu können. Sie träumen andererseits vom Gesamtkunstwerk, welches eine Kunstreligion zu konstituieren vermag, in der sich mythologisches und Fortschrittsdenken die Hand reichen.

So ruhen die Hoffnungen auf Wagner. Doch mit seinen drei romantischen Opern – *Holländer, Tannhäuser, Lohengrin* – ist er kompositorisch auf halbem Wege stehengeblieben; und bis auf weiteres speist er seine Anhänger mit theoretischen Schriften, programmatischen Erklärungen und immerhin der Dichtung zum *Ring des Nibelungen* ab. Inzwischen versucht es Liszt mit Klavierwerken wie *Vallée d'Oberman* und sinfonischen Dichtungen wie *Mazeppa*. Doch augenscheinlich ist er – auch nach eigener Einschätzung – als Komponist nicht durchschlagskräftig. Deshalb empfiehlt er als Option auf die Zukunft Wagner, in der Praxis des Alltags Berlioz. Dieser ist für ihn wie auch für Peter Cornelius und Richard Pohl ein Johannes der Täufer, der auf den Messias hinweist. So sieht es auch Wagner selbst, der in seinem Leben Berlioz einmal mehr, einmal weniger anerkannt, einmal mehr einmal weniger unter Beschuß genommen hat.

Auch terminologisch gesehen, ist Berlioz' Stellung im Romantik-Realismus-Diskurs widersprüchlich. Zweifellos fiel „Berlioz' Talent", um Richard Pohl zu zitieren, „mit der phantastisch romantischen Zeitrichtung" zusammen,[314] wie sie sich besonders in Frankreich zeigte. 1827 hatte der von Berlioz hochgeschätzte und mehrfach vertonte Victor Hugo seinem Versdrama *Cromwell* eine *Préface* vorangestellt, deren antiklassizistische Stoßrichtung Wasser auf Berlioz' Mühlen war und ihn in der Auffassung ermunterte, daß das Häßliche neben dem Schönen existiere, das Ungeregelte neben dem Anmutigen, das Groteske neben dem Erhabenen, das Schlechte mit dem Guten, der Schatten mit dem Licht.

In der Nahsicht ist der Sachverhalt freilich verwickelter: Aus der französischen Schauerromantik erwächst, wie bereits angedeutet, unversehens „realistische" Sozialkritik. Zwar wird man die letztere bei Berlioz vergeblich suchen. Wie Matthias Brzoska

---

314 Hoplit (Richard Pohl), Hector Berlioz, in: *NZfM* Bd. 39, 1853, S. 263.

am Beispiel der Rompreiskantate *La mort de Cléopâtre* von 1829 gezeigt hat, ist Berlioz jedoch keineswegs als unkritischer Anhänger Hugos einzuordnen, vielmehr einer zweiten, von diesem sich distanzierenden Romantikergeneration zuzurechnen; und mit seiner Forderung nach „vérité d'expression" ist ein höheres Maß an „Bestimmtheit" der Musik verbunden, als es der Frühromantik generell wünschenswert erschien.[315]

Das macht aus Berlioz noch keinen „Realisten", jedoch verständlicher, daß Franz Brendel, wie erwähnt, in der 4. Auflage seiner Musikgeschichte erstmals das Schlagwort „Realismus" in den Mund nahm, um es speziell auf Berlioz anzuwenden – erwartungsgemäß in zweischneidigem Sinne: Brendel ist Frühromantiker genug geblieben, um von der Musik jenes ideale Streben nach Absolutheit zu erwarten, daß ihm bei Berlioz fehlt. Dieser schaltet im Sinne des literarischen und malerischen Realismus zwar virtuos mit dem Material, vermag aber nur die Sinne, nicht das Gemüt zu befriedigen. Seine pittoreske und höchstens grotesk-erhabene Kunst sublimiert zu wenig,[316] um die Wirklichkeit in wünschenswerter Weise zu idealisieren. Bewundernswert „realistisch" ist Berlioz freilich in Auswahl und Präsentation seines Materials. Das Für und Wider war schon 1853 von Richard Pohl abgewogen worden: Da gibt es hohes Lob; doch zugleich steht Wagner vor der Tür. Dazu Franz Liszt:

> „Für uns ist Berlioz der letzte Instrumentalkomponist in Bezug auf Bestimmtheit und Schärfe der musikalischen Charakteristik. Über seine poetischen Intentionen kann und darf keiner mehr hinaus, weil er der Instrumentalmusik schon das Höchste und Äußerste abringt, was sie zu leisten vermag. Seine Instrumente ringen nach dem Worte wie nach der Erlösung, ebenso wie die Bässe im letzten Satz der Beethovenschen 9. Symphonie. Sie wollen sich plastisch gestalten, sie wollen Bild und Sprache werden, sind aber wie mit

---

315   Matthias Brzoska, Die Idee des Gesamtkunstwerks in der Musiknovellistik der Julimonarchie, Laaber 1995 (Thurnauer Schriften zum Musiktheater, Bd. 14), speziell S. 124–133.

316   Zu diesen Termini vgl. das Kapitel „Ambivalanz des Häßlichen in der Romantik und bei Nietzsche" in Carsten Zelle, Die doppelte Ästhetik der Moderne. Revisionen des Schönen von Boileau bis Nietzsche, Stuttgart und Weimar 1995.

einem Zauberbann belegt, der ihnen Sprache und Gestalt ver-
wehrt. So müssen sie in dem Zauberkreis verharren und gerade
darum das Höchste leisten, was die Instrumentalmusik zu leisten
vermag."[317]

Ähnliches meint Raff, wenn er feststellt, daß jede Objektivierung des Ausdrucks zu einer „strikten Bestimmung durch das
Wort" dränge.

Dessen ungeachtet hat Wolfgang Dömling Recht, wenn er
bereits hinter der Instrumentalmusik von Berlioz die Vorstellung
einer „imaginären Szene" sieht und nicht zuletzt deshalb die
Meinung vertritt, hier zeige sich eher als im Schaffen anderer
Komponisten seiner Epoche „der Beginn einer Moderne in der
Musik". „Mehrdimensionalität", u. a. im Sinne von „Stilbruch
und Parodie, artistischem Handhaben von Stilen als Verfahren",
„Prosa-Struktur" und die „Verabschiedung des Schönen" sind
für Dömling Kriterien dieser Moderne.[318]

Man mag das „noch" für die Romantik oder „schon" für
den Realismus in Anspruch nehmen. Vielleicht bezeichnet
man Berlioz am besten als Romantiker, dessen Musik durch die
Tendenz zur „Objektivierung des Ausdrucks", wie Joachim
Raff es formuliert,[319] dem Realismus mächtige Impulse gibt.
Daß vor diesem Horizont spätere Generationen Berlioz als den
Begründer einer romantisch-realistischen Schule betrachtet
haben, stellt sich somit weniger als Geschichtsblindheit dar
denn als achtbarer Versuch einer ‚gerechten' historischen Ein-
ordnung.

In seiner eigenen Sicht war Berlioz allerdings „bloß" Künstler
und für kulturpolitische Ziele nicht zu vereinnahmen. Zwar beschäftigte er sich lebenslang mit sozialreformerischen und -uto-
pischen Ideen im Sinne des Saint-Simonismus; indessen war
seine politische Haltung uneindeutig: Zeitweilig sieht man ihn
als Anhänger des französischen Sozialismus, dann als Skeptiker
und – im Dienste des eigenen Werkes – sogar als Rechtsoppor-
tunisten.

---

317 Franz Liszt, Hector Berlioz, in: *NZfM* Bd. 39, 1853, S. 240.
318 Wolfgang Dömling, Hector Berlioz und seine Zeit, Laaber 1986, S. 153.
319 Raff, wie Anm. 254.

Liszt

Eigenschaften, die Berlioz ‚fehlen', ‚besitzt' Franz Liszt: Er ist Republikaner und Sozialkritiker par excellence. 1830 hat er in Paris eine Revolutionssinfonie geplant und fünf Jahre später – nicht zuletzt unter dem Einfluß von Marie d'Argoult – in der *Gazette musicale* eine engagierte Artikelfolge unter der Überschrift *De la situation des artistes et de leur condition dans la société* erscheinen lassen, die durch die deutsche Gesamtausgabe seiner Schriften unter dem verharmlosenden Titel *Zur Stellung der Künstler* bekannt ist. Liszt spricht von der „großen Wunde unseres Zeitalters": dem außerordentlichen „Übergewicht der materiellen Interessen". Genauer wird er, wo es um seinen eigenen Berufsstand geht. Er rügt den „kleinlichen, geschäftlichen Eigennutz" vieler Musiker und ihren „Mangel an künstlerischem Glauben", benennt freilich auch die Ursache, die sie zwingt, sich zu verkaufen, anstatt eigene Ideen zu verwirklichen: den herrschenden Konkurrenzdruck.[320]

Liszts Reformvorschläge verraten ein beachtliches Reflexionsniveau: Nicht der einzelne Künstler muß sich läutern, seine materielle Einstellung aufgeben und sich unter persönlichen Opfern der reinen Kunst verschreiben. Vielmehr gilt es, die gesellschaftlichen Bedingungen für künstlerisches Handeln zu verbessern: Die öffentliche Hand soll Konzertinstitutionen fördern, die nicht vom Gewinnstreben ihrer Unternehmer oder vom Tagesgeschmack des Publikums abhängig sind; die Konservatorien sollen ihre Schüler nicht zu geistlosen Konzertvirtuosen erziehen, sondern zu Künstlern, die zum Fortschritt in der Musik beitragen; außerhalb der Konservatorien sollen „Fortschrittsschulen" für Musik gegründet werden, die besser als jene in der Lage sind, die musikalische Produktion an die Ideen der Zeit heranzuführen; an den Volksschulen soll Musikunterricht eingeführt werden, damit ein verständiges Publikum heranwächst usw.

In den Revolutionsjahren 1848/49 sympathisiert Liszt vor allem mit dem Aufstand der Ungarn gegen die Habsburger. In

---

320 Franz Liszt, Gesammelte Schriften, hg. v. Lina Ramann, Leipzig 1880 ff. Bd. 2, S. 7–14 u. 20 f.

Weimar läßt er sich zum wirklichen Kapellmeister machen – er-
klärtermaßen mit der Absicht, in dieser Position für die Reform
des öffentlichen Musiklebens wirken zu können. Zugleich
flackert noch einmal das politische Feuer der Jugendjahre auf:
Liszt nimmt sich seine *Revolutions-Sinfonie* vor. Nachdem jedoch
die deutsche Revolution von 1848/49 gescheitert ist, wird dieser
frühe Versuch konkreter Parteinahme endgültig beiseitegelegt.
„Resigniert" oder „realistisch" in seiner Einstellung gegenüber
den politischen Verhältnissen: Liszt findet seine Themen und
Stoffe nunmehr im Raum von Mythos und Geschichte.

Gleichwohl ist der Weg, den Liszt vom Klaviervirtuosen zum
Komponisten einer Sinfonischen Dichtung wie *Mazeppa* zu-
rückgelegt hat, schwer ohne den Impuls der bürgerlichen Revolution denkbar. Daß Liszt unter ihrem Eindruck nicht länger
Klavierkompositionen aus der Perspektive eines „voyageurs"
und genialen Virtuosen, vielmehr Orchesterwerke aus der Sicht
des verantwortungsvollen Bürgers schreiben will, hat auch kompositionsgeschichtliche Folgen: Hätte er sich nicht berufen gefühlt, die „Aufgabe [der Musik] im sozialen Leben, ihre ethische
Bestimmung und Berechtigung" zu propagieren,[321] so gäbe es
seine Sinfonischen Dichtungen nicht.

Der „nachrevolutionäre" Weimarer Liszt kommt mit den Sujets seiner Sinfonischen Dichtungen und programmatischen Sinfonien[322] den realistischen Tendenzen seiner Zeit gewiß ein
wenig näher als der „romantische" Klavierkünstler Liszt: Or-
pheus, Prometheus, Mazeppa, Dante, Tasso, Hamlet und Faust
stellen Leitfiguren dar, in denen sich nicht nur Einzelschicksale,
sondern allgemeine gesellschaftliche Ideale spiegeln. Daß aus dem
in private Affären verstrickten Jungadeligen Mazeppa nach Zeiten
tiefsten Leidens ein Volksführer wird, konnte von den Verfechtern des Realismus nur mit Wohlwollen betrachtet werden.

Doch das sind Nuancen. Insgesamt gesehen, erweisen sich die
Sujets von Liszts Sinfonischen Dichtungen weit weniger vom

---

321 *NZfM* Bd. 43, 1855, S. 245.
322 Vgl. zum Thema Detlef Altenburg (Hg.), Liszt und die Weimarer
     Klassik, Laaber 1997 (Weimarer Liszt-Studien, Bd. 1). Darin u. a.
     Wolfram Steinbeck, Von latenter Musik und Symphonischer Dich-
     tung. Zu Liszts „Prometheus", S. 179–194.

realistischen Zeitgeist beeinflußt als etwa Wagners *Ring*-Dichtung: Es bleiben in der Tendenz romantische Sujets – nicht ohne einen Zug zur Klassizität, wie ihn der Weimarer Liszt pflegt.

Was steuert die Musik zum Realismus-Diskurs bei? Die Sinfonischen Dichtungen sind nicht so erfolgreich gewesen, wie man in der Rückschau meinen mag. Dazu wirkten sie im Vergleich zu der Musik Berlioz' zu bieder. Zwar zeigt sich Franz Brendel im Jahre 1859 überzeugt,

> „daß Liszt's Werke das Ideal unserer Zeit sind auf dem Gebiet der Instrumentalmusik, dasjenige, was kommen mußte, wenn wirklicher Fortschritt stattfinden sollte, das bedeutendste, was die Gegenwart auf diesem Gebiet besitzt, dasjenige, worauf Schumann und Berlioz bereits hingearbeitet haben".[323] Geschichtsphilosophisch gesehen: „Die Spitze des Gedankens, nach der Alles hindrängt, ist mit Bestimmtheit ergriffen, und damit das Üebergewicht der Idee zum Prinzip erhoben".[324]

„In den einzelnen Werken" freilich begegnen wir nicht „der Mannigfaltigkeit der Stimmungen, nicht dem Reichthum des Gefühlslebens, nicht der Menge innerer Zustände, wie bei Beethoven".[325]

Gerühmt wird Liszt immer wieder als Meister der Harmonik. So meint August Wilhelm Ambros im Jahr 1860:

> „Er versteht es, die Stimmen von den einfachsten Combinationen bis zur complicirtesten Verwickelung über einander zu bauen, er versteht es mit Urkraft, tönende Verbindungen zusammenzustellen und keine Tiefe, keine Feinheit der harmonischen Kunst ist ihm fremd."[326]

Was Liszt in seinem *Berlioz*-Essay über Berlioz sagt, mag er letztlich auch auf seine eigenen Sinfonischen Dichtungen gemünzt haben:

> „'Harold' und die 'Sinfonie Fantastique' sind als Dichtungen denen Byron's, Senancour's, Jean Paul's verwandt. Es sind psychologische

---

323   Franz Brendel, Franz Liszt als Symphoniker, Leipzig 1859, S. 6.
324   Ebda., S. 35.
325   Ebda., S. 44.
326   August Wilhelm Ambros, Culturhistorische Bilder aus dem Musikleben der Gegenwart, Leipzig 1860, hier zitiert nach der 2. Aufl., 1865, S. 171.

Gebilde, wie sie diese Dichter, jeder in der ihm eigenen Ausdrucksweise, geschaffen haben würden."[327]

Wenn Franz Brendel von Liszts Sinfonischen Dichtungen sagt:

„Die neue Form ist schön, ist psychologisch wahr, zugleich den Gesetzen der Tonkunst entsprechend",[328]

so umschreibt er, was anderen Orts als „Realidealismus" bezeichnet wird. Liszts Sinfonische Dichtungen folgen einer poetischen Idee, sind im Sinne psychischer Prozesse, jedoch auch als musikalische Form nachvollziehbar.

Indessen bleiben leichte Zweifel, und diese hat Wagner auf den Punkt gebracht. In dem bereits erwähnten *Offenen Brief an Marie Wittgenstein über Franz Liszts Symphonische Dichtungen* aus dem Jahr 1857 gibt er bei aller Höflichkeit gegenüber dem Freund deutlich zu verstehen, daß er sich mit dem Genre insgesamt eigentlich nie habe anfreunden können, weil er nur allzu oft den „musikalischen Faden verloren" habe, ohne daß er sich an „szenische Motive" im Sinne des Musikdramas hätte halten können.[329] Die „psychologische Wahrheit" der Musik ist zu ihm nicht durchgedrungen.

Wagner

Von außen betrachtet, erscheint es unangemessen, Wagner mit dem Realismus-Diskurs in Verbindung zu bringen. Mythos, Stabreim, Bühnenweihfestspiel, Bayreuth – all das sind *pars pro toto* Termini, die traditionellen Vorstellungen von „Realismus" diametral entgegenzustehen scheinen. In der Tat muß nicht betont werden, daß Wagner und seine Werke im Realismus-Diskurs nicht aufgehen, sondern vielfach quer zu ihm stehen und ihn in ästhetischer Hinsicht geradezu sprengen. Indessen ist es kein Zufall, daß der Name Wagner auf den bisherigen Seiten

---

327 Franz Liszt, Berlioz und seine „Harold-Symphonie", wie Anm. 408, S. 98.
328 Brendel, wie Anm. 323, S. 14.
329 Wagner, wie Anm. 258, S. 193 f.

dieses Buches so häufig aufgetaucht ist wie kaum ein anderer. Zweifellos steckt Wagner in diesem Diskurs drin, und das ist ein spezielles Kapitel wert – ein Kapitel, das nicht gleich den vorangegangenen zu Wagner hinführt, sondern ihn selbst in den Mittelpunkt rückt.[330]

Daß Wagner an dem Diskurswechsel oder -bruch von der Romantik zum Realismus mitbeteiligt ist, läßt sich exemplarisch an einem Detail ablesen. Nachdem er *Holländer*, *Tannhäuser* und *Lohengrin* mit offensichtlicher Emphase als „romantische Opern" bezeichnet und die Libretti dieser Werke einige Jahre später noch einmal ausdrücklich herausgegeben hatte,[331] ließ er in den nachfolgenden Bühnenwerken von der Bezeichnung „romantische" Oper vollkommen ab. *Siegfrieds Tod*, textliches Urbild der späteren *Götterdämmerung*, ist *Heldenoper* oder *Tragödie* genannt, *Der junge Siegfried*, aus dem später *Siegfried* wird, heißt in den ersten handschriftlichen Textbüchern „Drama", der ganze *Ring* ist schließlich als *Bühnenfestspiel* bezeichnet. Ohne daß er deshalb von den bereits komponierten Werken abrücken müßte, ist Wagner das Ideal der romantischen Oper mit all ihren Implikationen, zu deren Grundinventar Wunder und Erlösungstod gehören, offensichtlich obsolet geworden.

Wir erinnern an das oben (S. 15 ff.) bereits allgemein Gesagte: War der alte Diskurs „Romantik" an „Poesie", „Lyrik", „Religion" und „Individuum" gekoppelt, so der neue Diskurs „Realismus" an „Philosophie", „Epos und Drama", „Politik" und „Volk". Damit steht Wagner, was das Genre des Musiktheaters angeht, nicht allein. Vielmehr gibt es im Vormärz auch andere Stimmen.

So macht sich Ende des Jahres 1847 Wolfgang Robert Griepenkerl, siebenunddreißigjähriger Professor der Kunstgeschichte und Literatur, freilich soeben von seinem Amt zurückgetreten, von seinem Heimatort Braunschweig aus auf den Weg, um in

---

330 Eine andere Fassung des Kapitels über Wagner als: Martin Geck, Richard Wagner und der musikalische Realismus in: Klaus Döge u. a. (Hg.), „Schlagen Sie die Kraft der Reflexion nicht zu gering an". Beiträge zu Richard Wagners Denken, Werk und Wirken, Mainz u. s. w. 2001, S. 182–192.

331 Richard Wagner, Drei Operndichtungen nebst einer Mittheilung an seine Freunde als Vorwort, Leipzig 1852.

Leipzig einen Zyklus von sechs Vorträgen über *Die neueste Kunstepoche* zu halten. Noch vor Anbruch der revolutionären Unruhen hat dieser Propagandist der französischen Revolution eine Art Standortwechsel vollzogen: Er ist von einem Anhänger wild phantastischer Romantik, wie sie sich in seiner 1838 erschienenen Novelle *Das Musikfest oder die Beethovener* spiegelt, zu einem frühen Realisten geworden:

> „Die Kunst hat aufgehört, Spielerei zu sein. […] Es gab eine Zeit, wo das einsame Träumen am murmelnden Bach, langweiliges Turteltauben-Geschwätz und eine im Schweiße des Angesichts herausgequälte Form für wahre Kunst galten. Diese Zeit ist nicht mehr. Jener lächerliche Kunstabsolutismus des Individuums hat seine Endschaft erreicht. Das große öffentliche Leben, das bei allem Narrenhaften der zusammengeworfenen Elemente die Maske des furchtbaren Ernstes in der Gesamtanschauung entgegenhält – dieses ist jetzt die eigentliche Werkstatt des Künstlers.“[332]

Bereits im August 1847 hatte Griepenkerl vor der ersten Leipziger Tonkünstler-Versammlung im Saal des Gewandhauses einen Vortrag über *Die Oper der Gegenwart* gehalten, der alsbald in der *Neuen Zeitschrift für Musik* mitgeteilt wird. Griepenkerl nimmt auch hier den „Ruf der Zeit" nach „Wirklichkeit" auf, bezeichnet die romantische Oper als überwunden und fordert einen Opernkomponisten,

> „der sich unserer gewaltigen Zeit gegenüber in dem Waffenschmucke zeigt, womit wir diese Zeit erobern", der „ein Werk hervorbringt, das heiß herausgeholt aus den Fragen des gegenwärtigen Tages, den eigentlichen Kern der größesten Beziehungen unserer Zeit birgt – ein Werk, das in seiner Katastrophe eine Spitze der dramatischen Größe erreicht, wie sie gar kein Werk dieser Gattung, es mag Namen haben, welche es wolle, erklommen hat."[333]

Griepenkerl sieht dieses Werk vorläufig in den 1836 erschienenen *Hugenotten* Meyerbeers verwirklicht. Zwar versteht er sich

---

332 Vgl. Martin Geck und Peter Schleuning, „Geschrieben auf Bonaparte". Beethovens „Eroica": Revolution, Reaktion, Rezeption, Reinbek 1989, S. 242.
333 Wolfgang Robert Griepenkerl, Die Oper der Gegenwart, in: *NZfM* Bd. 27, 1847, S. 103.

keineswegs als ein Fahnenträger dieses Komponisten, meint jedoch, angesichts der Seichtigkeit der Gattung müsse man Meyerbeers Niveau überhaupt erst einmal erreichen.[334]

Um die gleiche Zeit, im Jahr 1844, fordert der einflußreiche
Ästhetiker Friedrich Theodor Vischer in seinen *Kritischen Gän-
gen* eine deutsche Nationaloper und hier wiederum, wenngleich
nicht ohne Warnungen, die Behandlung des Nibelungen-Stof-
fes – eine Anregung, welche die Librettistin und Frauenrechtle-
rin Luise Otto ein Jahr später in der *Neuen Zeitschrift für Musik*
begeistert aufgreift:

> „In der Oper versammeln sich nicht nur die Kunstkenner – da
> herrscht die Menge. O die Menge ist bildsam, wenn sie auch unge-
> bildet heißt – gebt Ihr was sie will und bedarf: nationale Musik zu
> einem nationalen Stoff – gebt Ihr die Nibelungen als Oper, und der
> erste Schritt zur Vereinigung ist gethan."[335]

Die zwischen 1855 und 1860 entstandene, alsbald erfolgreich
aufgeführte *Nibelungen*-Trilogie Friedrich Hebbels läßt sich dann
durchaus im historischen Kontext „zwischen der Verwerfung
der Achtundvierziger Revolution und dem Geist der Gründerzeit",[336] das heißt einem Realismus-Diskurs zugehörig betrachten, der freilich weit gefaßt werden muß, wenn er so unterschiedliche Phänomene wie Hebbels *Nibelungen* und Wagners
Ring umfassen soll.

Der Ring des Nibelungen als materiale Auseinandersetzung mit der „Wirklichkeit des socialen Lebens"

Über den „Völkerfrühling" des Revolutionsjahrs 1848 bemerkt
Wagner am 2. Mai 1874 in der Rückschau gegenüber Cosima:
„Ich selbst, ich hätte, glaube ich, den Ring nicht konzipiert ohne

---

334   Vgl. zu diesem Thema Carl Dahlhaus, Wagner, Meyerbeer und der
Fortschritt. Zur Opernästhetik im Vormärz, in: Ernst Herttrich
und Hans Schneider (Hg.), Festschrift Rudolf Elvers, Tutzing 1985,
S. 103–116.
335   Luise Otto, Die Nibelungen als Oper, in: *NZfM* Bd. 23, 1845, S. 52.
336   Jost Hermand, Hebbels „Nibelungen" – Ein deutsches Trauerspiel,
in: Helmut Kreuzer (Hg.), Hebbel in neuer Sicht, Stuttgart 1963,
S. 315–333.

diese Bewegung". In der Tat zeigt die damals niedergeschriebene Dichtung *Siegfrieds Tod*, ein erster Baustein zum *Ring*-Projekt, entscheidende Akzentverlagerungen gegenüber den bisherigen „romantischen" Opern: Zwar gibt es noch den e i n e n Helden, doch dieser ist geradezu das Gegenbild zu Lohengrin, nämlich „der männlich verkörperte Geist der ewig und einzig zeugenden Unwillkür, des Wirkers wirklicher Thaten, des Menschen in der Fülle höchster, unmittelbarster Kraft und zweifellosester Liebenswürdigkeit".[337]

Zudem wird Wagner alsbald klar, daß er in einem Bühnenwerk, das einen einzigen Helden hat, der „Wirklichkeit" – von dieser Kategorie wird nunmehr ausführlicher die Rede sein – nicht gerecht wird. Siegfried trägt „eine Fülle großer Beziehungen" mit sich herum, und diese lassen sich nicht „erzählungsweise" mitteilen, sie müssen szenisch dargestellt werden. So entwirft Wagner einen großen „Mythos" für einen Vorabend und drei Tage – eben den *Ring des Nibelungen*.

Carl Dahlhaus bescheinigt der *Ring*-Dichtung eine „latente Affinität zum Realismus", die etwa dann zutagetrete, „wenn man unter der mythologischen Oberfläche der Dialoge zwischen Wotan und Fricka die Umrisse einer Ibsen-Szene erkennt".[338] Doch das sind eher Details. Grundsätzlicher gesehen, hätte Wagner es als Unterstellung zurückgewiesen, es gebe in seiner Dichtung eine mythologische „Oberfläche": Sein Werk ist ganz und gar die „neue Mythologie", nach der das 19. Jahrhundert begehrt.[339] In seinem Essay *Zukunftsmusik* bemerkt er im Jahre 1860, auf die in *Oper und Drama* geäußerte Theorie zurückblickend:

„Als den idealen Stoff des Dichters glaubte ich daher den ‚Mythos' bezeichnen zu müssen, dieses ursprünglich namenlos entstandene Gedicht des Volkes, das wir zu allen Zeiten von den großen Dichtern der vollendeten Kulturperioden immer wieder neu behandelt antreffen; denn bei ihm verschwindet die konventionelle, nur der abstrakten Vernunft erklärliche Form der menschlichen Verhältnisse fast vollständig, um dafür nur das ewig Verständliche, rein Menschliche,

337 Wagner, Eine Mittheilung an meine Freunde, Bd. 4, S. 328.
338 Dahlhaus, wie Anm. 7, S. 120.
339 Manfred Frank, Der kommende Gott. Vorlesungen über die Neue Mythologie, 1. Teil, Frankfurt a. M. 1982.

aber eben in der unnachahmlichen konkreten Form zu zeigen, welche jedem ächten Mythos seine so schnell erkenntliche individuelle Gestalt verleiht."[340]

Indessen haben Wagners Vorstellungen von einer neuen Mythologie durchaus Schnittflächen mit dem Realismus-Diskurs. Zum einen ist der Mythos ein Produkt des Volkes; zum anderen ist er die Objektivation und Konkretion von Erfahrungen, die – so könnte man ergänzen – in der romantischen Ära tendenziell individualistisch geblieben waren. Vor allem aber drängt es Wagner mit allen Fasern, die Wirklichkeit s e i n e r Zeit zu erfassen; in diesem Sinne konzentriert der *Ring des Nibelungen* entscheidende Gegenwartsprobleme. Was ist er anderes als die im Medium des Mythos geführte Auseinandersetzung mit der schlechten, von der Gier nach Geld und Macht bestimmten „Wirklichkeit des socialen Lebens", von der Wagner immer wieder spricht?

Auch das Ende des *Rings*, die Götterdämmerung, hat ja durchaus realistische Züge, auch wenn es nicht diejenigen des genügsam optimistischen *Grenzboten*-Realismus sind: Die alte Welt ist real am Ende; sie kann nicht erlöst werden wie Holländer und Tannhäuser als „romantische" Helden spirituell erlöst wurden; sie muß neu anfangen – der Funke zu einer möglichen Erneuerung glimmt noch.

Zeitgenossen haben in Wagners *Ring* den Geist der Zeit gespürt – etwa Heinrich Porges, der 1866 als Mitredakteur der *Neuen Zeitschrift für Musik* aus seiner Begeisterung für die gerade erschienene *Ring*-Dichtung keinen Hehl macht:

„Es besteht darin eine der größten Aufgaben der Gegenwart, den Wahn zu zerstören, daß der schaffende Künstler losgetrennt vom Organismus der Gesammtheit zu wirken vermöchte […] Es gilt jetzt, das als höchsten Gehalt des Lebens zu erfassen, was ein Jeder nothwendig in seinem eigenen Dasein als dessen innersten Kern fühlen, als dessen wesentlichstes Ziel erstreben muß. […] Und das ist es auch, was Wagner, der würdige Geisteserbe Beethoven's, als Religion der Zukunft, als ‚Religion der Allgemeinsamkeit' bezeichnet, wo wir dann aufhören, ‚Einzelne, Einsame, Unfreie' zu sein …"[341]

---

340   Wagner, „Zukunftsmusik", Bd. 7, S. 104 f.
341   Heinrich Porges, Richard Wagners „Ring des Nibelungen", in: *NZfM* Bd. 58, 1863, S. 191 f.

Wir kommen in unseren grundsätzlichen Überlegungen nur weiter, wenn wir uns mit der Kategorie der „Wirklichkeit" und des „Wirklichen" im Denken Wagners beschäftigen. Ausgangspunkt ist auch für Wagner die hier schon mehrfach referierte Überlegung Hegels, daß die Zeit des Kunstwerks im Sinne einer individuellen Schöpfung zuendegehe und es nunmehr Aufgabe der Philosophie sei, Wirkliches als solches zu erkennen. Wagner versucht, diesem Gedanken die kunstskeptische Spitze abzubrechen, indem er in Gestalt des *Rings* ein Gedankenkunstwerk entwirft, welches der Wirklichkeit gerecht wird.

Entsprechende Überlegungen fliegen ihm nicht zu: Während seiner Dresdner Zeit lernt er von Feuerbach, im Schweizer Exil vor allem von Proudhon, als dessen Schüler ihn Fétis polemisch bezeichnet, um ihn als „Realisten" abstempeln zu können. Wirklich berichtet Wagner in *Mein Leben*, während seines Paris-Aufenthaltes Anfang 1850 sich mit Proudhons Schriften, namentlich mit *De la Propriété* dergestalt beschäftigt zu haben, daß er für seine als gescheiterter Revolutionär schwierige Lage „sonderbar ausschweifende Tröstungen daraus gewann".[342] Eine 1850 von Auguste Lireux in seiner *L'Assemblée Nationale Comique* mitgeteilte Karikatur mit der Unterschrift *Proudhon als angeketteter Wilder* könnte neben diesem Berlioz an der großen Trommel und davor einen kleingewachsenen Wagner mit Barett und Brille auf Stelzen zeigen.[343]

Von Proudhon, der damals Courbet intensiv förderte, konnte Wagner nicht nur allgemeine Maximen über die soziale Bestimmung der Kunst übernehmen, sondern auch eine differenzierte Stellungnahme zum Thema *Idealismus versus Realismus*. Proudhon propagierte,

> „daß die Künste sich zwar an der empirischen Realität und nicht an einer Schimäre orientieren, dabei aber die Wirklichkeit nicht mecha-

---

342 Richard Wagner, Mein Leben, hg. v. Martin Gregor-Dellin, o. O. 1969, Bd. 1, S. 433.

343 Die Karikatur ist als Abb. 14 mitgeteilt in: Pierre-Joseph Proudhon, Von den Grundlagen und der sozialen Bestimmung der Kunst, ins Deutsche übertragen, eingeleitet und erläutert von Klaus Herding, Berlin 1988, und in meinem in Anm. 330 genannten Aufsatz. – Die Zuordnung kann angesichts des frühen Datums von 1850 allerdings nur mit größter Vorsicht erfolgen.

nisch reproduzieren, sondern unter einem ideellen Aspekt fassen sollten. Dem Künstler wird nahegelegt, den Gegenstand ‚über sich selbst hinauszutreiben'. Dies kann ihm nach Proudhon nur gelingen, wenn Vernunft und Sittlichkeit die Grundlage der (frei und selbständig gewählten) künstlerischen Arbeit bilden. Das Prinzip des *l'art pour l'art*, das Victor Cousin 1837 als Quintessenz seiner Hegellektüre ausgegeben hatte, lehnt Proudhon damit ausdrücklich ab."[344]

Kunst und Künstler der Gegenwart sieht Proudhon-Schüler Wagner in einem beklagenswerten Zustand. Beide haben ihren produktiven Einfluß auf die Gesellschaft verloren: Entweder dient die Kunst dem bloßen Gelderwerb, oder sie ist Ausdruck rein individueller Empfindungen. Dies kann in einem kapitalistischen und individualistischen Zeitalter auch gar nicht anders sein. Indessen ist der wahre Künstler dazu berufen, durch ein Neuverständnis von Kunst ein Zeitalter vorzubereiten, das dem neuen, nicht entfremdet lebenden Menschen gehören soll. Dort wird die Kunst endgültig wieder das sein, was sie vor Zeiten, unter anderem im klassischen Griechenland, war: Religion, in der die geistigen und schöpferischen Kräfte des Volkes ihre Zusammenfassung finden, in der die „Wirklichkeit des menschlichen Lebens" sich spiegelt. Wie keine andere Kunst ist die „moderne Musik" von diesem Ziel entfernt:

„Die von der Dicht- und Tanzkunst abgelöste Tonkunst ist keine den Menschen unwillkürlich nothwendige Kunst mehr. Sie hat sich selbst nach Gesetzen konstruiren müssen, die, ihrem eigenthümlichen Wesen entnommen, in keiner rein menschlichen Erscheinung ihr verwandtes, verdeutlichendes Maaß finden. Jede der anderen Künste hielt sich an dem Maaße der äußeren menschlichen Gestalt, des äußeren menschlichen Lebens, oder der Natur fest, mochte es dies unbedingt Vorhandene und Gegebene auch noch so willkürlich entstellen. Die Tonkunst, die nur an dem scheuen, aller Einbildungen, aller Täuschungen fähigen Gehöre ihr äußerlich menschliches Maaß fand, mußte sich abstrakte Gesetze bilden und diese Gesetze zu einem vollständigen wissenschaftlichen Systeme verbinden ...

Der uneingeweihte Laie steht nun verdutzt vor dem künstlichen Werke der Kunstmusik, und vermag sehr richtig nichts anderes von

---

344   Herding in: Proudhon, S. 21.

ihm zu erfassen als das allgemein Herzanregende; dieß tritt ihm aus
dem Wunderbaue aber nur in der unbedingt ohrenfälligen Melodie
entgegen: alles übrige läßt ihn kalt oder beunruhigt ihn auf konfuse
Weise, weil er es sehr einfach nicht versteht oder nicht verstehen
kann. Unser modernes Konzertpublikum, welches der Kunstsym-
phonie gegenüber sich warm und befriedigt anstellt, lügt und heu-
chelt, und eine Probe der Lüge und Heuchelei können wir jeden
Augenblick erhalten – sobald – wie es denn auch in den berühmte-
sten Konzertinstituten geschieht – nach einer solchen Symphonie irgend ein modernes melodiöses Operntonstück vorgetragen wird, wo
wir dann den eigentlichen musikalischen Puls des Auditoriums in
ungeheuchelter Freude sogleich schlagen hören.

Ein durch sie bedingter Zusammenhang unserer Kunstmusik mit der
Öffentlichkeit [Wagner meint: mit den Ideen, die die Zeit vorantrei-
ben können] ist durchaus zu läugnen: wo er sich kundgeben will, ist
er affektirt und unwahr, oder bei einem gewissen Volkspublikum,
welches ohne Affektation von dem Drastischen einer Beethoven'-
schen Symphonie zuweilen ergriffen zu werden vermag, mindestens
unklar, und der Eindruck dieser Tonwerke sicher ein unvollständi-
ger, lückenhafter."[345]

Doch wie kann der Komponist eine musikalische Kunst schaffen,
die nicht das gleichsam naturwüchsige Produkt des Musikmark-
tes oder der Einbildungskraft eines einzelnen Künstlers ist und
insofern vom Publikum nur freudig konsumiert oder gründlich
mißverstanden, nicht aber als gesellschaftlich notwendig erlebt
wird? Es genügt nicht, um höheres Niveau im Blick auf immanente musikästhetische Kunstgesetze bemüht zu sein. Vielmehr
muß der Tonkünstler die „Wirklichkeit" seiner Zeit ins Blickfeld bekommen. Nur auf diese Weise kann er an deren leitenden Ideen teilhaben und das Publikum von der Notwendigkeit
überzeugen, sich mit ihnen auseinanderzusetzen.

Was „Wirklichkeit" heißt, versucht Wagner in *Oper und
Drama*, der 1852 veröffentlichten ästhetischen Hauptschrift, vor
allem vom Gegenbegriff her zu beschreiben: Er möchte die
Epoche der christlichen Anschauung überwinden, da sie nichts
anderes bedeutet als den „Drang, vor der unverstandenen
Wirklichkeit zu fliehen, um in einer eingebildeten Welt sich zu

345 Wagner, Das Kunstwerk der Zukunft, Bd. 3, 98 f.

befriedigen"[346]. Demgegenüber gilt es, „das Leben des Menschen nach der Nothwendigkeit seiner individuellen und sozialen Natur zu erkennen und endlich, weil es in unserer Macht steht, z u g e s t a l t e n"[347], oder das „U n b e w u ß t e der menschlichen Natur i n d e r G e s e l l s c h a f t z u m B e w u ß t s e i n [zu] bringen"[348].

Ausdrücklich geht Wagner in diesem Zusammenhang auf den modernen Roman ein und liefert geradezu eine Darstellung literarischer Realismus-Programme:

> „Mit der Aufdeckung der wirklichen Gestalt der modernen Gesell-
> schaft nahm nun der Roman eine praktischere Stellung ein: der
> Dichter konnte jetzt nicht mehr künstlerisch phantasieren, wo er die
> nackte Wirklichkeit vor sich enthüllt hatte, die den Beschauer mit
> Grauen, Mitleiden und Zorn erfüllte. Er brauchte aber nur diese
> Wirklichkeit darzustellen, ohne sich über sie belügen zu wollen, – er
> durfte nur Mitleiden empfinden, so trat auch seine zürnende Kraft
> in das Leben. [...] Auf ihrem Wege zur praktischen Wirklichkeit
> streifte auch die Romandichtung immer mehr ihr künstliches Ge-
> wand ab: die als Kunstform ihr mögliche Einheit mußte sich – um
> durch Verständlichkeit zu wirken – in die praktische Vielheit der Ta-
> geserscheinungen selbst zersetzen. Ein künstlerisches Band war da
> unmöglich, wo alles nach Auflösung rang, wo das zwingende Band
> des historischen Staates zerrissen werden sollte. Die Romandichtung
> ward J o u r n a l i s m u s, ihr Inhalt zersprengte sich in p o l i t i s c h e
> A r t i k e l; ihre Kunst ward zur R h e t o r i k d e r T r i b ü n e, der
> Athem ihrer Rede zum A u f r u f a n d a s V o l k. So ist die Kunst
> des Dichters zur P o l i t i k geworden: Keiner kann dichten, ohne zu
> politisiren."[349]

Natürlich kann Wagner keine realistischen Romane schreiben. Im *Ring des Nibelungen* muß Wotan, „die Summe der Intelligenz der Gegenwart",[350] abdanken, obwohl oder weil er die Wirklichkeit des gesellschaftlichen Zustandes durchschaut. Siegfried, der

---

346 Ders., Oper und Drama, Bd. 4, S. 41.
347 Ebda., S. 42.
348 Ebda., S. 66.
349 Ebda., S. 52 f.
350 Brief vom 25./26. Januar 1854 an August Röckel, In: Sämtliche Briefe,
     hg. v. Hans Joachim Bauer und Johannes Forner, Bd. 6, Leipzig 1986,
     S. 69.

neue und „furchtlos freieste Held", wird sein Erbe.[351] Das ist nur im Mythos darstellbar. Gleichwohl zeigt der *Ring* die „Wirklichkeit des menschlichen", aber auch des „sozialen" Lebens"[352], indem er wie in einem Brennspiegel die Grundübel und Grundsehnsüchte der Zeit, wie Wagner sie sieht, darstellt. Doch „Wirklichkeit" muß durch den Filter der künstlerischen Vorstellungskraft, die ihrerseits aus dem Mythos schöpft:

> „Das Unvergleichliche des Mythos ist, daß er jederzeit wahr, und sein Inhalt, bei dichtester Gedrängtheit, für alle Zeiten unerschöpflich ist."[353]

Wagner möchte, wie er es in *Eine Mittheilung an meine Freunde* formuliert, die Kunst mit dem Leben „in eine immer neu fördernde, alles Monumentale überwindende Wechselwirkung setzen":

> „Zu diesem Willen konnte allerdings nicht der absolute Denker oder Kritiker gelangen, sondern nur der wirkliche Künstler, dem auf seinem künstlerischen Standpunkte im Leben der Gegenwart Denken und Kritik selbst zu einer nothwendigen, wohlbedingenden Eigenschaft seiner allgemein künstlerischen Thätigkeit werden mußte."[354]

Freilich darf man das alles nicht am politischen Realismus-Verständnis der Liberalen nach 1848 messen. Udo Bermbach schreibt zu Recht:

> „Bei aller Vieldeutigkeit des *Ring*: als Kern erkennbar ist, daß der *Ring* die Geschichte einer durch Politik ruinierten Welt erzählt".[355]

Dessen ungeachtet vertritt Bermbach die These, daß weder die Zürcher Kunstschriften noch die ihnen nachfolgende *Ring*-Tetralogie zureichend als „Dokumente einer ästhetischen Rationali-

---

351 Richard Wagner, Die Walküre, Textbuch mit Varianten der Partitur, hg. von Egon Voss, Stuttgart 1997, S. 104.
352 Ders., Oper und Drama, Bd. 4, S. 42.
353 Ebda., S. 64.
354 Ebda., S. 241.
355 Udo Bermbach, Der Wahn des Gesamtkunstwerkes. Richard Wagners politisch-ästhetische Utopie, Frankfurt a. M. 1994, dort das Kapitel „Politik und Gesellschaftskritik im *Ring*", S. 278. – Das Zitat am Ende des nächsten Absatzes ebda. S. 229.

sierung resignativer Politikflucht" erklärt seien, vielmehr Beispiele „einer bis dato unbekannten, ja undenkbaren Politisierung
ästhetischer und künstlerischer Reflexion" darstellten.[356] Wagners Linkshegelianismus sei im *Ring* nicht gebrochen; vielmehr
habe die imaginative Vergegenwärtigung eines wahren Lebens die
„klare politische Funktion", „in den mißlingenden Alltag der
Menschen politisch-gesellschaftlich zu intervenieren".
Demgemäß hat es seinen guten Sinn, den *Ring* im Kontext
des 19. Jahrhunderts zu inszenieren; und Patrice Chéreau ist
nicht Unrecht, wenn er anläßlich seiner berühmten Bayreuther
Ring-Inszenierung aus dem Jahr 1976 über die Personen des
Rheingolds bemerkt:

> „Es sind Menschen, die gleichzeitig keiner und jeder Generation an-
> gehören, die miteinander zur gleichen Zeit leben, aber dann auch
> wieder zur Familie des 19. Jahrhunderts werden."[357]

Dieselbe Berechtigung hat Harry Kupfers Äußerung aus dem
Jahr 2001, der *Ring* zähle zu den Werken Wagners, „die sich direkt mit der Realität auseinander setzen: als große politische, die
ganze Welt umfassende Diskussion".[358]
Doch ebenso vorsichtig, wie sich Kupfer ausdrückt, sollten
auch wir sein – vielleicht vorsichtiger als Bermbach. Mit dem
Ring nimmt Wagner, um auf den Anfang des Kapitels zurückzukommen, am Diskurs-Wechsel Romantik-Realismus teil, steht
jedoch nicht für einen Diskurs-Bruch. So spürbar bereits in den
drei romantischen Opern-Dichtungen Elemente des anbrechenden literarischen Realismus zu finden sind, so merklich wirken
im *Ring des Nibelungen* romantische Vorstellungen nach: Große

---

356 So die Bermbach kritisch referierende Formulierung von Richard
     Klein, Der linke und der rechte Wagner. Revolution – Mythos – Mo-
     dernität, in: *Musik & Ästhetik* Jg. 2, 1998, S. 92. – Vgl. auch Udo
     Bermbach, Wagner und Lukács. Über die Ästhetisierung der Politik
     und die Politisierung der Ästhetik, in: *Politische Vierteljahresschrift* Jg.
     1990, S. 436–456.
357 Mythologie und Ideologie. Gedankenaustausch über die Neuinszenie-
     rung „Der Ring des Nibelungen" 1976 zwischen Carlo Schmidt, Pierre
     Boulez und Patrice Chereau, in: Herbert Barth (Hg.), Bayreuther Dra-
     maturgie. Der Ring des Nibelungen, Stuttgart und Zürich 1980, S. 390.
358 Der Fliegende Holländer. Programmbuch, hg. v. der Staatsoper Unter
     den Linden Berlin, Berlin 2001, S. 25.

Künstler haben ihr Eigenes, das Diskurse mitbestimmt, jedoch nicht in ihnen aufgeht.

Das gilt insbesondere für die Musik des *Rings*. Glauben wir am Beispiel Schumanns die Öffnung eines „romantischen" Komponisten für die Forderungen des „Realismus" kleinschrittig recht gut verfolgen zu können, so braucht diese Methode im Blick auf die *Ring*-Komposition erst gar nicht versucht zu werden; allein die lange Dauer ihrer Entstehungsgeschichte macht es unwahrscheinlich, daß hier Programme „von außen" entscheidend gewesen wären: Solche hätten nicht den langen Atem garantiert, den Wagner bei seinem Vorhaben brauchte.

Ungeachtet solcher Skepsis ist es jedoch nicht sinnlos, einige Parallelen zwischen „realistischer" Kunstanschauung und kompositorischen Verfahren Wagners nachzuzeichnen. Hier ist zunächst an die von Carl Dahlhaus akzentuierte Auffassung zu denken, die *Ring*-Dichtung sei zwar nicht ausschließlich, jedoch vom Grundsatz her im Sinne musikalischer Prosa vertont.[359] Dahlhaus knüpft damit Eduard Krügers Vorstellung an, Wagner komponiere insofern im Sinne einer „modern realistischen Romantik", hätte sich aber gewiß dem Widerspruch Wagners ausgesetzt: Für diesen stand die *Vers*melodie obenan; und sogar für kleine „Lieder" war im *Ring* Platz.

Doch selbst wenn man berechtigter Weise Elemente musikalischer Prosa aus dem *Ring* herausfiltert, bleibt die Feststellung, daß solche musikalische Prosa zwar mit einem vagen „Realismus"-Begriff gut in Einklang zu bringen ist, vor allem aber in den Kontext einer Oper-Realistik gehört, welche die Gattungsgeschichte von Anfang bis Ende mitbestimmt.[360] Deutlicher wird Wagners Vorgehen, wenn man nicht nur auf Spuren von Prosa-Melodik, sondern auf seine materiale Art des Komponierens schlechthin achtet: von Fétis gebrandmarkt, von Julian Schmidt begrüßt.

Es kann hier nicht im einzelnen erörtert werden, inwieweit man Wagner gerecht wird oder Unrecht tut, wenn man ihn zum „Materialisten" macht. Offenkundig gibt es diese Seite; und Wag-

---

359 Vgl. Dahlhaus, wie Anm. 7, speziell S. 155.
360 Zum Thema „Prosamelodik" bei Wagner vgl. Hermann Danuser, Musikalische Prosa, Regensburg 1975 (Studien zur Musikgeschichte des 19. Jahrhunderts, Bd. 46), S. 67–85.

ners Antipode Hanslick insistiert nicht ohne Grund darauf, daß ein Komponist sich „geistfähigen Materials" bedienen müsse.[361] Ich erinnere an die materialistischen Vorstellungen von Kraft und Stoff, wie sie exemplarisch für die Zeit Ludwig Büchner im Jahr 1855 geäußert hatte. Auch Wagners Musik hat eine stoffliche Komponente: Sie soll nicht auf dem Umweg über ein formales Kunstideal bei den Hörern ankommen, sondern unmittelbar – also eher stofflich als geistig – auf die Psyche, auf die Nerven und damit auf den Körper wirken. Das ist von Schopenhauers Gedanken, Musik sei die einzige Kunst, welche den Weltwillen an sich, also unmittelbar auszudrücken vermöge, weniger weit entfernt, als es zunächst den Anschein hat; und es ist eine Vorahnung dessen, was den Hörern im 20. Jahrhundert an Film- und Popmusik blühen wird.

Daß die „Motive der Ahnung und Erinnerung", wie Wagner die sogenannten Leitmotive genannt wissen wollte, zu großen Anteilen materiell wirken, bedarf kaum einer Erklärung. Ebenso wichtig ist die Beobachtung, daß Wagner mit ihrer Hilfe eine Tonsprache entwickelt, die sich in einem strikten Sinn als Analogie zur Wortsprache verstehen läßt. Was lingustistisch *Phonem* und *Morphem* genannt wird, nämlich die kleinste Laut- bzw. Bedeutungseinheit, hat – im Sinne einer Personalunion – seine musikalische Entsprechung im Leitmotiv als der „kleinsten emotionalen Regung", die zugleich die kleinste „musikalische Sinngestalt" ist.[362]

Gerade damit wird Wagner für die Autonomieästhetiker zum Verräter der eigenen Kunst. Dem eigenen und dem Verständnis seiner Anhänger nach tut er etwas freilich längst Überfälliges: Er führt Musik wieder an den anthropologischen Diskurs heran. Dieser läßt sich nicht einfach mit dem Realismus-Diskurs gleichsetzen, jedoch an ihn ankoppeln: Vieles von Wagners Intentionen wird deutlicher, wenn es im Kontext der Realismus-

---

361 Hanslick, wie Anm. 390.

362 Albrecht Stoll, Richard Wagners Leitmotivtechnik im Lichte seiner Phonologie, in: Festschrift Finscher, wie Anm. 181, S. 604. – In späteren Arbeiten will ich darstellen, daß sich in Wagners Musikdramen eine „Genosprache", d. h. Triebsprache, auffinden läßt, wie sie u. a. die Semiologin Julia Kristeva in ihrem Buch *Die Revolution der poetischen Sprache* (deutsch 1978) zur Diskussion gestellt hat. Ich würde gern schon hier eine Brücke zum „Realismus" zu schlagen, widerstehe aber der Versuchung, durch bloße Andeutungen Mißverständnissen Vorschub zu leisten.

Diskussion zwischen 1848 und 1871 erscheint. Und vieles von dem, was innerhalb dieser Diskussion zur Sprache gebracht worden ist, hätte vermutlich mehr Prägnanz erhalten, wenn es schon auf die Musik des *Ringes* und des *Tristan* hätte bezogen werden können; doch die war damals noch kaum bekannt.

Richard Strauss erweist sich als legitimer Erbe Wagners, wenn er anläßlich der *Salome* sagt, seine Musik sei „psychologisch wie alle Musik",[363] was Constantin Floros zu der Bemerkung veranlaßt, die Psychologisierung der Musik sei bereits „das wichtigste Anliegen von Hector Berlioz, Franz Liszt und vor allem Richard Wagner" gewesen.[364]

Diskursgeschichtlich gesehen, fehlt Strauss freilich etwas zum „Realisten", das Wagner hat: das politische Engagement. Der Dilettantismus, den Theodor W. Adorno Wagner vorgeworfen hat, hat ja eine Kehrseite: Was der Kritiker als fehlenden Respekt vor der Idee des integralen Kunstwerks wahrnimmt, versteht der Komponist als ein Angebot an die Laien, Musik im anthropologischen Kontext wahrzunehmen. Das bedeutet: Nicht eine nur von Kennern nachvollziehbare strukturelle Logik macht die Musik glaubwürdig, sondern auch ihre Fähigkeit, sich „wirklicher" menschlicher Erfahrung anzuverwandeln.

Georg Picht hat der „kurzen Durchgangsphase" des Realismus das Verdienst zugewiesen, die Künstler des 19. Jahrhunderts „einer hohen Schule des genauen Sehens und Analysierens der Phänomene der wirklichen Welt" unterworfen zu haben.[365] Er demonstriert dies am Beispiel Gustave Courbets und stellt diesen als Freund Proudhons in einen ausdrücklich politischen Kontext. Beim Hören des *Rings* stellt sich mir die Frage, ob sich dies nicht auch an Wagners „Komposition" von Personenkonstellationen und Situationen zeigen ließe – nämlich als Versuch, gesellschaftliche Grundfigurationen auf Grund eingehender Beobachtung möglichst treffend wiederzugeben.

---

363 Erich Krause, Richard Strauss. Gestalt und Werk, 5. Aufl. Leipzig 1975, S. 306.

364 Constantin Floros, Der Mensch, die Liebe und die Musik, Zürich und Hamburg 2000, S. 258.

365 Georg Picht, Kunst und Mythos, Stuttgart 1986, S. 301.

Ich denke hier nicht an musikalische Charakterzeichnung in dem Sinne, daß Mime ein anderes „Leitmotiv" als Siegfried zugewiesen bekommt, sondern – beispielsweise – an die Verwandtschaft von „Ring"- und „Walhall"-Motiv. Von der Handlung her ist diese Verwandtschaft dadurch begründet, das der Ring Symbol der Weltherrschaft, Walhall Symbol einer Göttermacht ist, deren Materialisierung als Burg mit dem verfluchten Ring teuer bezahlt werden muß: Doch nicht nur Wagners Handlung, sondern auch seine Musik ist das Ergebnis genauen Hinsehens und Analysierens – ähnlich wie bei Courbet, der die *Steineklopfer* nicht ‚naturgetreu' malt, sondern in ‚realistischer' Einschätzung ihrer Situation: schwer arbeitende, aber doch würdige Menschen. Ich zweifele, daß Wagner Entsprechendes ohne einen politisch-moralischen Impetus gelungen wäre.

Das Spiel mit psychischer Realzeit

Eine spezielle Auseinandersetzung mit Wirklichkeit zeigt Wagners Verständnis von Zeit: Musik hat im *Ring* und anderswo kaum einmal ihre eigene Zeit; sie schmiegt sich vielmehr der Zeit an, die sich das Drama „nimmt". Leitmotive tauchen dort auf, wo es zur Handlung paßt; Gefühlsausbrüche des Orchesters – auch solche, zu denen die Sängerinnen und Sänger schweigen – sind durch Handlung motiviert. Doch mehr als das: Es gibt eine psychische Realzeit, die nicht von der speziellen Handlung abhängig ist, sondern einem vom menschlichen Organismus generell vorgegebenen Rhythmus folgt.

Das läßt sich bereits an den ersten Takten des *Rheingold*-Vorspiels demonstrieren, dessen Gestus Wagner mit einer eindrücklichen leib-seelischen Erfahrung in Verbindung gebracht hat: Nach einer anstrengenden Wanderung sei er erschöpft und überreizt auf ein Ruhebett niedergesunken und in einen somnambulen Zustand geraten, in welchem er die Wogen eines stark fließenden Wassers über sich dahinbrausen spürte. Mag der in *Mein Leben* nachzulesende Bericht über die Entstehung des *Rheingold*-Vorspiels im Detail eine nachträgliche Mystifikation sein, so macht er doch deutlich, wie wichtig dem Komponisten die anthropologische Basis seiner musikalischen Erfindungen war.

Das Vorspiel zu *Tristan und Isolde* – um über den *Ring* hinaus-
zublicken – ist in diesem Sinne noch eindrucksvoller: Die Wel-
len, in denen die Musik andringt, können als unmittelbar leib-
seelische Schwingungen aufgefaßt werden; sie haben einen
„Rhythmus", welcher sich demjenigen „realer" Erfahrung an-
gleicht oder diese stimuliert. Wagner selbst hat dies in seiner Erläuterung des *Tristan*-Vorspiels anläßlich der Pariser Konzerte
Anfang 1860 deutlich zum Ausdruck gebracht. Selbst in dieser
rein instrumentalen Musik widersteht der Künstler der Versuchung, nach formalen Regeln zu komponieren, also etwa einen
musikalischen Gedanken um eines musikalisch selbstbezüglichen Konzepts willen zu wiederholen oder anderweitig zu „gestalten"; stattdessen bildet er in e i n e m Zuge und zugleich in
der Großrhythmik von Atemzügen seelisches Erleben nach:

> „Der Musiker, der dieses Thema sich für die Einleitung seines Lie-
> besdramas wählte, konnte, da er sich hier ganz im eigensten, unbe-
> schränktesten Elemente der Musik fühlte, nur dafür besorgt sein, wie
> er sich beschränkte, da Erschöpfung des Themas unmöglich war. So
> ließ er denn nur einmal, aber im lang gegliederten Zuge, das uner-
> sättliche Verlangen anschwellen, von dem schüchternsten Bekennt-
> nis, der zartesten Hingezogenheit an, durch banges Seufzen, Hoffen
> und Zagen, Klagen und Wünschen, Wonnen und Qualen, bis zum
> mächtigsten Andrang, zur gewaltsamsten Mühe, den Durchbruch zu
> finden, der dem grenzenlos begehrlichen Herzen den Weg in das
> Meer unendlicher Liebeswonne eröffne."[366]

Noch deutlicher wird diese Erfahrung im 3. Aufzug: Man kann
Vorspiel und erste Szene, idealtypisch gesehen, als ein einziges
langes, natürlich keineswegs regungsloses oder ereignisarmes
Warten auf „das Schiff" betrachten; und dieses Warten teilt sich
den Hörern auch ohne Worte mit.[367]
   In der direkten Vermittlung psychischer Vorgänge ist Wagner ein Meister – in dieser Nachhaltigkeit zum ersten Mal in

---

366 Richard Wagner, Gesammelte Schriften, hg. v. Julius Kapp, Leipzig
     o. J., Bd. 9, S. 62.
367 Weitere Beispiele lassen sich ableiten aus den Gedanken von Claus-
     Steffen Mahnkopf, Tristan und Isolde. Zwischen Psychologie und
     musikalischer Logik, in: ders. (Hg.), Richard Wagner. Konstrukteur
     der Moderne, Stuttgart 1999, S. 93–117.

Richard Wagner und seine Getreuen

Die Fotographie zeigt Richard Wagner und einige seiner „Getreuen"
in der Zeit der *Tristan*-Proben im Mai 1865; andere „Getreue" fehlen:
zum Beispiel Anton Bruckner, der vielleicht zu bescheiden war, um
sich selbst ins Bild zu setzen. Von den abgebildeten Personen kommen
einige in diesem Buch zu Wort: Richard Pohl (zweiter von links),
Hans von Bülow (hinter Wagner), Franz Müller (seitlich am Tisch
sitzend), Felix Draeseke (rechts neben ihm), Heinrich Porges (zweiter
von rechts). Alle sind Teilnehmer an einem Diskurs über die Aufgaben der musikalischen Kunst in der Ära des Realismus. Das musi-

kalische Drama *Tristan und Isolde* lebt nicht nur als ‚Text‘ oder ‚Aufführung‘, sondern auch als Diskursthema. Andernfalls wäre es heute
kaum mehr als ein Kultur-Fetisch. Die ‚Getreuen‘, die zur Uraufführung aus ganz Europa nach München kamen, waren nicht nur
Bewunderer Wagners: Sie wollten mitreden, entwickelten sich gelegentlich auch zu Kritikern. Wer Musikgeschichte nicht allein als
Heldengeschichte sieht und von der Notwendigkeit eines diskursiv
gesteuerten Musiklebens überzeugt ist, wird mit Spannung verfolgen,
wie man damals „geredet“ hat.

Tristan und Isolde, einer *Handlung,* an der er ja nicht von ungefähr mit großem Stolz seine neue „Kunst des Übergangs" vorstellt: Sie soll den Hörer definitiv vergessen lassen, an einem Bühnengeschehen teilzunehmen, ihn Musik als d i e Wirklichkeit erleben lassen. Daß gerade musikalische Laien für die Musik Wagners begeistert sind und sich diese gegebenenfalls gern in reinen Instrumentalfassungen anhören, hängt mit dessen einmal mehr, einmal weniger demonstrierter Fähigkeit zusammen, Musik ungefiltert durch architektonische Ordnungen oder inhaltliche Programme als „Kraft" oder „Stoff" – so hätte es jedenfalls Ludwig Büchner gesehen – auf die „Nerven" wirken zu lassen. Thomas Mann hat das genauestens verstanden und gewußt, daß er in *diesem* Sinne als Dichter den Musiker nie erreichen könne.

Die Frage, woher der Gedanke einer psychischen Realzeit komme, ist leicht zu beantworten: von Beethoven. Daß Wagner dessen cis-Moll-Quartett op. 131 als „das Bild eines Lebenstages unseres Heiligen" verstanden hat, um auf diesem Wege der faszinierenden, in traditionellen ästhetischen Kategorien freilich nicht aufgehenden Gedankenwelt näherzukommen, hat man als programmatische Deutung derb mißverstanden und mißverstehen wollen. Vielmehr fantasiert sich Wagner in die künstlerische Erfahrungswelt des späten Beethoven hinein, setzt sich mit dessen psychischer Realzeit auseinander.

Interessant zu beobachten ist, daß einem mir nicht näher bekannten Berliner Autor namens F. F. Weber im Jahre 1861, also in der Blütezeit des Realismus, Beethovens spätes cis-Moll-Quartett „als ein Übergang und als eine Vorbereitung der Musik für die Scene" erschienen ist.[368] – Einhundert Jahre später sprach Carl Dahlhaus von der „leidenschaftlichen, von klassischer Gestaltung bis an die Grenzen eines naturhaften Realismus reichenden Dynamik der letzten Streichquartette".[369]

---

368   F. F. Weber, Beethovens letzte Quartette, in: *Anregungen* Bd. 6, 1861, S. 313.

369   Carl Dahlhaus in: *Stuttgarter Zeitung* vom 19. Dezember 1963. – Es ist kein Zufall, daß die Ablehnung der späten Beethoven-Quartette in den ersten Jahrzehnten nach dessen Tod auf den Kreis der Realismus-Gegner – Fétis, Bischoff und Alexander Oulibicheff – beschränkt war.

In Wagners Deutung beginnt Beethovens Quartett mit dem schwermütigen Erwachen zu einem Tag, „der in seinem langen Lauf nicht einen Wunsch erfüllen soll, nicht einen!" Danach spürt der Künstler Beethoven mit „nach innen gewendetem Auge" einzelnen Orten seiner seelischen Landschaft nach,

> „als lausche er dem eigenen Tönen der Erscheinungen, die luftig und wiederum derb, im rhythmischen Tanze sich vor ihm bewegen. Er schaut dem Leben zu, und scheint sich (kurzes Adagio 3/4) zu besinnen, wie er es anfinge, diesem Leben selbst zum Tanze aufzuspielen: ein kurzes, aber trübes Nachsinnen, als versenke er sich in den tiefen Traum seiner Seele. Ein Blick hat ihm wieder das Innere der Welt gezeigt: er erwacht, und streicht nun in die Saiten zu einem Tanzaufspiele, wie es die Welt noch nie gehört (Allegro finale). Das ist der Tanz der Welt selbst: wilde Lust, schmerzliche Klage, Liebesentzücken, höchste Wonne, Jammer, Rasen, Wollust und Leid; da zuckt es wie Blitze, Wetter grollen: und über Allem der ungeheure Spielmann, der Alles zwingt und bannt, stolz und sicher vom Wirbel zum Strudel, zum Abgrund geleitet: – er lächelt über sich selbst, da ihm dieses Zaubern doch nur ein Spiel war."[370]

Nicht Malerei, sondern Innenschau ist das Moment, das Wagner am cis-Moll-Quartett wichtig ist. Das korrespondiert mit seinem Vergleich zweier Beethoven-Sinfonien. Die „Erinnerungen aus dem Landleben", die „beglückende Erscheinung" der Natur, welche die *Pastorale* bietet, sind bloße „Bilder, nicht aber unmittelbare sinnliche Wirklichkeit". Diese ist vielmehr in der *Siebten* gegeben:

> „Aller Ungestüm, alles Sehnen und Toben des Herzens wird hier zum wonnigen Übermuthe der Freude, die mit bacchantischer Allmacht uns durch alle Räume der Natur, durch alle Ströme und Meere des Lebens hinreißt, jauchzend und selbstbewußt überall,

---

Letzterer diagnostizierte in seinem Beethoven-Buch eine „moralische und psychische Krankheit" Beethovens, die den „großen Künstler" zu einem „Apostel des democratischen Socialismus und Atheismus" und damit zu einem Wegbereiter der „unsinnigen Träume und verbrecherischen Versuche der Revolutionsmänner von 1848" habe werden lassen. (Alexander Ulibischeff [sic], Beethoven, seine Kritiker und seine Ausleger, deutsch von Ludwig Bischoff, Leipzig 1859, S. 336)

370 Wagner, wie Anm. 366, S. 96 f.

wohin wir im kühnen Takte dieses menschlichen Sphärentanzes treten. Diese Symphonie ist die A p o t h e o s e   d e s   T a n z e s selbst:
sie ist der Tanz nach seinem höchsten Wesen, die seligste Tat der in
Tönen gleichsam idealisch verkörperten Leibesbewegung."[371].

Die realidealistischen *Meistersinger*

Im Sinne eines Epilogs, der zu den bisherigen Erörterungen
dieses Kapitels ein wenig quersteht, kann immerhin e i n Werk
Wagners dem Realismus-Diskurs auf recht einfache Weise zu-
geschlagen werden: *Die Meistersinger von Nürnberg*. Wagner hatte
sich mit dem Sujet schon im Jahr 1845 beschäftigt, die Aus-
führung von Dichtung und Musik erfolgte jedoch erst in den
Jahren 1861–1867. Daß Hans von Bülow in einem Brief an den
sozialdemokratischen Arbeiterführer Ferdinand Lassalle vom
August 1862 die *Meistersinger*-Dichtung als Ausdruck eines
„kerngesunden Realismus mit poetischer Verklärung" charak-
terisiert,[372] spricht für sich. Erinnert sei an die S. 38 mitgeteilten Äußerungen von Gregorovius, der Meistergesang und Mei-
sterschulen geradezu als ein historisches Vorbild an „socialer
Gemeindlichkeit" für die Gegenwart, speziell die Gesellenver-
eine und Arbeiterverbrüderungen, ansieht. Ein von verstaubten
Zunftregeln befreiter, von individuellen Erfahrungen durch-
pulster Meistergesang, so könnte die „Botschaft" der *Meistersinger* lauten, hat auch in der Gegenwart seine Berechtigung. Anders ausgedrückt: Im Rahmen einer „realistisch" erzählten
Handlung werden der subjektiv-„romantische" Künstlerstolz
eines Stolzing und das traditionell enge Musikverständnis des
Bürgertums zu einer Synthese von Gemeinsinn und Kunst-
pflege verschmolzen; als Vermittler tritt ein Handwerker-Phi-
losoph auf: Hans Sachs.
    Das ist eine Handlung, wie sie dem literarischen Realismus
im Umkreis der *Grenzboten* geradezu aus der Seele gesprochen
haben muß. Von dem „übertriebenen Spiritualismus", wel-

---

371 Ders., wie Anm. 345, S. 94.
372 Gustav Mayer (Hg.), Ferdinand Lassalle, Nachgelassene Briefe und
       Schriften, Bd. 5, Stuttgart und Berlin 1925, S. 48.

chen Julian Schmidt an Wagners romantischen Opern rügte, kann jedenfalls nicht die Rede sein. Und selbst Eduard Hanslick kommt innerhalb seiner im Gesamttenor negativen Beurteilung des Werks nicht um die Beobachtung herum, Wager stelle „sich mitten in die reale Welt" und gebe „uns Bilder aus dem deutschen Volks- und Bürgerleben".[373] In diesem Sinne hat auch Carl Dahlhaus am Text der *Meistersinger* beobachtet, er komme „dem Realismus des 19. Jahrhunderts am nächsten".[374]

Auch die Musik der *Meistersinger*, von Hanslick als „interessante musikalische Abnormität" abgetan, ist von einigen Zeitgenossen sehr wohl im Kontext des Realismus gewürdigt worden. In der Tat ist ihr trotz vielperspektivischen Wesens ein Moment volkstümlicher Realistik eigen. Man wird dieses weniger an bestimmten Stilmerkmalen festmachen wollen als an dem genialen Kunstgriff, Musik, Lied und Gesang zum eigentlichen Thema der Oper zu machen: Die Personen der Handlung singen überwiegend nicht deshalb, weil man sich in der Oper nun einmal singend ausdrückt, sondern weil ihnen die Rolle Gesang vorschreibt. Dieses spezielle Moment von Bühnenmusik macht die Gattung – zumindest der Intention nach – auch für Opern-Skeptiker passabel.

Es ist interessant zu sehen, daß Wagner ausgerechnet in der Zeit der Uraufführung der *Meistersinger*, nämlich in den Jahren 1867 und 1868, auch theoretisch in den Diskurs über realistische Kunst eingreift – nämlich in dem großen, dem Bayerischen König Ludwig II. zugeeigneten Essay *Deutsche Kunst und Deutsche Politik*. Im Anschluß an die Feststellung, daß über „Realismus und Idealismus in der Kunst […] leichthin so viel geredet" werde, konkretisiert er seine eigenen Gedanken im Blick auf die Bühnenkunst. Den Franzosen attestiert Wagner, daß sie es *in puncto* Realismus zu höchster Virtuosität gebracht hätten; jedoch sei „nicht e i n Stück von idealer Richtung und Bedeutung je für die französische Bühne geschrieben worden".

---

373 Dr. Ed. Hanslick über Richard Wagner's „Meistersinger", in: (Leipziger) *Allgemeine Musikalische Zeitung* Jg. 3, 1868, S. 226.
374 Carl Dahlhaus, Richard Wagners Musikdramen, 2. Aufl, Zürich usw. 1985, S. 76.

Er selbst will weder das eine noch das andere missen, lehnt aber einen „Realismus der Kunst [...] ohne Berührung mit dem Idealismus" ab: Der Schauspieler darf „nachahmen" und dem Dichter dadurch „immer neue, unerhört mannigfaltige Möglichkeiten des Daseins" vorführen. Der Dichter muß jedoch von der bloßen Nachahmung wegkommen und „zu einem höheren Dasein erlöst werden": „Das ist der Realismus in seinem Verhältnis zum Idealismus. Beide gehören dem Gebiete der Kunst an, und ihre Unterscheidung liegt in der N a c h a h m u n g und der N a c h b i l d u n g der Natur."[375]
Wagner verwendet damit den von Fichte und Schelling geprägten, in den fünziger Jahren u. a. von Moriz Carrière, Max Schasler und in den *Grenzboten* verwandten „realidealistischen" Literaturbegriff, welcher zwischen den Extremen eines verstiegenen Idealismus und eines platten Naturalismus vermitteln sollte.[376] Von seinem zeitweiligen Parteigänger Joachim Raff ist Wagner, wie erwähnt, einem solchen Realidealismus expressis verbis zugeordnet worden − allerdings noch unter Berufung auf seine romantischen Opern. Wir müssen hier keine Entscheidungen über Berechtigung und Sinn solcher Klassifizierungen treffen. Hier geht vor allem darum, Wege des musikbezogenen Realismus-Diskurses nachzuzeichnen.

---

375   Wagner, Bd. 8, S. 70–72. − Recht unbekümmert geht um dieselbe Zeit Wilhelm Heinrich Riehl, der nicht zu den „Neudeutschen" gehörte, ihnen aber ohne Feindschaft gegenübertrat, im Blick auf Wagner mit der Antithese Idealismus-Realismus um. In einem Essay über *Spohr, Weber und Meyerbeer* schreibt er: „Setzen wir die Schlagwörter der Schule, so ist Spohr Idealist, Weber Realist"; besonders seine *Euryanthe* sei „voll neuer, großer dramatischer Züge" und deute daher „prophetisch auf Richard Wagner". In Weber sieht Riehl den „Realisten", weil er nicht nur wie Spohr „Musiker" und als solcher „pathetisch" sei, sondern „Musiker und Poet" dazu; weil er „den poetischen und ästhetisch=litterarischen Bewegungen der Zeit" folge, Volkstraditionen bis hin zu Manieren des „Bänkelsängers" aufnehme und schließlich allenthalben den „dramatischen Funken" blitzen lasse. (Wilhelm Heinrich Riehl, Musikalische Charakterköpfe. Ein kunstgeschichtliches Skizzenbuch, 2. Folge, Stuttgart und Augsburg 1860, u. a. S. 153)
376   Plumpe (Hg.), wie Anm. 10, S. 17.

Gemeinsamkeiten

Berlioz, Liszt und Wagner: Zu dritt sind sie nicht aufeinander getroffen, mehrfach aber jeweils zu zweit. Sie kannten ihre Werke, ihre Schriften und ihre Verlautbarungen. Eine Künstlergruppe wie das „mächtige Häuflein" bildeten sie nicht, und ihre gegenseitige Wertschätzung war unterschiedlich und schwankend. Wagner und Liszt hatten zueinander ein enges Verhältnis, dessen Vielschichtigkeit hier nicht erörtert werden muß. Liszt war ein bedeutender Förderer von Berlioz; beider Freundschaft scheint allerdings seit 1856 einigen Belastungen ausgesetzt gewesen zu sein.[377] Berlioz ließ Wagner gegenüber Skepsis walten – bei wechselndem Maß persönlicher Zu- oder Abneigung. Zum „Neudeutschen" wurde der Franzose von den Neudeutschen gemacht; ihm selbst gefiel diese Etikettierung noch weniger, als sie in den Ohren Wagners schmeichelhaft klang. Dessen Verhältnis zur Musik des zehn Jahre älteren Berlioz muß man differenziert sehen: Es ist von Respekt vor der Technik und von wachsendem Mißbehagen gegenüber der sie bestimmenden Ästhetik geprägt. Über die dritte Aufführung von *Roméo et Juliette*, die Wagner 1839 in Paris gehört hatte, schrieb er später in *Mein Leben*:

> „Die phantastische Kühnheit und scharfe Präzision, mit welcher hier die gewagtesten Kombinationen wie mit den Händen greifbar auf mich eindrangen, trieben mein eignes musikalisch-poetisches Empfinden mit schonungslosem Ungestüm scheu in mein Inneres zurück. Ich war ganz nur Ohr für Dinge, von denen ich bisher keinen Begriff hatte und welche ich mir nun zu erklären suchen mußte."[378]

Man kann diese Darstellung nachvollziehen, wenn man den damals entstehenden *Fliegenden Holländer* mit *Roméo et Juliette* vergleicht: Da ist Wagners Oper gemütvoller, freilich auch biederer. Doch sollte man auch nicht überhören, daß manche Momente aus *Tristan und Isolde* in *Roméo et Juliette* vorbereitet scheinen.

---

377   Vgl. Christian Berger, Berlioz und die neudeutsche Schule: Vorbild oder Vehikel, in: Detlef Altenburg (Hg.), Liszt und die Neudeutsche Schule, in Vorbereitung.

378   Wagner, wie Anm. 342, S. 228.

Unter geschichtsphilosophischem Aspekt ließ Wagner an Berlioz kein gutes Haar: Seiner Meinung nach war der Weltgeist von Beethovens *Neunter* geradewegs zu ihm selbst gewandert. Wie er in *Oper und Drama* darzulegen versucht, war Berlioz' „verzweifeltes Ringen nach Auffindung eines neuen musikalischen Sprachvermögens nach allen Richtungen hin in oft krampfhaften Zügen" Vergeudung seiner „enormen musikalischen Intelligenz" und seines „vorher ungeahnten technischen Vermögens". In einer dialektischen Volte machte er Berlioz höhnisch zum „wahren Heiland unserer absoluten Musikwelt", also zu einem Propagandisten der absoluten Musik – einer solchen freilich, deren absolute Inhaltsleere durch die „unerhört mannigfaltige Verwendung bloßer mechanischer Mittel" nur noch deutlicher wird.[379]

Die poetischen Programme, die Berlioz seinen Kompositionen zugrundelegte, mochte Wagner als Gegengewicht nicht anerkennen, da er sie als bloße Akzidenzien empfand und auch nicht willens war, sich beim Hören auf sie einzulassen. Vergleichbare Kritik übte er, wie S. 143 erwähnt, an den Sinfonischen Dichtungen von Liszt, befleißigte sich dabei aber aus verständlichen Gründen größerer Vorsicht und Höflichkeit.

Brendel argumentiert in seiner späteren Zeit kaum anders. In seiner *Musikgeschichte*, die er nicht wie eine Einzeldarstellung als Propagandaschrift für Liszt anlegen kann und will, thematisiert er den Grundwiderspruch, mit dem sich zeitgemäße Instrumentalmusik auseinanderzusetzen hat. Einerseits ist „das Streben nach möglichster Bestimmtheit des Ausdrucks"[380] das A und O aller Musik, die den Hörer kontinuierlich an der Entfaltung der jeweiligen poetischen Idee Anteil nehmen lassen will. Andererseits verfehlt die Musik ihr Wesen, „wenn der Tonsetzer die verschiedenen Bilder nicht mehr durch die Einheit der Stimmung, sondern durch die Einheit der Vorstellung verknüpft",[381] wenn ein Instrumentalstück also ohne die Kenntnis eines Programms nicht mehr

---

379   Ders., Oper und Drama. Die Zitate nach Dömling, Hector Berlioz und seine Zeit, wie Anm. 318, S. 248 ff.
380   Brendel, wie Anm. 47, S. 524.
381   Ebda., S. 537.

verständlich ist. Sein Fazit: Die Instrumentalmusik habe den Kreis ihrer Entwicklung im wesentlichen durchlaufen.[382]

In diesem Sinne kann man eine Entwicklungslinie von Berlioz über Liszt zu Wagner ziehen. Alle drei folgen der Vorstellung eines „szenischen Komponierens", um eine Formulierung Rainer Schmuschs aufzugreifen,[383] gehen dabei jedoch unterschiedlich weit. Wie Christian Berger unlängst dargelegt hat,[384] hält der älteste, Hector Berlioz, mehr als die beiden anderen an der formalen Stimmigkeit seiner sinfonischen Werke als kompositorisch-rationaler Ordnungsgefüge fest; zugleich verharrt er am merklichsten in der romantischen Tradition mit ihren selbstreflexiven Momenten. Demgegenüber versucht der Weimarer Liszt, die Rolle seiner sinfonischen „Helden" zu objektivieren und zur Identifikation nicht mit dem eigenen Künstlerdasein, sondern mit „großen" Ideen der Zeit einzuladen; zugleich hat für ihn die Form nur eine „dem Inhalt nachstehende Wichtigkeit".[385] Wagner schließlich bringt die Vorstellung „szenischen Komponierens" auf den Punkt, indem er Musik in einem absoluten Sinne der Szene dienstbar macht – sie zu sich selbst erlöst, wie er es formulieren würde.

Vor diesem Denkhorizont gibt es Gemeinsamkeiten, die sich – geschichtsphilosphisch gesehen – in der Vorstellung einer „Zukunftsmusik" spiegeln, auch wenn dieser Terminus von deren Verächtern in durchwegs kritischer Absicht aufgebracht worden war: Musik, die auf der Höhe der Zeit sein will, mußte den Weg gehen, der vom frühen Berlioz über Liszt zu Wagner führt – den Weg des Gesamtkunstwerks, in dem die partikularen Interessen der Einzelkünste zugunsten einer umfassenden Kunstreligion aufgehoben sind. Dabei spielt es keine Rolle, ob Berlioz dergleichen überhaupt beabsichtigte: Er könnte als Organ des Hegelschen Weltgeistes betrachtet werden, der zu einer solchen Entwicklung hindrängte.

So ist es von den „Neudeutschen" verstanden worden; und bevor man darin lediglich eine leere geschichtsphilosophische

---

382 Ebda., S. 565.
383 Rainer Schmusch, Hector Berlioz. Autopsie des Künstlers, München 2000 (Musik-Konzepte Bd. 108), S. 16 ff.
384 Berger, Berlioz und die Neudeutsche Schule, wie Anm. 377.
385 Franz Liszt, Berlioz und seine Harold-Sinfonie, wie Anm. 408, S. 49.

Konstruktion sieht, sollte man zweierlei bedenken: Zum einen
übte diese Konstruktion in ihrer Zeit eine beachtliche Faszination
aus – in Zustimmung oder Ablehnung. Zum anderen war sie zumindest insoweit nicht leer, als sie sich auf konkrete, d. h. kompositorisch benennbare Gemeinsamkeiten zwischen Berlioz, Liszt
und Wagner stützen konnte. Hugo Riemann, ein in diesem Zusammenhang unverdächtiger Zeuge, erwähnt in seiner *Geschichte
der Musik seit Beethoven* innerhalb einer kurzen Würdigung der
beiden „Neudeutschen" Peter Lohmann und Joseph Huber deren
Bestreben, „an die Stelle der ‚architektonischen' Formen der
Musik ‚psychologische' Formen" zu setzen. „Anhänger der Ber-
lioz-Lisztschen Ideale" wollten, so führt Riemann ohne weitere
Erläuterung fort, erstere durch letztere durch ersetzt wissen.[386]
   Die beiläufige Bemerkung ist von größter Relevanz für das
Verständnis der Musik auch Wagners: Ob dieser ein Meister der
architektonischen Form war, darüber mögen sich die Geister
streiten; doch ein Meister der psychologischen Form war er gewiß.[387]
   Daß das verwendete musikalische Material in Charakter, Gestus und Formung zur Anpassung an ein vorgegebenes Sujet
tendiert, hat Folgen für die Art der Phrasen- und Formbildung,
der motivisch-thematischen Arbeit, der Harmonik und Instrumentation. Ich kann hier keine neudeutsche Kompositionslehre
entwickeln, was jedoch möglich wäre: Speziell zur Harmonik
haben sich die Zeitgenossen einschlägig geäußert. So ist – um
nur dieses kleine Beispiel zu nennen – Felix Draeseke anläßlich
seines schon erwähnten Weimarer Vortrags im Jahr 1861 ausführlich auf die Frage eingegangen, was die „Aufhebung der

---

386 Hugo Riemann, Geschichte der Musik seit Beethoven (1800–1900),
     Berlin und Stuttgart 1901, S. 442. – Vgl. dazu: Martin Geck: Archi-
     tektonische, psychologische oder rhetorische Form? Franz Liszts Kla-
     viersonate h-moll, in: Festschrift für Klaus Hortschansky zum 60. Ge-
     burtstag, Tutzing 1995.
387 Vom „psychologischen Realismus Wagners", in dem „die Schu-
     mannsche romantische und neuromantische Idee" zusammengebro-
     chen sei, spricht beiläufig Helmut Kirchmeyer, Neue Bahnen. Alte
     Bahnen. Veraltete Bahnen. Holzwege. Psychogramm eines „letzten"
     Artikels, in: Düsseldorfer Symphoniker. Tonhallemagazin, Juni
     1988, S. 732.

Haupttonart [...] für das Entstehen melodisch-harmonischer Themen" bedeute. Ausdrücklich argumentiert er gegen den Vorwurf, die neudeutsche Schule arbeite mit „allzu großer Dissonanzenanhäufung, athemloser Modulationsseligkeit, unlogischer Nebeneinanderstellung fremdartiger Accorde, akustisch unzulässigem Mißbrauch der enharmonischen Mittel" usw., und beschreibt demgegenüber die produktiven Möglichkeiten eines die Funktionsharmonik überwindenden Systems.[388]

Ein paar Jahre zuvor, nämlich 1854, hatte Peter Cornelius in seinen Liederzyklus *Trauer und Trost* op. 3 eine Komposition mit der Überschrift *Ein Ton* aufgenommen, in dem die Singstimme tatsächlich auf dem Ton h verharrt, während das Klavier alle nur möglichen Register einer harmonisch originellen Begleitung zieht.

An dieser Stelle sei nicht unterschlagen, daß die hier angesprochene Thematik nicht widerspruchsfrei ist. Wagner höchstpersönlich erteilte seinem damaligen Bewunderer Draeseke im Jahre 1859 eine „Aufklärung" über den Wert der Melodie:

„Ganz unvorhergesehener Weise, und ich weiß auch nicht, wodurch veranlaßt, fing er an einem sehr heißen Augustnachmittag einmal an, den ersten Satz der *Eroica* zu singen, geriet in einen furchtbaren Eifer, sang immer weiter, wurde sehr heiß, kaum außer sich, hörte aber nicht auf, bis er an den Schluß des ersten Teiles gekommen war. ‚Was ist das?' schrie er mich an, worauf ich natürlich sagte: ‚Die Eroica'. ‚Nun, ist denn die blanke Melodie nicht genug? Müßt Ihr denn da immer Eure verrückten Harmonien mit dabei haben?' – Im Anfang war mir nicht klar, was er damit beabsichtigte; als er dann aber in ruhigerer Weise auseinandersetzte, daß der melodische Fluß in den Beethoven'schen Symphonien unversiegbar dahinströme und daß man sich an Hand dieser Melodie die ganze Symphonie deutlich ins Gedächtnis rufen könne, gab er mir einen Anstoß zum Nachdenken, der auf meine eigene Produktion sehr eingewirkt hat."[389]

---

388 Draeseke, Schriften, wie Anm. 266, S. 325.

389 Erich Roeder, Felix Draeseke, Dresden 1932, S. 106. – Vgl. zum Grundsätzlichen Christian Berger, ‚Harmonie' und ‚mélodie'. Eine musikästhetische Kontroverse im Frankreich des 18. Jahrhunderts und ihre Auswirkungen auf das Komponieren im 19. Jahrhundert, in: Festschrift für Hortschansky, wie Anm. 386, S. 275–288.

An einem Einzelbeispiel tun sich Widersprüche auf, die hier nicht geglättet werden müssen. Denn ungeachtet unterschiedlicher Verfahren ist bei allen „Neudeutschen" ein Bruch mit der Tradition des Komponierens festzustellen – ein Bruch, den der spätere Schumann ungeachtet sonstiger Aufmerksamkeit gegenüber realistischen Tendenzen nicht nur nicht mitgemacht, sondern geradezu verurteilt hat, indem er ostentativ Johannes Brahms auf den Schild hob. Die Neudeutschen wußten, weshalb sie Berlioz und nicht Schumann zu den ihren zählten, obwohl letzterer von Gesinnung und Nationalität her viel eher zu ihnen gepaßt hätte: Sie blickten weniger auf die Gesinnung als auf konkrete kompositorische Sachverhalte – eine möglicherweise überraschende Teil-Einsicht in den Realismus-Diskurs.

6. EDUARD HANSLICKS IDEE VOM „MUSIKALISCH-SCHÖNEN": DIE GEGENPOSITION IM DISKURS

Eduard Hanslicks Schrift *Vom Musikalisch-Schönen. Ein Beitrag zur Revision der Ästhetik in der Tonkunst*, die seit ihrem Erscheinen im Jahr 1854 über zwanzig Auflagen erlebt und sich bis heute als die wohl bekannteste Schrift über musikästhetische Fragen in allgemeinen Bewußtsein behauptet hat, verrät schon im Titel ihr Programm – oder besser: ihr Anti-Programm. Den Maximen von Wahrheit und Wirklichkeit, denen die Musik der Gegenwart nach den Vorstellungen des fortschrittlichen Lagers zu folgen hat, wird die traditionelle Idee des Schönen kämpferisch gegenübergestellt.

Diese Feststellung wird dadurch verschleiert, daß sich Hanslick zunächst gegen die „verrottete Gefühlsästhetik"[390] wendet, also gegen eine zurückliegende musikästhetische Position, die man mit fast schon unzulässiger Vergröberung als die popular-romantische bezeichnen könnte,[391] und erst in zweiter Linie, freilich von Auflage zu Auflage merklicher, gegen die Leugnung der „selbständigen Bedeutung der Musik", wie er sie besonders Liszt und Wagner vorwirft. Gegenüber den Tendenzen der der jüngsten Vergangenheit und der Gegenwart, wie sie die Neudeutschen repräsentieren, fühlt sich Hanslick zum Hüter der klassischen Tradition berufen. Demgemäß schreibt er im Vorwort zur 2. Auflage:

> „Vielmehr däuchte es mir um so nothwendiger, rücksichtslos auf das Eine und Unvergängliche in der Tonkunst, auf die musikalische Schönheit hinzuweisen, wie sie unsere Meister Bach, Haydn, Mo-

---

390 Eduard Hanslick, Vom Musikalisch-Schönen, Historisch-kritische Ausgabe von Dietmar Strauß, Mainz 1990, Bd. 1, S. 9.

391 Hanslick, der sich mit seiner Musikästhetik augenscheinlich als Retter in der Not erlebte, hat offenbar kaum von der durchaus differenzierten Diskussion des Themas „anthropologischer versus struktureller Diskurs in der Musik" profitiert, die August Kahlert in seinem *System der Aesthetik*, Leipzig 1846, S. 363–401, vorgetragen hat.

zart, Beethoven, und Mendelssohn gefeiert haben, und echt musikalische Erfinder sie auch in aller Zukunft pflegen werden."

Was solche „musikalische Schönheit" ausmacht, umreißt Hanslick an gleicher Stelle:

> „Die Schönheit eines Tonstücks ist specifisch musikalisch, d. h. den Tonverbindungen ohne Bezug auf einen fremden, außermusikalischen Gedankenkreis innewohnend."

Innerhalb des Textes selbst findet sich das berühmte Dictum:

> „Tönend bewegte Formen sind einzig und allein Inhalt und Gegenstand der Musik".

In der 2. Auflage ist es abgewandelt zu dem Satz: „Der Inhalt der Musik sind tönend bewegte Formen."[392] Das besagt:

> Das „Schöne einer Tonkunst [...] ist ein specifisch Musikalisches. Darunter verstehen wir ein Schönes, das unabhängig und unbedürftig eines von Außen her kommenden Inhalts, einzig in den Tönen und ihrer künstlerischen Verbindung liegt."[393]

Zur Verdeutlichung seiner Vorstellung greift Hanslick zu Vergleichen, die ihm alsbald viel Kritik eintragen: „Ein Zweig der Ornamentik in der bildenden Kunst: die Arabeske" zeige uns „recht treffend", „in welcher Weise uns die Musik schöne Formen ohne den Inhalt eines bestimmten Affectes bringen kann".[394]

An sich ist der Vergleich der Musik mit der Arabeske nicht von vornherein abwegig. Karl Konrad Polheim hat darauf hingewiesen, daß für Friedrich Schlegel Arabeske und Sinfonie nahe verwandt waren.[395] Und ihrem Ursprung nach ist die Arabeske alles andere als nur ein Ornament, vielmehr ein verrätseltes und verstecktes Schriftzeichen und von daher von spezieller Aussagekraft für denjenigen, der die jeweilige Chiffre zu lesen weiß. In

---

392 Hanslick, wie Anm. 390, Bd. 1, S. 10 u. 75.
393 Ebda., S. 74.
394 Ebda., S. 75.
395 Karl Konrad Polheim, Die Arabeske. Ansichten und Ideen aus Friedrich Schlegels Poetik, München, Paderborn und Wien 1966, S. 389.

diesem Sinne hat die entsprechende Metapher im Musikdenken
Schumanns ihren legitimen Platz; Hanslick freilich verwendet
sie auf eher oberflächliche Weise – vermutlich im Anschluß an
Hans Georg Nägelis *Vorlesungen über Musik*.[396]

Wo Hanslick in seiner Schrift an frühromantische Gedankengänge anknüpft, widerlegt er seine eigenen Theorien. Zu Recht
bemängelt Robert Zimmermann in einer frühen Rezension, daß
der Autor den Sinn der Musik mit Hilfe externer Referenzen erweisen wolle, wenn er in frühromantischer Tradition behaupte,
„durch tiefe und geheime Naturbeziehungen [steigere] sich die
Bedeutung der Töne hoch über sie selbst hinaus", so daß Musik
„tönendes Abbild der großen Bewegungen im Weltall" sei und der
Mensch in Musik „immer zugleich das Unendliche fühle".[397]

Hanslick läßt diese Schlußsentenzen daraufhin in den späteren Auflagen fort, ohne damit seine Position zu verbessern.
Diese ist gegenüber der frühromantischen, die enthusiastisch
von Musik als Ausdruck des Unendlichen und tönendem Abbild der großen Bewegungen im Weltall hatte reden können,
stark eingeengt. Tieck, Wackenroder, Schlegel, Schelling und
Novalis hatten Musik a l s   s o l c h e r entsprechende Qualitäten
zugesprochen – sofern sie nur mit notwendiger Kontemplation
vernommen wurde; erst in einem zweiten Schritt nahmen sie –
meist sehr milde – Differenzierungen zwischen unterschiedlichen Gattungen, Stilen und Gesinnungen vor.

Von solchem enthusiastischen und offensiven Eintreten für
die Musik als Kunsterscheinung schlechthin hebt sich Hanslicks
mißtrauische und defensive Haltung gegenüber den musikgeschichtlichen Entwicklungen nach Beethoven ab. Die Romantik
hatte, um mit Adolf Nowak zu sprechen, „das Recht des Laien
auf die Erfüllung emotionaler und stofflicher Erwartungen"
nicht angetastet;[398] Bestimmtheit des Inhalts war nicht verpönt,

---

396 Hans Georg Nägeli, Vorlesungen über Musik mit Berücksichtigung
     der Dilettanten, Stuttgart und Tübingen 1826, S. 45 (Fotomechani-
     scher Nachdruck Hildesheim 1980).
397 Hanslick, wie Anm. 390, Bd. 1, S. 171. – Der Hinweis auf Zimmer-
     mann in Bd. 2, S. 30.
398 Adolf Nowak, Anschauung als musikalische Kategorie, in: *Neue Hefte
     für Philosophie*, Heft 18/19, 1980, S. 116.

sofern sie im Sinne Beethovens auch als Ausdruck der Empfindungen und nicht nur als Malerei wahrgenommen werden konnte; dementsprechend hat Schumann zwar das Programm der *Symphonie fantastique* von Berlioz für überflüssig erklärt, nicht aber die Musik selbst verachtet. Demgegenüber engt Hanslick die Regeln für die Anschaulichkeit mit Hilfe der Kategorie der „Tonanschauung" ein:

> „Hanslick ist nicht mehr in der Lage, der von der romantischen Musikästhetik gemeinten Kontemplation gerecht zu werden, obwohl er das Anschauen des Tonwerks ausdrücklich ‚kontemplativ' nennt. An die Stelle der Versenkung, wie sie etwa in Wackenroders ‚Berglinger' beschrieben ist, tritt eine vom Anschauen sich stufenweise entfernende Abstraktion."[399]

Einer der ersten Rezensenten, Hermann Lotze, kann sich bei aller Sympathie für Hanslick dessen radikale Kritik an traditioneller Gefühlsästhetik nicht zu eigen machen. Eine Ästhetik ohne alle Berücksichtigung der durch das Schöne wachgerufenen Empfindungen, wie sie Hanslick fordert, ist nicht denkbar. Bei seiner Entgegnung bleibt Lotze freilich, wie Paul Moos festgestellt hat,[400] auf dem Boden formalistischer Ästhetik:

> „Indem Musik die endlichen Veranlassungen verschweigt, von denen im wirklichen Leben unsere Gefühle ausgehen, sagt sie sich doch nicht von dem Gefühle überhaupt los, sondern sie idealisirt es in einer so eigenthümlichen Weise, daß sie hierin von keiner andern Kunst erreicht, noch weniger überboten werden kann." − „Gewiß also kann Musik weder ein bestimmtes Element der Sittlichkeit, noch ein concretes Ereigniß oder einen besonderen Gegenstand darstellen; sie giebt statt ihrer aller nur Figuren von Tönen, aber sie trägt auf diese Figuren den Gefühlswerth über, den für uns der Inhalt hat, an welchen sie erinnern, und nur durch diese Symbolik erscheint sie schön. Nicht Gerechtigkeit, wohl aber die unverrückbare Consequenz des Handelns, die ihr formelles Symbol ist, läßt sich musikalisch darstellen, nicht das bestimmte unablässige Streben des menschlichen Gemüths nach irgend einem Ziel, wohl aber der Wechsel von Anspannung und

---

399 Ebda.
400 Paul Moos, Moderne Musikästhetik in Deutschland. Historisch-kritische Übersicht, Leipzig 1902, S. 210 ff.

Ermüdung und die beständige Rückkehr zu demselben sich doch immer steigernden Aufschwung."⁴⁰¹

Auch Franz Brendel rezensiert Hanslicks Buch in seiner *Neuen Zeitschrift für Musik* ohne Polemik, aber vom Standpunkt der Inhaltsästhetik aus: „Einseitiges Ringen nach Bestimmtheit des Ausdrucks" ist auch in seinen Augen „etwas Kunstwidriges". Allerdings: „Das gesammte Tonleben [beruht] auf einem sehr reellen psychologischen Grunde"; den „Tonverbindungen" ist „ein b e s t i m m t e r geistiger Gehalt" immanent, auch wenn sich dieser noch nicht in wünschenswerter Klarheit bestimmen läßt.⁴⁰² In der 3. Auflage seiner *Geschichte der Musik* von 1860 heißt es dann noch deutlicher:

> „Die meisten seiner Sätze bedürfen einer Berichtigung oder Wider-legung. Dessenungeachtet ist die Schrift durchaus nicht ohne Werth, nur dass ihre Bedeutung eine negative ist: eine gründliche Widerle-gung derselben erst muss den Fortschritt bringen." ⁴⁰³

Originell sind die kritischen Äußerungen des als Begründer des „Real-Idealismus" schon erwähnten Moriz Carrière innerhalb seiner *Ästhetik* aus dem Jahr 1859: Hanslick wird hier den ent-täuschten Revolutionären zugerechnet, welche die Stirn haben, die Ernüchterung, welche nach dem Rausch von 1848 über ihre schwachen Seelen gekommen ist, als „gesunden Realismus ge-genüber hohlen Träumen auszugeben und eine neue Epoche von sich zu datieren".⁴⁰⁴ Dabei erklärt „diese Richtung" doch nur deshalb tönend bewegte Formen zum einzigen Inhalt der Musik, weil sie den „Glauben an die Idee" verloren hat. Politisch gesehen, durfte Carrière den Autor des *Musikalisch-Schönen* übri-gens zu Recht als Liberalen einschätzen, der durch das Scheitern der Revolution von 1848/49 tatsächlich in eine politische Identi-tätskrise gestürzt worden sein mochte.

401 Hermann Lotze, Rezension Vom Musikalisch-Schönen, in: *Göttingi-sche gelehrte Anzeigen*, 106. 107. Stück, 5. Juli 1855, S. 1064.; 108. Stück, 7. Juli 1855, S. 1066 f.
402 Franz Brendel, Dr. Eduard Hanslick, Vom Musikalisch-Schönen, in: *NZfM* Bd. 42, 1855, S. 100.
403 Franz Brendel, wie Anm. 47, S. 636.
404 Moriz Carrière, Aesthetik. Die Idee des Schönen und ihre Verwirkli-chung durch Natur, Geist, Kunst, 2. Theil, Leipzig 1859, S. 328.

Obwohl sie zum Haupttrend der Diskussion quersteht, ist die Verdächtigung Hanslicks als eines „Realisten" keineswegs ohne Sinn. In der Tat erfährt Hanslick die musikalische Kunst nicht mehr im Sinne Hegels als „sinnliches Scheinen der Idee", sondern als sinnlich wahrnehmbare Ordnung an sich. Damit steht er dem Zeitgenossen und Wagner-Vorbild Schopenhauer, mit dem ihn sonst wenig verbinden mag, näher als Hegel. Es ist nicht ohne Sinn, in solchen Momenten systemtheoretisch zu denken: *Was romantisch war, muß realistisch werden – man mag wollen oder nicht*!

Friedrich Theodor Vischer, kein Formalist, jedoch einer engen Sympathie mit den Neudeutschen gewiß unverdächtig, spricht in einer frühen Stellungnahme zu Hanslicks *Musikalisch-Schönem* drastisch vom „Aberwitz" eines „Nihilisten".[405] Und 1866 formuliert er innerhalb einer *Kritik meiner Ästhetik* nicht speziell auf Hanslick bezogene Sätze, die Lotzes undeutliche Position präzisieren:

> „Das Schöne ist […] nicht einfach ein Gegenstand, das Schöne wird erst im Anschauen, es ist der Kontakt eines auftretenden Subjekts, und da das wahrhaft Tätige in diesem Kontakte das Subjekt ist, so ist es ein Akt. Kurz das Schöne ist einfach eine bestimmte Art der Anschauung."[406]

Wilhelm August Ambros, der bedeutende, zwischen „Form"- und „Inhalts"-Ästhetik auf hohem gedanklichen und schriftstellerischen Niveau vermittelnde Musikhistoriker, apostrophiert Hanslicks „tönende Arabeske" als „eben auch nur einen artigen Einfall, der bei näherer Prüfung wie eine Seifenblase zerplatzt".[407]

Franz Liszt stößt sich speziell an Hanslicks Kaleidoskop- und Arabesken-Metaphern. Engagiert schreibt er 1855 in seinem Essay *Berlioz und seine „Harold-Symphonie"*:

---

405   Friedrich Theodor Vischer, Ueber das Verhältnis von Inhalt und Form in der Kunst, Zürich 1858, S. 9.

406   Ders., Kritik meiner Ästhetik, in: Kritische Gänge Bd. 4, hg. v. R. Vischer, München, 2. Aufl. 1922, S. 224.

407   August Wilhelm Ambros, Die Gränzen der Musik und Poesie. Eine Studie zur Aesthetik der Tonkunst, Prag 1856. – Hier zitiert nach der 2. Aufl., Leipzig 1872, S. 51.

„Wir behaupten, daß Künstler und Kenner, die im Schaffen und Beurtheilen nur die sinnreiche Konstruktion, die Kunst des Gewebes und der verwickelten Faktur, nur die k a l e i d o s k o p i s c h e Mannigfaltigkeit m a t h e m a t i s c h e r B e r e c h n u n g und verschlungener Linien suchen, Musik nach dem todten Buchstaben treiben und mit solchen zu vergleichen sind, welche die an Blüthen und Duft so reichen indischen und persischen Gedichte nur der Sprache und Grammatik wegen ansehen."[408]

Autoren vom Schlage Hanslicks, so führt Liszt aus, dienen „nicht der Kunst", sondern höchstens einer Wissenschaft, deren Tätigkeit er mit „philologischen und geologischen Forschungen, chemischen Analysen, physikalischen Experimenten, grammatischen Erläuterungen" auf eine Stufe stellt.

Im Jahr darauf spricht Hans von Bülow innerhalb einer Besprechung von Wagners *Faust*-Ouverture anzüglich von den „Stallmeistern der musikalischen Formen-Reitschule"[409]; und wieder ein Jahr später spottet Wagner selbst innerhalb seines Essays *Über Franz Liszt's Symphonische Dichtungen* über die „Kunstrichter", die „aus Seelenangst um die Form schreien".[410]

Obwohl gleich seinem Antipoden tendenziell eher Klassizist, stößt sich auch der als Redakteur der Leipziger *Allgemeinen Musikalischen Zeitung* bereits erwähnte Komponist und Musikliterat Johann Christian Lobe an den „höher potenzirten Arabesken und Kaleidoskop-Spielen" Hanslicks.[411] Lobes Argumente, immer wieder an der Musik Beethovens expliziert, lassen sich auf einen einfachen Nenner bringen: Wir hören und lieben Musik mit

---

408 Franz Liszt, Gesammelte Schriften, hg. v. Lina Ramann, Bd. 4: Aus den Annalen des Fortschritts, Leipzig 1882, S. 45 f. Liszt hat die auf Hanslick gemünzten Äußerungen nachträglich in die Erstfassung seines Essays eingefügt. – Vgl. Detlef Altenburg, Vom poetisch Schönen. Franz Liszts Auseinandersetzung mit der Musikästhetik Eduard Hanslicks, in: ders. (Hg.), Ars Musica. Musica Scientia. Festschrift Heinrich Hüschen, Köln 1980, S. 5.
409 Hans von Bülow, Richard Wagner's ‚Eine Faustouverture', in: *NZfM* Bd. 45, 1856, S. 53.
410 Wagner, wie Anm. 258, S. 187.
411 Anonym (Johann Christian Lobe), Gegen Dr. Eduard Hanslick's „Vom Musikalisch-Schönen", in: *Fliegende Blätter für Musik* Bd. 2, Leipzig 1857, S. 89.

einem jeweils spezifischen Inhalt, der sich fühlen läßt, nicht aber tönend bewegte Formen.

Ähnliches meint auch Friedrich Stade, wenn er im Jahre 1870 eine in ihrem Verlauf differenzierte Auseinandersetzung mit Hanslicks Buch mit der Festellung beginnt, daß „das allgemeine Bewußtsein sich gegen die Ergebnisse der Schrift entschieden auflehne".[412] Die Äußerung des Leipziger Musikers und Musikästhetikers, der später Brendels *Geschichte der Musik* in neuer Auflage bearbeitete, ist hier festgehalten, weil sie die letzte mir bekannte ist, die dem musikästhetischen Diskurs der Zeit unmittelbar angehört. Danach folgt die Ära der abgeklärten statements in musikästhetischen Einzel- oder Gesamtdarstellungen, in denen Hanslick meist gut wegkommt – beginnend mit Ottokar Hostinskys Schrift von 1877.[413]

Es hat eine Art Signalwirkung, daß Dietmar Strauß im Kommentar zu seiner Historisch-kritischen Ausgabe die Rezeption Hanslicks mit Hostinsky beginnen läßt.[414] Er begründet dies von seinem Standpunk aus korrekt damit, daß es ihm um Abhandlungen gehe, deren Autoren zwischen verschiedenen Auflagen und Lesarten unterschieden. Bei einem flüchtigen Leser kann dadurch der vermutlich ohnehin bestehende Eindruck verstärkt werden, es gebe vor Hostinsky keine ernstzunehmende Auseinandersetzung mit Hanslick. Mit anderen Worten: Die einstmals lebendige „Tages"-Diskurs in puncto Hanslick ist kaum mehr präsent.

Hanslicks Argumentation kreist im wesentlichen um den einen Gedanken, daß Musik – systemtheoretisch gesprochen – selbstreferentiell sei. So wertvoll diese Aussage ist – sie hat nur Sinn, wenn man sie mit der Gegenaussage konfrontiert: Musik ist n i c h t selbstreferentiell. Wie anders könnte es Schnittflächen zwischen dem An-Sich-Sein der Kunst und dem Erleben von Kunst geben! Den Romantikern, die von dem Absoluten der Musik sprachen, war diese Dialektik eine Selbstver-

---

412 Friedrich Stade, Vom Musikalisch-Schönen. Mit Bezug auf Dr. E. Hanslick's gleichnamige Schrift, in: *NZfM* Bd. 66, 1870.

413 Ottokar Hostinsky, Das Musikalisch-Schöne und das Gesammtkunstwerk vom Standpuncte der formalen Aesthetik, Leipzig 1877.

414 Hanslick, wie Anm. 390, Bd. 2, S. 24 ff.

ständlichkeit. Hanslick „vergißt" sie; in welchem Maß er hinter den Vorstellungen zurückbleibt, welche die Romantiker zugleich von der „Struktur des Werkes" hatten, verdeutlicht mittelbar Walter Benjamin in seinem Buch über den *Begriff der Kunstkritik in der deutschen Romantik*.[415] Wie hoch steht auch der etwas ältere Zeitgenosse Robert Schumann selbst als Musikästhetiker über Hanslick – nicht zuletzt deshalb, weil er keine Prinzipien reiten will, sich vielmehr auf M u s i k und die Fülle ihrer Deutungs- und Verstehensmöglichkeiten wahrhaft einläßt!

Hanslick ist freilich auch Musikkritiker mit beachtlicher Repertoirekenntnis und großem Erfahrungshorizont; im Alter gelangt er sogar zunehmend zu der Einsicht, daß musikästhetische Fragen, sofern sie am einzelnen Kunstwerk orientiert sind, nicht *a priori*, sondern nur auf dem Boden der Historie gelöst werden können.[416] Politisch darf man ihn als Liberalen einschätzen.[417] Als Autor des *Musikalisch-Schönen* ist er jedoch allein K ä m p f e r – gegen all das, was ihm als falscher Fortschritt erscheint. Mit Mühen und manchen Einschränkungen findet er wenigstens in Brahms einen Gegenwartskomponisten, der seinen Idealen entspricht; ansonsten haben nur die Klassiker Bestand.

Offensichtlich gehen das Beharren auf der musikalischen Tradition und das Pochen auf der Selbstbezüglichkeit von Kunst mit Lebensangst einher. Vielleicht komponiert man aus dieser Lebensangst, für die es Gründe genug gibt, die bessere Musik – besser für abendländisch-neuzeitliche Individuen, die ihrerseits selbstbezüglich in ihrem Schmerz verharren, wofür es wiederum gute Gründe genug gibt. (Franz Schubert läßt in dem Tagebucheintrag „Meine Erzeugnisse sind durch den Verstand für

---

415 Walter Benjamin, Der Begriff der Kunstkritik in der deutschen Romantik, Frankfurt a. M. 1973, S. 67 ff. („Das Kunstwerk").

416 Vgl. einen Diskussionsbeitrag von Rudolf Heinz in: Walter Wiora (Hg.), Die Ausbreitung des Historismus über die Musik, Regensburg 1969, S. 239.

417 So macht sich Hanslick in der Dresdner *Abendzeitung* vom 23. November 1848 unter dem Titel *Religionsverschiedenheit* für die Judenemanzipation stark.

Musik und durch meinen Schmerz vorhanden"[418] solche Zu-
sammenhänge erahnen; Theodor W. Adorno hat sie in seine
Philosophie integriert.)

Lebensangst kann künstlerische Potenzen freisetzen, aber
auch dazu führen, daß man sich im Übermaß Traditionen und
Systemen verschreibt. An Brahms erlebt man beides: das enorme
künstlerische Vermögen und das zweifelhafte Bemühen, dem
„Treiben einer gewissen Partei", nämlich der ‚Neudeutschen'
um Liszt, durch die Veröffentlichung einer förmlichen Presse-
erklärung im Berliner *Echo* Einhalt zu gebieten. Deren Produkte
müsse man „als dem innersten Wesen der Musik zuwider nur
beklagen oder verdammen" – so heißt es in dem Manifest, das
Brahms Anfang 1860 wohl nicht nur auf Drängen anderer un-
terzeichnet, freilich nicht ausdrücklich für den Druck autorisiert
hat.[419] Dieses im Leben des Komponisten letztlich marginalen
Vorgangs wird hier nicht aus Häme gedacht, sondern weil er
deutlich macht, wie leidenschaftlich der Streit mit den „Neudeutschen" geführt worden ist – selbst von einem seinem Wesen
nach so zurückhaltenden Komponisten wie Brahms.

Hinter der Forderung nach der Autonomie der Einzelkunst
„Musik" steht, wie angedeutet, der Wunsch nach der Trennung
von Kunst und Leben. Anlaß ist die Sorge, die Werke Liszts oder
Wagners könnten ihre Hörer dazu anhalten, Kunst als eine kritische Masse innerhalb des Prozesses gesellschaftlicher Veränderungen anzusehen. Das gesellschaftliche Engagement, das aus
anderen „stofflicheren" Künsten so schwer herauszuhalten ist –
wenigstens die Musik soll von ihm frei bleiben.

Diese Sorge hat sich letztendlich als unberechtigt erwiesen.
Doch in der Ära des Realismus sind die Traditionalisten in der
Defensive, die Anhänger der Fortschrittspartei hingegen auf
dem Vormarsch. Woher der Wind weht, verdeutlicht die Entwicklung der überregionalen Musikfeste, deren Organisatoren
auf Neuheiten bedacht sind, ohne allerdings ihre konservative
Klientel vor den Kopf stoßen zu wollen. So werden im Oktober

---

418   Schubert. Die Dokumente seines Lebens, hg. v. Otto Erich Deutsch,
      Leipzig 1964, S. 233.
419   Max Kalbeck, Johannes Brahms, Bd. I,2, 2. Aufl., Berlin 1908, S. 404.

1853 auf dem Karlsruher Musikfest zwar auch Bach, Mozart, Beethoven, Mendelssohn, Schumann und Meyerbeer aufgeführt, vor allem aber „die Repräsentanten der neuesten deutschen Kunst", nämlich Berlioz, Liszt und Wagner.[420]

Im Frühsommer 1857 dirigiert Franz Liszt als Hauptgast des 35. Niederrheinischen Musikfestes in Aachen Wagners *Tannhäuser-Ouvertüre*, von seinen eigenen Werken die *Festklänge* und das Es-Dur-Klavierkonzert mit Hans von Bülow als Solisten sowie Teile aus *L'enfance du Christ* von Berlioz. Verhindert auch die Opposition einen vergleichbaren Auftritt der „Neudeutschen" beim darauffolgenden Musikfest, so kann doch letztlich kein Zweifel darüber herrschen, daß deren Fraktion sich selbst im Umfeld einer Einrichtung entschieden hat zu Wort melden können, die lange Jahre unter dem Einfluß des Realismus-Kritikers und Hanslick-Parteigängers Ludwig Bischoff gestanden hatte.

Überhaupt kann und muß Hanslick als Wiener Musikkritiker aus unmittelbarem Einblick in das Musikleben feststellen, daß Aufführungen der Opern Wagners, der Sinfonischen Dichtungen Liszts und – mit einigem Abstand – der Orchesterwerke von Berlioz d i e herausragenden Ereignisse der fünfziger und sechziger Jahre sind. Freilich werden diese Neuheiten, die sich aus dem wie üblich weiterlaufenden Musikbetrieb herausheben, vom Publikum manchmal begeisterter gefeiert als von der Kritik. Jedenfalls weiß Hanslick, warum er so sehnlichst auf „seinen" Brahms wartet, der in den siebziger Jahren endlich auch im sinfonischen Bereich als neuer Stern aufsteigt, nunmehr freilich aggressiv gegen die Konkurrenz, die ihm potentiell in Bruckner erwachsen könnte, geschützt werden muß.

Übrigens übertreffen in der Ära nach Schumann die öffentlichen Angriffe der „Traditionalisten" auf die „Neudeutschen" diejenigen in entgegengesetzter Richtung an Ausmaß und Schärfe bei weitem. Den beständigen Attacken auf Berlioz, Liszt, Wagner und später auf Bruckner stehen Polemiken Hugo Wolfs etwa gegenüber der 4. Sinfonie von Brahms und gelegentliche Ausfälle gegen die „absolute Musik" in den *Bayreuther*

---

420 Pohl, wie Anm. 177, S. 16.

Blättern als eher singuläre Phänomene gegenüber. Im persönlichen Bereich sind die Verhältnisse weniger eindeutig: Während – beispielsweise – Wagner mit Brahms schlechterdings nichts anzufangen weiß, spricht Brahms im Gegensatz zu seinem selbsternannten Anwalt Hanslick mit Respekt von Wagner, allerdings mit heller Empörung von Bruckner.

Weshalb ist gerade Hanslicks Buch *Vom Musikalisch-Schönen* so breit rezipiert worden – nicht etwa das gleichnamige von Adolph Kullak, das vier Jahre später mit weit differenzierten Urteilen über Musik und Musikwerke erschien?[421] Es eignete sich als Argumentionshilfe für eine Zunft, die für sich bleiben wollte! Gleichwohl ist es erstaunlich, mit welchem Wohlwollen noch die neuere Musikwissenschaft Hanslick vielfach gegen den Vorwurf verteidigt hat, von einem wirklichkeitsfremden Musikbegriff auszugehen, einseitig zu argumentieren, unglückliche Bilder zu wählen, die Tendenz seiner Schrift von Auflage zu Auflage unmerklich zu ändern etc.

Charakteristisch für solche Nachsicht ist der Hanslick gewidmete Abschnitt in dem bereits erwähnten Buch von Carl Dahlhaus *Die Idee der absoluten Musik*.[422] So klug und differenziert der Autor argumentiert, so deutlich ist doch seine Absicht, Hanslick aufzuwerten und u. a. als einen Ästhetiker erscheinen zu lassen, der sich selbst in der Auseinandersetzung mit Hegels Philosophie achtbar schlägt; das aber tut diesem zu viel Ehre an – eine Ehre, die freilich nicht eigentlich Hanslick gilt, sondern der Idee der absoluten Musik, mit der sich nach wie vor trefflich gegen den „Realismus" streiten läßt.

---

421   Adolph Kullak, Das Musikalisch-Schöne. Ein Beitrag zur Ästhetik der Tonkunst, Leipzig 1858.
422   Carl Dahlhaus, Die Idee der absoluten Musik, Kassel und München 1978, S. 110 ff.

7. RANDBEREICHE DES MUSIKBEZOGENEN REALISMUS-DISKURSES

Zum einen geht es hier um Komponisten, die im Diskurs keine zentrale Rolle spielen, zum anderen um Phänomene, die aus dem gesteckten Zeitrahmen 1848–1871 fallen, jedoch im Blick auf die Thematik diskussionswürdig erscheinen.

Komponieren im Sinn der „Neudeutschen"

Es ist unzweifelhaft auf den Einfluß von Berlioz, Liszt und Wagner und die um ihr Werk geführte Diskussion zurückzuführen, daß in Deutschland seit den fünfziger Jahren reichlich Sinfonische Dichtungen oder Programm-Sinfonien komponiert werden. Hans von Bülow schrieb 1854 ein *Symphonisches Stimmungsbild* mit dem Titel *Nirwana*, 1863 *Des Sängers Fluch*. Der schon mehrfach erwähnte Felix Draeseke griff um die gleiche Zeit mit einem *Frithjof* und einem *Julius Caesar* Liszts Gattungsbezeichnung „Symphonische Dichtung" expressis verbis auf. Joseph Joachim Raff komponierte bevorzugt Sinfonien, denen er jedoch Überschriften gab: *An das Vaterland, Im Walde, Leonore* sowie *Gelebt, gestrebt; gelitten, gestritten; gestorben, umworben* usw. Alexander Ritter schrieb Orchesterstücke mit Überschriften wie *Seraphische Phantasie, Erotische Legende, Olafs Hochzeitsreigen, Karfreitag und Fronleichnam.*

Alles in allem waren die Jahre vor dem Auftreten von Bruckner und Brahms im allgemeinen Bewußtsein mehr von solchen Werken als von traditionellen Sinfonien geprägt, deren durchgängige Präsenz in den zeitüblichen Konzertprogrammen gleichwohl unübersehbar ist. Eine Detailuntersuchung der genannten und vieler nicht erwähnter Werke kann und muß hier nicht erfolgen; freilich könnte eine Betrachtung darüber interessant sein, inwieweit *de facto* „neudeutsch" oder trotz der Überschriften doch eher klassizistisch komponiert wurde.

Daß die Geschichte der Sinfonischen Dichtung über Richard Strauss ins 20. Jahrhundert transportiert wurde, ist für unseren Kontext insofern interessant, weil damit auch Elemente des

Realismus-Diskurses weiterwirken. Indessen fehlt inzwischen jede allgemein- und kunstpolitische Sprengkraft. Deshalb lassen sich realistische Züge in den entsprechenden Werken von Strauss und seinen Zeitgenossen höchstens stiltypologisch benennen, und als solche finden sie sich auch in anderen Gattungen. Kompositionsgeschichtlich gesehen, kann man von Standards sprechen, die, einmal errungen, nicht wieder aufgegeben werden.

Eine bedeutende Forderung innerhalb des Realismus-Diskurses war die Läuterung der Spieloper zum Musikdrama. Ein Blick auf die Liste der Opern, über die die *Neue Berliner Musikzeitung* des Jahres 1854 berichtet,[423] macht deutlich, wie bunt das Repertoire auch zu dieser Zeit aussieht. Zwar finden sich Werke, deren Langlebigkeit für Niveau spricht; doch überwiegen solche mit genuiner Unterhaltungsfunktion:

Armida	Catharina Cornaro
Czaar und Zimmermann	Der Prophet
Die Falschmünzer	Die Dorfsängerin
Der Sommernachtstraum	Die Krondiamanten
Die Stumme von Portici	Don Juan
Die Nachtwandlerin	Die Hugenotten
Die lustigen Weiber v. Windsor	Der Feensee
Die Favorite	Der Maurer
Der Liebestrank	Die falsche Pepita
Euryanthe	Fidelio
Figaros Hochzeit	Giralda
Freischütz	Haydée u. s. w.

Doch so dringlich Reformen angemahnt werden – es tut sich wenig: Deutschland hat keinen Verdi; es wartet gleichsam gespannt auf Wagners *Ring*. Peter Cornelius bemüht sich mit *Cid* und einem unvollendeten *Gunlöd*; doch wenn man bereits diese Werke höchstens noch dem Namen nach kennt, um wieviel weniger dann Max Bruchs *Loreley*, Carl Reineckes *König Manfred* oder Johann Joseph Aberts *König Enzio*. Außerdem sind die Bühnenwerke dieser „Circumpolaren", wie Theodor Kroyer die Opernkomponisten um Wagner nannte,[424] kaum in realistischem, vielmehr vor allem in postromantischem Kontext zu sehen.

---

423 Unverändert mitgeteilt nach der Übersicht auf S. V.
424 Theodor Kroyer, Die circumpolare Oper. Zur Wagnergeschichte, in: *Peters-Jahrbuch für 1919,* Jg. 26, S. 16–36.

Näher am Zentrum des Diskurses ist man, was die sogenannten
„kleinen Formen" in der Klaviermusik angeht, die sich mit dem
vom literarischen Realidealismus so geschätzten „Dorfgeschichten" vergleichen lassen. Der am Beispiel Robert Schumanns ausführlich dargestellte Diskurswechsel Romantik-Realismus könnte,
ohne daß ich dies im einzelnen untersucht habe, generell für die
Zeit zwischen 1848 und 1871 charakteristisch sein. Oft werden
schon in der Titelwahl realistische Tendenzen deutlich. So nennt
Robert Radecke sein op. 10 *Erinnerung an den Harz;* und in einer
Rezension aus dem Jahr 1854 werden diese „sechs charakteristi-
schen Tonstücke" beifällig „Tondaguerreotypen" genannt – eine
Bezeichnung, die ein Jahrzehnt zuvor vermutlich als Kritik verstanden worden wäre.[425] Man sieht die Ästhetik der Fotografie
heraufziehen, die für die Musik – anders als für die Malerei – zwar
keine Konkurrenz darstellt, jedoch inspirierend wirken mag.

Ein Vorbote ist Liszts *Album d'un voyageur* von 1842, dessen realistische Züge gegenüber den unzweifelhaft vorhandenen romantischen in der Umarbeitung von 1855 deutlicher herausgearbeitet
werden. Und wenn 1855 Emanuel Klitzsch über die *Fünf Tonbil-
der im Zusammenhange* op. 6 von Ludwig Norman äußert:

> „Auch da, wo sie in Elegien sich ergehen, bemerkt man eine wohl-
> thuende Gesundheit, die nur aus einer noch jugendlich frischen
> Weltanschauung emporwächst,"[426]

so bevorzugt auch er damit auf akzentuierte Weise den realistischen gegenüber dem romantischen Diskurs. Klaviersonaten
werden gelegentlich wie Sinfonische Dichtungen im Kleinfor-
mat behandelt. So schreibt Klitzsch zwei Jahre später über Friedrich Kühmstedts *Große Klaviersonate* op. 36:

> „Der Inhalt des Werkes resultirt aus einem psychologischen Proceß,
> welcher ein Gemälde aufrollt, dem man die Nothwendigkeit seiner
> Entstehung nicht absprechen kann."[427]

Daß Sammlungen wie die 1856 erschienenen *Weihnachtslieder* op. 8
von Peter Cornelius gut in den Kontext bürgerlich-realistischer

---

425 *Signale für die Musikalische Welt* Jg. 12, 1854, S. 41.
426 Emanuel Klitzsch, Kammer- und Hausmusik, in: *NZfM* Bd. 42, 1855,
S. 4 f.
427 *NZfM* Bd. 47, 1857, S. 78.

Hausmusik passen, wird man zwar nicht leugnen. Jedoch ist von der musikalischen Kleinkunst der Zeit zu wenig bekannt, als daß sich gesicherte Aussagen machen ließen. Immerhin spricht Wilhelm Ambros 1874 von der Gattung der Romanze als einer „musikalischen Wasserpest":[428] Das sentimentale Moment ist also sicherlich nicht untergegangen.

Verdi

Wenn reine Opernliebhaber dieses Buch schrieben, würden sie vermutlich Giuseppe Verdi ins Zentrum rücken. Verdi hat die italienische Oper eines Rossini, Bellini und Donizetti nicht nur beerbt, sondern ihr spätestens seit den drei Meisteropern *Rigoletto* (1851), *Il trovatore* und *La traviata* (beide 1853) ein neues Gesicht gegeben: Die alte Nummernoper ist tot, es lebe „die Oper als Drama".[429] Dieter Schnebel hat Verdis „gestische Musikdramatik" von Wagners „symbolischer Musikdramatik" abgegrenzt und postuliert, sie ermögliche

> „einen musikalischen Realismus, der den wirklichen Menschen in seiner wirklichen, nämlich sozialen Situation zeigt, der aber auch die innere Wirklichkeit des Menschen, seine falschen und wahren Gefühle – und seien sie rein triebhaft oder sonst unbewußt – sowohl zu durchleuchten vermag als auch einfühlsam ans Licht bringt; in ein Licht, das freilich musikalisch strahlt."[430]

Dieser „Realismus" erscheint musikalisch glaubhaft, weil Verdi je länger je weniger der „schönen Form" huldigt, vielmehr Verfahren bevorzugt, bei denen er unversehens von bel-canto-Gesang in musikalische Prosa überwechseln, bestimmte Personen- und Gefühlskonstellationen in Ensembles von großer Gestenvielfalt

---

428 Die Musik in Geschichte und Gegenwart, 1. Aufl., Bd. 11, Art. Romanze, Kassel usw. 1963, Sp. 852.

429 Carl Dahlhaus, Die Oper als Drama: Verdi, in: ders., Die Musik des 19. Jahrhunderts, Laaber und Wiesbaden 1980 (Neues Handbuch der Musikwissenschaft, Bd. 6), S. 170–180.

430 Dieter Schnebel, Die schwierige Wahrheit des Lebens – zu Verdis musikalischem Realismus, in: *Musik-Konzepte* Bd. 10. Giuseppe Verdi, München 1979, S. 66.

darstellen kann usw. In ähnlichem Sinne spricht Carl Dahlhaus vom „Opernrealismus" des *Otello*. [431]

Man muß indessen Wasser in den Wein gießen. Was die Libretti angeht, so sind sie zwar immer wieder politisch verstanden worden, doch gerade diejenigen von *Rigoletto*, *Il trovatore* und *La traviata* sind nicht frei von kolportagehaften Zügen. „Realistisch" werden sie nach common sense ja auch erst durch ihren Kontext, die Musik, die nach Meinung ihrer Liebhaber niemals lügt, sondern ohne Parteilichkeit stets „wahre" Gefühle ausdrückt.

Doch solche Gedanken gehören in einen Diskurs „Opernrealismus", der dann aber auch Mozarts *Figaro* oder Webers *Freischütz* zu berücksichtigen hätte. Mit anderen Worten: Verdi verwirklicht mit den Mitteln des 19. Jahrhunderts, was Mozart mit den Mitteln des 18. Jahrhunderts nicht schlechter und auch nicht weniger „realistisch" gelungen war. Anderer Meinung ist Frits Noske, der nicht zögert, *Macbeth* als eine realistische Oper in spezifischem Sinne und als Ende der romantischen Schaffensphase Verdis zu bezeichnen.[432]

Doch auch diesem Verdi-Verehrer zum Trotz müssen wir feststellen, daß sich Realismus in der Musik nicht nach bestimmten Stilkategorien ‚messen' läßt, sondern nach dem jeweiligen Bezugspunkt zu beurteilen ist: We m gegenüber gilt die Realismus-Forderung? Vor diesem Horizont hat Verdi im französisch-deutschen Realismus-Diskurs der Jahre 1848 bis 1871 keinen Platz; der Name Verdi kommt in ihm de facto auch nicht vor. Überhaupt wird Verdi im deutsch-österreichischen Musikleben erst in den 70er Jahren zu einer Größe; vorher hat seine vielfach als trivial und frivol bis zur Unsittlichkeit eingeschätzte Musik diesseits der Alpen zumindest bei den Vertretern der Musikkritik wenig Chancen.[433] Nicht von ungefähr spricht Eduard

---

431 Dahlhaus, wie Anm. 429, S. 178.
432 Frits Noske, Verdi's ‚Macbeth': Romanticism or Realism?, in: Detlef Altenburg (Hg.), Ars Musica. Musica Scientia. Festschrift Heinrich Hüschen, Köln 1980, S. 359–363.
433 Vgl. Klaus Hortschansky, Die Herausbildung eines deutschsprachigen Verdi-Repertoires, in: Friedrich Lippmann (Hg.), Colloquium „Verdi-Wagner" Rom 1969, Köln und Wien 1972, S. 140–182.

Hanslick in seinen Lebenserinnerungen von „manchen Jugendsünden gegen ihn".[434]
Will ich dem Ansatz dieses Buches treu bleiben, so kann ich Verdi nicht in einen Diskurs einführen, in dem er zu seiner eigenen Zeit nicht vorkommt. Es mag andere Sichtweisen auf Verdi geben, aus denen er schärfer als bisher als „Realist" der Oper hervorgeht. Doch das hat nicht unmittelbar etwas mit meiner Blickrichtung zu tun, die – in der Tradition Courbets – letztlich eine politische und keine stiltypologische ist.

Musikalischer Naturalismus der nationalen Schulen und Verismo

Viele musikgeschichtliche Erscheinungen, die Carl Dahlhaus in seinem Realismus-Buch berücksichtigt, lassen sich besser unter der Rubrik „Naturalismus" fassen.[435] Das gilt vor allem für die Opern von Mussorgskij, Janáček und Mascagni. In der Literaturgeschichte mag es zwar Schwierigkeiten machen, zwischen „Realismus" und „Naturalismus" zu unterscheiden, sofern man sich nicht auf die Seite der *Grenzboten* schlägt und einen verklärenden „Realidealismus" entschieden von krudem „Naturalismus" abgrenzt. In der Musik ist die entsprechende Differenzierung leicht: Im Realismus-Diskurs der Jahre 1848 bis 1871 diskutiert man primär bestimmte Haltungen und Gesinnungen, die erst sekundär bestimmte Kompositionsverfahren nach sich ziehen. Ob die letzteren als „realistisch" angesehen werden, ist im wesentlichen eine Frage der Lager-Zugehörigkeit.
Der musikalische Naturalismus bietet demgegenüber eine konkretere Basis der Beschreibung, nämlich eine vor allem anderen kompositorisch-technische. „Naturalismus" ist ein nament-

---

434 Hanslick, Aus meinem Leben, wie Anm. 49, S. 392.
435 Albrecht, Artikel „Impressionismus", wie Anm. 307, Sp. 1054. – Ich gedenke an dieser Stelle in Dankbarkeit meines akademischen Lehrers Hans Albrecht, der meinen Blick für musikgeschichtliche Grundsatzprobleme geschärft hat – ungeachtet dessen, daß er sich selbst als einen – abwägenden – Anhänger der „geistesgeschichtlichen Methode" betrachtete.

lich in der Oper anzutreffendes Phänomen und meint in erster
Linie eine bestimmte Art der Sprachbehandlung: Nationalspra-
chen wie Russisch und Tschechisch sollen in ihrem Tonfall
möglichst genau in Gesang übertragen werden. Darüber hinaus
soll die nationale Volksmusik in Tonalität, Melodik, Rhythmik,
Harmonik, Instrumentation und Form nicht nur als gelegentliche *couleur locale* – das gab es in der Oper schon immer – präsent
sein, sondern zum Charakter einer Nationaloper beitragen.

Dahinter steht ein Programm, das sich aus Forderungen ab-
leitet, die im Zeichen der 48er Revolution aufgestellt worden
waren: nationale Selbstbestimmung und demgemäß auch eine
nationale Hochkunst. Smetanas *Verkaufte Braut* von 1866, Mus-
sorgskijs *Boris Godunow* von 1874 und Janáčeks *Jenufa* von 1904
sind eindrucksvolle Zeugnisse für solche Tendenzen, während
Bizets *Carmen* von 1875 eher von seinen folkloristisch pittoresken Elementen lebt, die freilich mehr sind als *couleur locale*, nämlich konstitutiv für die Dramaturgie dieser Oper.

Jenufa reicht, zeitlich gesehen, in die Ära der veristischen Oper
hinein – ein Genre, das man freilich höchstens wegen der Libretti
naturalistisch und sozialkritisch nennen kann. In ihrer musikalischen Dramaturgie gehorchen die immer wieder dem Verismo
zugerechneten Opern von Mascagni, d'Albert und Puccini, wie
Carl Dahlhaus im Anschluß an Egon Voss dargelegt hat, „eher
den Regeln der Melodramatik als denen des Realismus".[436]

Brahms

Brahms und seine Musik lassen sich nur schwer in dem von mir
zeitlich begrenzten Realismus-Diskurs unterbringen. Im Jahr
der 48er Revolution, die für mich Angelpunkt der Darstellung

---

436 Egon Voss, Verismo in der Oper, *Die Musikforschung* Jg 31, 1978, S.
303–313. – Carl Dahlhaus, Melodramatik und Verismo, in: ders.,
wie Anm. 429, S. 295–302. – Vgl. auch Sieghart Döhring, Musikalischer Realismus in Puccinis Tosca, in: Friedrich Lippmann (Hg.),
Studien zur italienischen Musikgeschichte Bd. 13, Laaber 1984,
S. 249–299. – Ulla Zierau, Die veristische Oper in Deutschland.
Eine Untersuchung zur Entwicklung der deutschen veristischen

bleibt, ist er erst fünfzehn Jahre alt. Nicht von ungefähr stehen seine späteren Chorwerke wie *Ein deutsches Requiem*, *Schicksalslied* und *Triumphlied* in einem anderen politischen Kontext – demjenigen des Aufstiegs Preußens bis zur Reichsgründung im Jahr 1871. Zwar führt es Angelika Horstmann auf den „Realitätsbezug" dieser Werke zurück, daß sie beim zeitgenössischen Publikum besonders beliebt waren,[437] doch kann damit nur eine Realität gemeint sein, die der politische und literarische Realismus nicht im Auge hatte.

An den literarischen Realismus-Diskurs ist Brahms durch die Wahl seiner Textdichter angeschlossen. Man denkt zunächst an Klaus Groth. Doch dort gibt es eine Affinität vor allem hinsichtlich der gemeinsamen niederdeutschen Herkunft. Zudem hat Brahms die Vorlagen für seine Liedkompositionen von so vielen unterschiedlichen Dichtern, daß man kaum von einer bevorzugten Richtung sprechen kann. Noch größere Bedenken hätte ich, Brahms als Komponisten seiner Lieder substanziell mit dem Realismus-Diskurs in Verbindung zu bringen.

Überhaupt läßt sich der Komponist in musikästhetischer Hinsicht schwerlich als Realist apostrophieren. An den Maler und Grafiker Max Klinger schreibt er Ende 1893:

„Manchmal möchte ich Sie beneiden, daß Sie mit dem Stift deutlicher sein können, manchmal mich freuen, daß ich es nicht zu sein brauche".[438]

Nun kann Deutlichkeit sich auch auf den Ausdruck von Gefühlen beziehen. In diesem Sinne hat Gustav-H. H. Falke seinem Buch über Brahms den Untertitel *Wiegenlieder meiner Schmerzen – Philosophie des musikalischen Realismus* gegeben. Brahms

Oper vom Plagiat zur Eigenständigkeit, Frankfurt a. M. usw. 1994. – Hans-Joachim Wagner, Fremde Welten. Die Oper des italienischen Verismo, Stuttgart und Weimar 1999.

437   Angelika Horstmann, Untersuchungen zur Brahms-Rezeption der Jahre 1860–1880, Hamburg 1986, S. 205.

438   Brief an Max Klinger vom 29. 12. 1893, in: Johannes Brahms an Max Klinger, hg. v. Ernst Eggebrecht und Hans Schulz, Leipzig 1924, S. 7. – Vgl. Jan Brachmann, Ins Ungewisse hinauf … Johannes Brahms und Max Klinger im Zwiespalt von Kunst und Kommunikation (Musiksoziologie Bd. 6), Kassel usw. 1999.

„psychologischer Realismus", sein „trotziges Sich-Verschließen gegen Transzendenz"[439] sind „romantikkritisch"; Brahms als „der bärtig imposante Gründerzeitheroe ist die Übersteigerung des Modells von Individuation, dessen Scheitern die Kunst reflektiert"; er selbst ist auf „realistische Versöhnungen" aus. Seine „liberale Skepsis gegenüber großen Worten oder Gesten" hat ihre Entsprechung in „einer Musik des psychologisch wahrscheinlichsten Ausdrucks". Diese kann entweder „in e i n e r Stimmung, e i n e m Affekt" verharren oder „Gefühlsentwicklungen" zeigen, die jedoch „durchgehend motiviert" sein müssen. Musikalischer Realismus kann bei Brahms allerdings auch „als Ausdruck der plausiblen Einheit eines Charakters in der Vielheit der Affekte" verstanden werden.

Trotz mancher konkreten Hinweise auf die Musik vermag Falke das Brahms-Spezifische dieser Vorstellungen in meinen Augen nicht deutlich zu machen. Man kann sein Buch als einen Essay lesen, der einige Züge Brahms'scher Musik aus subjektiver Sicht schön darstellt – jedoch ohne jenes Maß an Objektivierbarkeit, das auch innerhalb einer diskursgeschichtlichen Darstellung eingehalten werden muß. Allzu viele musikgeschichtliche Phänomene lassen sich als Brahms'schen „Realismus" im Sinne Falkes bezeichnen! Gewiß nimmt Brahms – spät genug – an einer Abwicklung der Romantik teil; doch seine Abschiede sind nicht die von revolutionärer Hoffnung, sondern die von individueller Glückserfahrung.

Was „eine Musik des psychologisch wahrscheinlichsten Ausdrucks" angeht, so wird man sie bei dem – von Falke immerhin erwähnten – Richard Wagner um so vieles deutlicher finden, daß danach der Hinweis auf Brahms eher kraftlos erscheint. Dies gilt umso mehr, als Falkes Postulat bestenfalls für den Gestus der Brahms'schen Musik gilt, kaum aber für ihre Form. Wer als erklärter Traditionalist viersätzige Sinfonien und Kammermusik-

---

439 Gustav-H. H. Falke, Johannes Brahms. Wiegenlieder meiner Schmerzen – Philosophie des musikalischen Realismus, Berlin 1997, S. 104. – Die weiteren Zitate der Reihe nach auf S. 34 („romantischkritisch"), S. 109 („bärtig imposant"), S. 110 („realistische Versöhnungen"), S. 110 („liberale Skepsis"), S. 68 („einer Musik"), S. 83 („als Ausdruck").

werke schreibt, ist – ich möchte sagen: glücklicherweise – ver-
dächtig, noch andere Kriterien des Komponierens zu kennen als
dasjenige des psychologisch wahrscheinlichsten Ausdrucks.
Das Stichwort „Brahms" mag Anlaß sein, die Realismus-
Frage für einen Augenblick um eine Stufe grundsätzlicher als
bisher anzugehen – nämlich aus der Sicht von Karl Marx.
Indem dieser die Forderung nach Aufhebung des Privateigentums er-
hob und damit übrigens den revolutionären Richard Wagner
vollkommen auf seiner Seite hatte, meinte er die Dimension des
Ästhetischen selbstverständlich mit.[440] Privatheit der Gefühle
konnte da kein Ideal sein! Die „Neudeutschen" haben auf solche
Privatheit in der Tat zugunsten der Darstellung „objektiven"
Lebens bewußt verzichtet. Für Brahms aber war sie – in der Tra-
dition nicht nur des jungen Schumann – ein hohes Gut und im
Alter geradezu eine Glaubenssache beim Nachdenken über den
Sinn des Komponierens.

Mahler

Den Geburtsdaten nach ist Gustav Mahler noch weiter als
Brahms vom geschichtlichen Realismus-Diskurs entfernt; von
seiner Musik her ist er ihm jedoch näher. Mahler wickelt die
Romantik nicht wie Brahms demütig-selbstbewußt ab, treibt
sie vielmehr auf die Spitze und läßt sie dabei so kraß mit „realistischen" Vorstellungen zusammenprallen, wie es nur jemand
vermag, dem es der geschichtliche Abstand ermöglicht hat,
beide Diskurse in sich aufzunehmen und statt des externen
nunmehr einen internen Streit austragen zu lassen. Vorab ist
Mahler, wie ich an anderer Stelle dargestellt habe,[441] Erfüller
einer radikalen Romantik, die sich in der Musik erst posthum
erklären konnte. Die nur vermeintlich weltferne Romantik be-
hauptete vom Menschen, er sei nicht ideal, identisch, harmonisch, sondern – nach Tieck – „nichts als Inkonsequenz und Wi-

---

440   Vgl. Terry Eagleton, Ästhetik. Die Geschichte ihrer Ideologie. Aus dem
      Englischen von Klaus Laermann, Stuttgart und Weimar 1994, S. 210.
441   Martin Geck, Von Beethoven bis Mahler. Die Musik des deutschen
      Idealismus, Stuttgart und Weimar 1993, speziell S. 408 ff.

derspruch"[442]. Friedrich Schlegel meinte, daß die „progreßiven
Menschen" zwangsläufig den Fehler der „Verworrenheit", „In-
consequenz" und „Charakterlosigkeit" haben müßten.[443] Die
wesentlichen Kategorien, innerhalb derer radikale romantische
Kunst vorstellbar ist, sind die des Fragments, des Witzes und der
Ironie als Ausdruck des „zerrissenen Selbst";[444] bei Mahler
kommt die Groteske hinzu.

Was der radikale Romantik-Diskurs generell forderte, konnte
speziell in der Musik nicht alsbald verwirklicht werden: Zu sehr
galt Musik als eine harmonische Kunst. Zwar ging Schumann
mit seiner frühen Klaviermusik und einigen seiner Liederzyklen
beträchtlich über das damals auch von „Romantikern" einzuhal-
tende Maß hinaus; doch zugleich grenzte er sich von den Neudeutschen ab. „Geistige Schönheit in schönster Form kann ich
nie für ‚einen überwundenen Standpunkt' halten" – schrieb er,
wie S. 85 erwähnt, noch 1853 an Richard Pohl.

Die Musikgeschichte mußte durch den Realismus hindurch,
um zu Mahler gelangen zu können. Was für ein Realismus ist
das? Gewiß nicht jener Realidealismus, den die *Grenzboten* pro-
pagierten und den die „Neudeutschen" gern ihren Heroen Liszt
und Wagner andichteten. Eher ist es der radikale Realismus von
1848, welcher auch die Erniedrigten und Entrechteten musikalisch zu Wort kommen lassen möchte. Und das tut Mahler. Hans
Werner Henze hat es im Jahre 1969 in die Worte gefaßt:

„Er war ein Zeuge seiner Zeit; seine Darstellung von Frustration
und Leid in einer unmißverständlichen und direkten Musiksprache
scheint mir interessanter und wichtiger als die Resultate der Wiener
Schule. … Dieses ‚Sich öffnen jeder Schmach', wie Werfel einmal
sagte, findet sich doch nur bei Mahler."[445]

---

442 Ludwig Tieck, Phantasus, Erster Theil, Schriften, Bd. 4, Berlin 1828,
    S. 92.
443 Friedrich Schlegel, Kritische Ausgabe seiner Werke, hg. v. Ernst Beh-
    ler und anderen, München, Paderborn, Wien 1958 ff., Bd. 18, S. 24.
444 Manfred Frank, Allegorie, Witz, Fragment, Ironie. Friedrich Schlegel
    und die Idee des zerrissenen Selbst, in: Willem van Reijen (Hg.),
    Allegorie und Melancholie, Frankfurt a. M. 1992, S. 126.
445 Hans Werner Henze, Musik und Politik. Schriften und Gespräche
    1955–1984. Erweiterte Neuausgabe, München 1984, S. 142.

Damit geht ein Anderes zusammen: Mahlers Berufung auf die
Natur, wie sie in den Anfängen der französischen Realismus-Debatte, vor allem bei Courbet, eine Rolle spielte. Es ist weniger die
idealisierte Natur wie in Beethovens Pastorale als der verletzliche,
gelegentlich harsch zum Schweigen gebrachte Naturlaut.
Dazu gehört schließlich ein Drittes: Die musikalische Prosa, die
Schumann in Ansätzen schon bei Berlioz entdeckt und die man
dann vielleicht ein wenig voreilig für Wagners *Ring* reklamiert hat:
Bei Mahler findet sie sich in der Tat allenthalben.[446] Wo Prosa do-
miniert, muß die Poesie weichen. Deshalb ist Mahlers Sinfonik
letztendlich kein angemessener Ausdruck jener „progressiven
Universalpoesie", von der Friedrich Schlegel in seinem 116. *Athe-
näums*-Fragment spricht.[447] Eher hetzt der Komponist metaphysi-
sche Jenseitshoffnung und kraß enttäuschte Diesseitserwartung
aufeinander, ohne daß der Gott schlichtend eingriffe, welcher in
der romantischen Kunstreligion wenigstens noch in den Fernen
des Himmels regiert. Mahlers Musik kommt nicht auf dem romantischen Weg über die zwei Geraden, die sich im Unendlichen
schneiden, nachhause; sie tröstet und bleibt doch ungetröstet. Gerade deshalb läßt man mit ihr die „neue Musik" beginnen.
Letzteres hat Hans Heinrich Eggebrecht betont. Er spricht
von einem ganz neuartigen

> „musikalischen Erfassen der Wirklichkeit, das Mahler symphonisch
> durch das idiomatische Komponieren zuwege bringt, das heißt durch
> ein Komponieren mit Wendungen, Motiven und Themen, die – als
> gleichsam musikalische Vokabeln – vollgesogen sind von Bedeutung
> und Benennungskraft, vom Hinweisen auf etwas".[448]

Das sind, was Mahler angeht, nicht mehr als Aspekte eines differenzierten Gesamtbildes. Mahler soll weder zum Teilnehmer des
Realismus-Diskurses gemacht, noch ganz aus ihm ausgeschlossen werden. Wie Berlioz für diesen Diskurs zu früh kam, kommt
Mahler zu spät.

---

446   Vgl. Danuser, wie Anm. 360, S. 87 ff.
447   August Wilhelm und Friedrich Schlegel, *Athenaeum*, Bd. 1, Berlin
      1798 (Nachdruck Dortmund 1989), S. 220 f.
448   Hans Heinrich Eggebrecht, Die Musik und das Schöne, München und
      Zürich 1997, S. 144. – Ders., Die Musik Gustav Mahlers, 2. Aufl.,
      ebda. 1986.

8. FORSCHUNGSPERSPEKTIVEN

Ich komme auf die ersten Sätze dieses Buches zurück. Als 1984 Carl Dahlhaus sein hier mehrfach herangezogenes Buch *Musikalischer Realismus. Zur Musikgeschichte des 19. Jahrhunderts* herausbrachte, hatte ich gerade erstes Material zum gleichen Thema gesammelt. Nach der Lektüre war ich zunächst verblüfft, dann irritiert. Gleich zu Anfang erklärte Dahlhaus die traditionelle „geistesgeschichtliche Methode", welche mit der „prekären ‚Zeitgeist'-Hypothese" arbeite, für „tot und abgetan": Ihr „Zerfall" habe sich „gleichsam als Bankrott über Nacht" ereignet.[449]

Nach diesem Befreiungsschlag hatte der Autor freie Bahn, zu erläutern, was er selbst unter dem „musikalischen Realismus" des 19. Jahrhunderts verstehen wolle: einen „Idealtypus" im Sinne Max Webers – „eine Konstruktion, in der ein Historiker eine Reihe von Merkmalen, die in der geschichtlichen Wirklichkeit verstreut und in immer wieder anderer Gruppierung begegnen, zusammenfaßt und von innen heraus aufeinander bezieht". Vor diesem seinem Vorstellungshorizont manifestiert sich der musikalische Realismus des 19. Jahrhunderts, wie erwähnt, „in einzelnen Werken von Berlioz, Verdi und Bizet, Mussorgskij, Janáček und Mascagni, Strauss und Mahler". Dort erscheinen nach seiner Darstellung „die einzelnen Momente" zwar „nur partiell oder selektiv und mit fremden Beimischungen versetzt"; doch das Detail werde „durch den Funktionszusammenhang, in den es sich einfügt, verständlich und interpretierbar".[450]

Sicherlich wollte man gern erfahren, was dieser kluge und belesene Musikhistoriker und -ästhetiker über den von ihm dergestalt definierten musikalischen Realismus des 19. Jahrhunderts zu sagen wußte. Doch gehörte nicht zu einem Buch, das sich laut Untertitel der Musikgeschichtsschreibung verpflichtet wußte, zumindest ein kursorischer Bericht darüber, was sich musikästhetisch in der Epoche getan hat, die man nach common

---

449   Dahlhaus, wie Anm. 7, S. 7 f.
450   Ebda., S. 153 f.

sense als „Realismus" bezeichnet? D a n a c h mochte sich der
Autor ja getrost Phänomenen zuwenden, die man – durchaus
mit seiner Zustimmung – auch als „Naturalismus" oder als
„Verismo" eingeordnet hat!

Wer Dahlhaus las, mußte den Eindruck gewinnen, es gebe
zwischen 1848 und 1871 höchstens marginale Äußerungen zum
Thema „musikalischer Realismus", und es lohne nicht, sich mit
ihnen näher zu beschäftigen. Jedenfalls teilte er ganze zwei Beleg-
stellen mit: die eine aus Eduard Krügers *System der Tonkunst* von
1866,[451] die andere aus Franz Brendels *Geschichte der Musik*.[452] Im
Fall Brendel wiegelte Dahlhaus obendrein ab, indem er zum
einen unterstellte, dieser habe den Terminus „Realismus" tendenziell mit der schon seit dem Beginn des Jahrhunderts diskutierten Kategorie des „Musikalisch-Charakteristischen" gleichgesetzt, und indem er zum anderen nahelegte, Brendel sei auf
Arbeiten von Julian Schmidt oder Jules Champfleury aus den Jahren 1856 bzw. 1857 angewiesen gewesen, um den Terminus
„Realismus" überhaupt kennenzulernen.[453]

Damit wurde auch klar, weshalb Dahlhaus eingangs soviel
Wert auf den Bankrott der geistesgeschichtlichen Methode gelegt
hatte: Unter Berufung auf diesen Bankrott meinte er, „Realismus" als Epochenbegriff ignorieren zu können, und das hatte seinerseits Methode. Denn in seiner 1978 erschienenen Studie *Die
Idee der absoluten Musik* hatte Dahlhaus noch weniger schroff über
die „geistesgeschichtliche Methode" geurteilt, vielmehr anhand
von zeitgenössischen Quellen herausgearbeitet, daß die Idee der
absoluten Musik ein Kind der Romantik und nur in einem allgemeinen ideengeschichtlichen Kontext zu verstehen sei.

Im Blick auf die Kategorie des musikalischen Realismus wird
diese Möglichkeit nicht einmal zur Diskussion gestellt: „Absolute Musik" und „Musikalischer Realismus" dürfen nicht als das
erscheinen, als was sie sich in den Jahren nach der bürgerlichen
Revolution durchaus darstellen, nämlich als oppositionelle Kategorien. Vielmehr muß die Kategorie „musikalischer Realismus"

---

451 Krüger, wie Anm. 221.
452 Brendel, wie Anm. 268.
453 Dahlhaus, wie Anm. 7, S. 42.

unschädlich gemacht werden, indem man sie fast ausschließlich
auf stiltypologischer Ebene behandelt, und zugleich postuliert,
auf dieser Ebene lasse sich von musikalischem Realismus erst zu
einer Zeit sprechen, als politisch gesehen schon alles vorbei ist.
Ergo: Man braucht überhaupt nicht über Zeitgeist und Politik
zu sprechen! Dementsprechend formuliert Dahlhaus:

> „Charakteristisch für die Epoche [zwischen 1848 und 1870] ist der
> Abstand, in den die Musik – anders als die Literatur – zu diesem
> ‚Zeitgeist‘ geriet. Daß er ‚musikfremd‘ war und die Musik einzig als
> Enklave duldete, besagt ideen- und stilgeschichtlich, daß niemand
> von der Musik eine Teilhabe an den realistischen Tendenzen der
> Zeit erwartete.“[454]

An diesem Punkt ist Michel Foucaults Gedanke erhellend, Diskurse seien als Instrumente der Macht zu verstehen. In meinen
Augen lenkt Dahlhaus den Blick bewußt von Erscheinungen
ab, die man als Indiz für eine – einerseits politisch konnotierte,
andererseits musikgeschichtlich interessante – Epochenbezeichnung „Realismus" heranziehen könnte; er richtet ihn stattdessen auf Phänomene, die den Aufbau einer ‚ungefährlichen‘ stil-
geschichtlichen Argumentation begünstigen. Das weitgefaßte
interdiskursive Phänomen „Realismus als Epoche" wird nicht
verfolgt; stattdessen wird der Spezialdiskurs „Realismus als
Teilmoment einer Geschichte der Komposition" gegründet.
Das wäre nicht weiter bedenklich, wenn das Thema „Realismus
als musikalische Epoche" zuvor wissenschaftlich breit behandelt
worden wäre; da dies jedoch nicht der Fall war, droht der Spezialdiskurs eine breiter gefächerte Diskussion abzuwürgen –
nach dem Motto: Es ist ja schon alles gesagt.

Nein, es ist nicht alles gesagt! Obwohl das endlose Ausbreiten
von Quellen nicht meine Art ist, habe ich in diesem Fall reichlich Material gesammelt und davon auch vieles mitgeteilt. Denn
zweierlei sollte und mußte deutlich werden: Zum einen ist es ein
Irrtum zu glauben, im Fall der Romantik, also eines ‚unpoli-
tisch‘ verstandenen Phänomens, flössen die musikgeschichtlichen und -ästhetischen Quellen reichlich, im Fall des politisch
konnotierten Realismus aber spärlich. Zum anderen ist dieser

---

454 Dahlhaus, Die Musik des 19. Jahrhunderts, wie Anm. 429, S. 160.

Irrtum über eineinhalb Jahrhunderte hinweg durch eine Ideologie begünstigt worden, die Musik aus der Politik und die Politik aus der Musik heraushalten wollte. Ich kann und will hier nicht abwägen, was Musik im politischen Raum an Gutem oder Bösem bewirkt hat. Ebenso wenig will ich darüber urteilen, wo die Politik der Musik jeweils gut oder übel getan hat: Für beides gibt es genügend Beispiele. Ich ereifere mich jedoch darüber, daß ausgerechnet derjenige Musik-Politik-Diskurs bisher kaum zur Kenntnis genommen worden ist, der an Originalität und Kreativität von keinem anderen übertroffen wird! Er ist geradezu ein Muster für Vorstellungen, die sich ein Jürgen Habermas von einer modernen Diskurs-Gesellschaft macht! Vielleicht sind diese Vorstellungen naiv. Jedenfalls ist es lohnend, noch einmal nachzuvollziehen, was in diesem Sinne im zweiten Drittel des 19. Jahrhunderts versucht worden ist.

Es gibt in der Tat keine „Musik des Realismus" in dem Sinne, in dem man bei allen Relativierungen von einer „Literatur des Realismus" sprechen kann. Es existiert nicht einmal eine veröffentlichte Musikästhetik, die sich uneingeschränkt „zu realistischen Grundsätzen bekennen" würde, wie dies im Jahre 1858 Anton Springer in seiner *Geschichte der bildenden Künste im neunzehnten Jahrhundert* tut.[455] Dies hat etwas damit zu tun, daß der Stellenwert des Mimetischen in der Musik schwieriger zu bestimmen ist als in der Literatur und selbst der bildenden Kunst.

Doch ehe man diesen Gedanken allzu wichtig nimmt, sollte man bedenken, daß heute kaum jemand noch ohne Skrupel von einer „Musik der Romantik" zu sprechen wagt, wenn diese nach bestimmten Stilkriterien beschrieben werden soll. Man hat schon Mühe, zwischen einer Musik des Barock und einer Musik der Klassik-Romantik zu unterscheiden, und wo die letztere endet, ist ohnehin nicht ausgemacht. Unlängst hat Ulrich Tadday noch einmal nachdrücklich darauf hingewiesen, daß es lediglich eine romantische Musikanschauung gab und diese ihrerseits

---

455 Anton Springer, Geschichte der bildenden Künste im neunzehnten Jahrhundert, Leipzig 1858, S. VIII.

„wesentlich eine ‚poetische' Reflexionsästhetik war, welche musikalische ‚Kunstwerke' im idealistischen Sinn weder verabsolutierte
noch formalisierte, sondern als Teil eines produktions- wie rezepti-
onsästhetischen Prozesses reflektierte".[456]

Als der Musikästhetik liebstes Kind ist ‚die musikalische Romantik' bisher nicht in gleicher Weise auf den Prüfstand gestellt
worden wie ‚der musikalische Realismus'. Geschähe dies, so
würde sie vielleicht ihrerseits, um mit Dahlhaus zu reden, in
Abstand zum Zeitgeist geraten. Würde man diesen zum Beispiel
an den ‚radikalen' Romantik-Vorstellungen von Friedrich
Schlegel festmachen, so fiele, was Beethoven, Schubert, Schumann oder Mendelssohn angeht, weit mehr durch das Sieb als in
der romantisch-ironischen Dichtung von Jean Paul oder E. T. A.
Hoffmann!

Darüber mag zwar das letzte Wort nicht gesprochen sein,
doch schon jetzt läßt sich die Erklärung von Dahlhaus zurück-
weisen, daß zwischen 1848 und 1870 von der Musik eine Teil-
habe an den realistischen Tendenzen der Zeit niemand erwartet
habe. Es ist richtig, daß nur wenige der an dieser Frage Interes-
sierten sich mit dem Begriff „Realismus" identifizieren wollten,
der tatsächlich traditionell als „musikfremd" galt. Indessen gab es
einen breiten Diskurs über den Anteil, den Musik an den realistischen Tendenzen der Zeit nehmen solle, und es gab eine
Musik, in welcher sich dieser Diskurs spiegelt.

Ihn gilt es wiederzuentdecken und damit ein gesunkenes, jedoch einstmals prächtiges Schiff zu heben. Ein produktiver Umgang mit der Kategorie des Realismus setzt bei der allgemeinen
Frage an: Was tun Menschen, wie entwickeln sich Strömungen,
wie klingen Programme, wie stellen sich Werke dar, wenn ich sie
unter dem Aspekt des Realismus betrachte? Dabei besteht die Absicht nicht darin, die Phänomene „auf den Punkt" zu bringen und
damit vordergründig Sinn zu stiften. Ziel ist es vielmehr, getreu
den Maximen des Realismus selbst Ausschnitte der Wirklichkeit
zu erfassen, ohne diese Wirklichkeit dabei völlig abzutöten.

Was damit gemeint ist, mag der Teil-Diskurs über die Idee
des Musikalisch-Schönen bei Eduard Hanslick verdeutlichen.

---

456 Tadday, wie Anm. 21, S. 213.

Für sich genommen, erscheint Hanslicks Schrift als Niederschlag einer Ästhetik, die zwar nicht zeitlos, jedoch über die
Epochen hinweg gültig geblieben ist; in diesem Sinne wird sie
vielfach bis heute rezipiert. Im Zusammenhang des Realismus-
Diskurses enthüllen sich ihr historischer Kontext, ihre zeitge-
schichtliche Bedingtheit und ihr apologetischer Charakter.
Thema und Personen des musikbezogenen Realismus-Diskurses wurden nicht im Handstreich gefunden, waren jedoch
auch nicht Geschenk eines anonymen ‚Zeitgeistes‘. Vielmehr
gab es einen regen, über etwa zwei Jahrzehnte sich erstreckenden
Findungsprozeß, an dem auch im Bereich der Musik weit mehr
Personen und Organe beteiligt waren als an dem vorangegangenen Romantik-Diskurs. Und das hatte seine Gründe: Es war
kein ästhetischer Spezial-Diskurs, sondern ein an politische und
gesellschaftliche Themen angekoppelter Diskurs, an welchem
musikalische „Laien" nicht nur interessiert, sondern auch immer
wieder beteiligt waren.

Weshalb ist dem Diskurs „Realismus" im Kontext der Revolution von 1848/49 in der Musikgeschichtsschreibung bisher
wenig Aufmerksamkeit geschenkt worden? Der „Bankrott" der
„geistesgeschichtlichen Methode" ist daran gewiß unschuldig,
denn er hat beispielsweise nicht verhindern können, daß sich
das Phänomen „Romantik" einer nachgerade gesteigerten Beachtung erfreut. Es kann auch nicht daran liegen, daß es zu
wenig Quellen zum Thema gäbe: Sucht man sie, so sind sie zu
finden. Als Begründung kann ebenso wenig überzeugen, die
Quellen seien nicht musikspezifisch: Was zur musikalischen
Romantik geschrieben worden ist, stammt seinerseits zu großen Teilen von Nichtmusikern und ist häufig Teilmoment
umfassender philosophischer, ästhetischer und literarischer Zu-
sammenhänge.

Die Erklärung des Sachverhalts ist lapidar: Eine intensive
Teilnahme an dem Diskurs „Realismus" würde uns Musiker mit
kollektivem Versagen konfrontieren: Der Anspruch, daß Musik,
um mit Franz Brendel zu sprechen, ihren Status als „Sonderkunst" aufgeben, zum „lebendigen Ausdruck der Zeit" werden
und, indem sie sich mit bestimmten Ideen der Zeit verbindet, zu
ihrer „vollen Wirklichkeit" kommen möge, ist bis heute nicht
eingelöst worden.

Dabei geht es um nichts weniger als um den Kunstcharakter von Kunst. Was gewinnt Kunst, wenn sie n u r Kunst ist; was verliert sie, wenn sie sich ihrer Zeit öffnet? Und spezieller: Was gewinnen Musikhistoriker, wenn sie n u r die immanente Struktur der Musik analysieren; was verlieren sie, wenn sie Musik im Kontext der Zeit sehen und dabei die politische Dimension nicht ausklammern? Gewiß kann ein Blick auf die Zeit zwischen 1848 und 1871 diese Frage nicht lösen, die ja bis heute aktuell geblieben ist, die Nietzsche ebenso beschäftigt hat wie Adorno, Strawinsky, Schönberg, Schostakowitsch, Eisler oder Henze. Doch könnten wir nicht ein wenig von dem Wohlwollen, das wir Hanslick angedeihen lassen, um seinen Satz von den tönend bewegten Formen zu retten, dem geschichtlichen Realismus-Diskurs schenken? Ich will in acht Punkten skizzieren, was es in meinen Augen aufzuarbeiten gälte.

1. In Naturvolkkulturen, in außereuropäischen Hochkulturen und in der abendländischen Kunstmusik des 9. bis 18. Jahrhunderts war Musik doppelgesichtig: einerseits eine unverfügbare Macht, andererseits in vielfältige Bezüge eingebettet. In der Romantik gibt es eine Tendenz, die Musik zu einer bloß „absoluten" hochzustilisieren: Ist Musik *l'art pour l'art*, so triumphiert nämlich das Subjekt, das sie als solche versteht. Der Realismus repräsentiert die Rebellion gegen solche Vorstellungen: Er will die Doppelgesichtigkeit der Musik wiederherstellen, die Abkopplung von Erfahrungsbereichen wie ‚Körper‘, ‚Natur‘, ‚Sprache‘ und ‚Gesellschaft‘ rückgängig machen. Seine Angebote, die Grenzen autonomieästhetisch eingeschränkter Wahrnehmung von Musik zu überschreiten, sind ohne schlüssiges System, jedoch lustvoll und wirksam.

2. In der Ära der Romantik hatten sich musikästhetische Fragestellungen vergleichsweise einfach entwickeln lassen: Philosophie und Literatur gaben den Rahmen vor, innerhalb dessen sich Musikästhetik vor allem als „poetische Reflexionsästhetik" etablierte.[457] In diesem Sinne war sie ein selbstreferenzielles System. Im Realismus-Diskurs geht es nicht mehr um die Autonomie der Musik, sondern um ihre Funktion in der Gesellschaft.

---

457 Vgl. auch Tadday, wie Anm. 21.

Das macht die Diskussion um vieles komplizierter und unübersichtlicher. Umso beachtlicher sind die Ergebnisse des Bemühens, aus der Vielfalt des Musiklebens und der individuellen Komponisten-Karrieren verbindliche Diskurs-Themen nicht nur herauszudestillieren, sondern auch an geeigneten Personen – Schumann, Berlioz, Liszt und Wagner – festzumachen; anderen Epochen der Musikgeschichte ist dergleichen in so umfassender Weise nicht geglückt.

In diesem Kontext erscheint die oft klobig vorgetragene Kritik von Fétis, Bischoff, Hanslick, Krüger usw. an den „Realisten" und „Zukunftsmusikern" alles andere als unproduktiv: Sie hat die Gegenkritik von Musikern hervorgerufen, welche die ersten Intellektuellen ihrer Zunft gewesen sind: Wagner, Liszt, Brendel, Cornelius, Raff, Draeseke. Was dort vor geschichtsphilosophischem Horizont zum Thema „Musik und Gesellschaft" geschrieben worden ist, ist aller Ehren wert.

3. Angesichts der Notwendigkeit, die schwierige Position der Musik im Realismus-Diskurs zu klären, haben die genannten Musiker auch fachimmanent auf einen Niveau argumentiert, das es bis zu diesem Zeitpunkt nicht gegeben hatte. Ob man es als realen Gewinn betrachtet oder nicht – die Tatsache bleibt, daß hier die Tradition musiktheoretischer und ästhetischer Reflexionen begründet worden ist, die einerseits von geschichtsphilosophischen Prämissen ausgehen, andererseits immer wieder am einzelnen Kunstwerk orientiert sind. Erstmals faßt Hegelsche Dialektik im Bereich der Musik Fuß; Adornos Gedankengänge werden möglich.

Für mich ist dieser Aspekt deshalb so aufregend, weil ich keinen anderen Zeitraum der Musikgeschichte kenne, in dem sich Musik ohne direkten Druck in vergleichbarer Weise als im weitesten Sinne politische Kunst verstanden hätte; ich empfinde nichts weniger als Bewunderung für eine Generation, die aus freien Stücken die Konfrontation von Kunst und gesellschaftlicher Wirklichkeit riskierte und ernsthaft Hegels Gedanken reflektierte, daß Kunst etwas mit der Entfaltung von Wahrheit zu tun habe.

4. Es wäre inkonsequent, innerhalb einer diskursgeschichtlichen Untersuchung entscheiden zu wollen, zu welchen Anteilen Kunstkritik spezifische Werke aus sich herausgetrieben hat, und zu welchen Anteilen die Werke ihrerseits einschlägige Diskussio-

nen ausgelöst oder weitergetrieben haben. Produktiver erscheint mir die Feststellung, daß das kompositorische Oeuvre von Schumann, Berlioz, Liszt und Wagner und anderen unter dem Vorzeichen „Realismus" in speziellem Licht erscheint: *In toto* gesehen, ist es nicht „realistisch" an sich; doch es gewinnt jeweils neue Konturen, wenn man es als Teil des großen Realismus-Diskurses sieht.

5. Zuviel Bescheidenheit ist freilich unangebracht: Es wäre eine Verkürzung, allein rezeptionsästhetisch zu argumentieren und sich damit zu begnügen, den Einfluß des Realismus-Diskurses auf Art der Analyse, Interpretation und Deutung bedeutender Kompositionen hervorzuheben. Vielmehr gilt es auch die Produktionsebene zu sehen. Sicherlich kann man darüber streiten, ob man das Wesentliche an Wagners *Ring* oder Liszts Sinfonischen Dichtungen erfaßt, wenn man behauptet, daß diese Werke mit einem „realistischen" Zeitgeist korrelieren. Gewiß ist zu diskutieren, ob die Bevorzugung von „psychologischen" gegenüber „architektonischen" Formen tatsächlich mit den Forderungen des Realismus zusammenhängt oder eher einer musikgeschichtsimmanenten Logik geschuldet ist. Doch in der Summe ist kaum zu leugnen, daß ohne die Hingabe an einen realistischen Zeitgeist bedeutende Werke nicht so komponiert worden wären, wie dies geschehen ist. Namentlich Wagners *Ring* kann man nicht verstehen, wenn man ihn allein immanent gattungs- und stilgeschichtlich analysiert. Natürlich gäbe es keinen *Ring*, wäre Wagner nicht vor allem Musiker gewesen; doch ebenso wenig hätten wir ihn, wenn er nicht als wacher Zeitgenosse agiert hätte.

Versucht man die Art der Hingabe an einen realistischen Zeitgeist generalisierend zu fassen, so stößt man auf die Tendenz, sich weitergehend als bisher der Materialität von Musik zu bedienen, also zu relativieren, was die abendländische Kunstmusik zuvor an Vergeistigung und Sublimierung erreicht hatte. Musik erscheint weniger als Struktur oder ästhetisches Gebilde denn als Wirkungsmacht; sie setzt damit vor allem auf den anthropologischen Diskurs. Wirkungsmächtig ist erstens die Materialität des Instrumenten- und Stimmklangs, zweitens das im Vergleich zum Gewohnten primitiv gestische Moment des musikalischen Gefüges, drittens eine Zeiterfahrung, die der aus dem Alltag gewohnten nahekommt.

Als Beispiel möge das Walhall-Motiv dienen, das heutzutage als Ton-Signet in einem Werbespot dienen könnte und vielleicht tatsächlich gelegentlich verwendet wird. Ohne sein vielperspektivisches Wesen zu übersehen, betrachte ich es hier mit den Augen des im Materialismus-Realismus-Diskurs engagierten Zeitgenossen Julian Schmidt (s. S. 111): Das Ensemble der Hörner und der eigens für dieses Motiv gebauten Wagner-Tuben sorgt für eine von vornherein stimulierende Klangerfahrung; die Kombination von pentatonischer Einfachheit und massiv-harmonischem Satz illustriert die primitiv-wuchtige Götterburg; die Dauer des Motivs entspricht derjenigen, die man für einen ersten optischen Eindruck von einer solchen Burg benötigen mag. Solche Direktheit war für die einen eine Freude, für die anderen eine Provokation.

6. Ganz konkret hat der musikalische Realismus einige Vorzeigewerke, die sich gegenüber den literarischen nicht verstecken müssen. *Der fröhliche Landmann* aus Schumanns *Album für die Jugend* kann sich mit einer Dorfgeschichte von Auerbach vergleichen lassen, Schumanns *Rheinische Sinfonie* mit dem *Grünen Heinrich* von Gottfried Keller, Wagners *Meistersinger von Nürnberg* mit Gustav Freytags *Ahnen*. Dabei geht es hier nicht um die – gleichwohl zu registrierenden – inhaltlichen Parallelen, sondern um den gemeinsamen „realidealistischen" Ton.

7. Die bürgerliche Revolution von 1848/49 hat den Bestrebungen zu einer radikalen Erneuerung des Musiklebens enormen Auftrieb gegeben. Es erscheint die Vision eines Volkes, das sich seine Kunst selbst schafft, und dies im Kontext der allgemeinen gesellschaftlichen Verhältnisse. Die Blütenträume sind nicht gereift; die musik- und standespolitischen Forderungen, die im Anschluß an die gescheiterte Revolution aufrechterhalten wurden und sich vor allem in den Programmen der Neudeutschen niederschlugen, sind gleichwohl nur im Kontext dieser Revolution zu verstehen.

Ungeachtet aller Enttäuschungen hat die Ära des Realismus innerhalb der Organisation des Musiklebens Erfolge aufzuweisen: Eine realitätsnähere Beschäftigung mit dem Volkslied, eine Neubewertung des kunstlosen Volksgesanges, Impulse für die Musikerziehung und künstlerische Ausbildung, die Gründung von Berufsvereinigungen, das Bemühen um wertvolle Konzertprogramme und sinnvolle Opernrepertoires, ein verzweigtes musikalisches Pressewesen mit ernstzunehmender Tageskritik sind nicht geringzuschätzende Folgeerscheinungen, die bis heute weitergewirkt haben.

8. Kann oder muß es „Realismus" als musikalischen Epochenbegriff geben, oder genügen die eingeführten Termini „Zukunftsmusik" oder „Neudeutsche Schule"? Sie genügen nicht: Zum einen sind sie Schlagwörter und Parteienbezeichnungen bloß innerhalb der engeren Musikszene; demgegenüber läßt sich über den Begriff „Realismus" innerhalb eines größeren allgemein- und kulturpolitischen Zusammenhangs reden. Zum anderen sind diese Termini am „hohen" Stil in der Kunst orientiert, bekommen also die Entwicklung der kleinen Formen, die Diskussion um Volksmusik und Volkslied, den Kampf um eine demokratische Musikkultur nicht in den Blick. Damit stehen sie zum dritten einem allgemeinen Gespräch über die Frage im Wege, ob Musik aus dem Kontext ihrer Zeit heraus verstanden werden könne und müsse – gerade dann, wenn dieser Kontext vornehmlich politischer Natur ist.

Aus umgekehrter Blickrichtung gesehen, ist es jedoch unmöglich, umstandslos vom Realismus als einer musikgeschichtlichen Epoche zu sprechen; fast ebenso zweifelhaft ist freilich die Epochenbezeichnung „Romantik". Indessen sind Bezeichnungen wie „Romantik" und „Realismus" in aller Munde, und deshalb hat es wenig Sinn, sie ignorieren zu wollen. Es erscheint sinnvoll, Romantik und Realismus in der Musik zu Diskurs-Themen zu machen, sie in geschichtlichen Rückschau allerdings nicht etwa gegeneinander auszuspielen, sondern zusammenzusehen.

Eines wird auf jeden Fall deutlich: Man kann notfalls die Zeit von 1750 bis 1850 als ein Jahrhundert der Klassik-Romantik bezeichen, jedoch niemals das 19. Jahrhundert als Jahrhundert der Romantik. Da ist der Einschnitt zwischen 1848 und 1871 dann doch zu deutlich! Das Danach knüpft nicht ungebrochen an das Davor an. Eher ist es eine Synthese von These und Antithese. Es ist eine Synthese, die in Brahms' und Bruckners Sinfonik, Wagners *Parsifal*, in Strauss' und Mahlers sinfonischen Werken freilich höchst unterschiedliche Facetten hat – jedoch auch Gemeinsames: den verstärkten Hang zum Tiefsinn, dem wiederum die Impressionisten um Debussy mit der Forderung nach „clarté" statt „brume wagnérienne" entgegentreten werden.

★

> The nineteenth-century
> dislike of Realism
> is the rage of Caliban seeing
> his own face in a glass.
> The nineteenth-century
> dislike of Romanticism
> is the rage of Caliban not seeing
> his own face in a glass.
>
> Oscar Wilde, *Das Bildnis des Dorian Gray*

Soll Musik, anstatt zu altern, jenseits aller gesellschaftlichen Kämpfe in ewiger Schönheit bestehen bleiben? Muß das Bild einer Musik, die – vielleicht auf krummen Wegen – mit der Zeit altert, zwangsläufig unschön sein? Darüber kann nur sprechen, wer b e i d e Diskurse ernstnimmt: den beliebten romantischen und den gern gemiedenen realistischen.

Der romantische Diskurs läßt Musiker ahnen, wo sie herkommen, wo sie hinwollen, wo sie zuhause sind. Der realistische Diskurs bietet ihnen an, der Welt entgegenzutreten und in ihrer Sprache auf die Herausforderungen der Zeit zu antworten. Sind wir so eingeschüchtert, daß wir zwar ersteres brauchen, letzteres aber nicht mehr wagen? Politisch Lied – garstig Lied?

In der Tat sind die Irrungen, Wirrungen innnerhalb des an den politischen Realismus-Diskurs angekoppelten musikalischen Diskurses nicht mit denen im Roman Fontanes zu vergleichen: Da mündet nichts in eine zumindest vordergründig bewahrende Ordnung; da bleibt alles in Widersprüchen, Verwerfungen, Polemiken, Zweideutigkeiten, Mißverständnissen und Frontwechseln. Das ist für Strukturforscher und reine Denker ein Graus – überhaupt nur als Nachzeichnung eines Diskurses zu fassen und deshalb in diesem Buch mit Absicht in einen diskurstheoretischen Rahmen gefaßt. Doch es ist spannend für den, der auch sich selbst in Auseinandersetzung mit der Zeit sieht und auch durch Kontingenzerfahrungen nicht davon abzuhalten ist, sich als politisches Subjekt wahrzunehmen. Als ,große Erzählung‘ mit den entsprechenden geschichtsphilosophischen Perspektiven eignet sich der Realismus-Diskurs nicht. Wohl aber berichtet er von einer Zeit, in der Musik in seltener Intensität und Vielseitigkeit im Gespräch nicht nur mit anderen Künsten, sondern auch mit Politik und Philosophie war.

Noch einmal aus anderer Sicht: „*Ästhetisch* ist ein Denken, das der Undurchsichtigkeit seiner Gegenstände die Treue hält", heißt es in Terry Eagletons *Ästhetik*.[458] Ist der Realismus also doch nur ein oberflächlicher Bruder der tiefgründigen Romantik? Für den Realismus als P r i n z i p und P r o g r a m m mag das zutreffen. Der Realismus der T a t, welcher ungeduldig auf die musikalische Praxis einzuwirken versucht, ist jedoch wie ein stürmischer Liebhaber, der die ach so versponnene Dame Romantik auf Trab bringt.

---

458 Eagleton, wie Anm. 440, S. 351.

ABKÜRZUNGEN

Anregungen
- *Anregungen für Kunst, Leben und Wissenschaft*, hg. v. Franz Brendel und Richard Pohl, Leipzig

NZfM
- *Neue Zeitschrift für Musik*, Leipzig

Wagner, mit Angabe einer Band-Zahl
- Richard Wagner, Sämtliche Schriften und Dichtungen in 10 Bänden, Volksausgabe, Leipzig o. J.

BILDQUELLEN

Nicht in allen Fällen war es möglich, die Rechtsinhaber ge-
schützter Bilder zu ermitteln. Selbstverständlich wird der Verlag
berechtigte Ansprüche auch nach Erscheinen des Buches erfüllen.

Archiv für Kunst und Geschichte, Berlin 68, 69
Artothek, Preissenberg 72
Richard-Wagner-Museum / Nationalarchiv der Richard-Wag-
ner-Stiftung, Bayreuth 113, 160f
Stadtmuseum Düsseldorf 73

REGISTER

Nagler, Norbert 50
Napoleon I. siehe Bonaparte
Naumann, Emil 131
Nietzsche, Friedrich 203
Norman, Ludwig 187
    Fünf Tonbilder im Zusammenhange op. 6 187
Noske, Frits 189
Novalis 175
Nowak, Adolf 175

Ostade, Adriaen van 96
Otto, Julius 35
Otto, Luise 146
Oulibicheff, Alexander 162

Paul, Jean 22 f., 142, 201
Picht, Georg 157
Plumpe, Gerhard 11 ff., 108 f.
Pohl, Richard (Pseudonym: Hoplit) 14, 78, 85 ff., 90 ff., 117, 122,
    127, 137 f., 160, 195
Polheim, Karl Konrad 174
Porges, Heinrich 148, 160
Preyer, Gottfried 35
Proch, Heinrich 35
Proudhon, Pierre-Joseph 38, 98, 149 f., 157
Prutz, Robert 35
Puccini, Giacomo 191

Radecke, Robert 110
    Erinnerung an den Harz op. 10 187
Raff, Joachim 120 f., 123, 125, 139, 166, 204
    Sinfonie Nr. 1: An das Vaterland op. 96 185
    Sinfonie Nr. 3: Im Walde op. 153 185
    Sinfonie Nr. 5: Lenore op. 177 185
Reinecke, Carl 186
    König Manfred op. 93 186
Reinick, Robert 54
Rellstab, Ludwig 18
Riccius, August Ferdinand 62, 103
Richter, Ludwig 58
Riehl, Wilhelm Heinrich 59, 131, 166
Riemann, Hugo 126, 130, 170